华理社会调查文库

本书是国家社科基金重大项目“特大城市社会风险系统治理研究”(批准号16ZDA083)的阶段性成果

我的城市梦

——40位新生代农民工访谈实录

方学梅　张苑松　于星苑　编著

华东理工大学出版社
EAST CHINA UNIVERSITY OF SCIENCE AND TECHNOLOGY PRESS
·上海·

图书在版编目(CIP)数据

我的城市梦：40位新生代农民工访谈实录/方学梅，张苑松，于星苑编著．—上海：华东理工大学出版社，2018.12

ISBN 978-7-5628-5555-2

Ⅰ.①我… Ⅱ.①方… ②张… ③于… Ⅲ.①民工—城市化—研究—中国 Ⅳ.①D422.64

中国版本图书馆CIP数据核字(2018)第274882号

内 容 提 要

本书是第十五届“挑战杯”全国大学生课外学术科技作品竞赛项目“城市追梦人：新生代农民工社会公平感研究——基于3 542个样本的实证分析”的部分成果。书中涉及的40份访谈资料均由该团队成员共同完成。本书试图以白描的方式记录生活在上海的这些新生代农民工的生存状态、公平感受和他们的城市梦。这些来自田野的第一手材料，对于了解新生代农民工这一群体具有原生态的资料价值。

策划编辑 / 刘　军
责任编辑 / 刘　军　牟小林
装帧设计 / 戚亮轩
出版发行 / 华东理工大学出版社有限公司
地址：上海市梅陇路130号，200237
电话：021-64250306
网址：www.ecustpress.cn
邮箱：zongbianban@ecustpress.cn
印　　刷 / 江苏凤凰数码印务有限公司
开　　本 / 787 mm×1092 mm　1/16
印　　张 / 18.25
字　　数 / 300千字
版　　次 / 2018年12月第1版
印　　次 / 2018年12月第1次
定　　价 / 92.00元

前言
Foreword

农民工作为改革开放进程中不可忽视的重要群体，不仅是乡村转移剩余劳动力、推动城市建设进程的主体，而且“农民工”这一名词本身，就是伴随改革开放进程同时开始的城镇化进程的重要见证。但是，从“农民工”这一称呼上来看，社会给予他们的待遇，远远低于他们对社会进步所作的贡献。且不谈“农民工”这一称呼本身就带有一定的职业歧视，其附着在职业上面的各种基本权益更是少之又少。而后者，或许正是导致他们认为“社会不公平”的主要因素。

从古至今，公平或公正问题一直都是备受人们关注的话题。正如罗尔斯(1971)所说：“公平是社会制度的首要价值，正如真理是思想体系的首要价值。”社会公平关乎整个社会秩序的公正性和合理性，对社会的稳定和发展具有重要的意义。因此，来自哲学、政治学、社会学、法学、经济学、伦理学等学科领域的学者们对社会公平问题都进行了大量的研究。学者们在探讨社会公平过程中存在着非常大的分歧，争论了好几个世纪。例如什么才是真正公平的分配原则？为什么？什么是合理或恰当的权利、利益分配？尊重他人意味着什么？不同学科对这些问题的回答不尽相同。哲学家侧重于研究公平的社会规范和道德标准，称之为“应然公平”；而社会科学家则关注公平的实际状态与人们对社会公平的主观感受与判断，称之为“实然公平”。因此，本书中社会公平指的是一种主观感受，是人们以“应有的社会状况”为标准，对社会是否符合这一标准而做出的“公平与否”的判断，称之为“社会公平感”。

有关西方社会公平的研究可以追溯到古希腊时期，亚里士多德的分配正义理论就是其中之一。在分配方面，亚里士多德提出了两种公平：一种是“数量公平”，即不考虑不同分配者的能力和贡献，每个人分到的东西是完全相同的，这是一种平均主义的分配方式；另一种公平叫作“价值公平”，即根据不同个体的能力、贡献和需要，分配与之相称的东西。除此之外，他把公平的表现形态分为相对公平和绝对公平。相对公平也即法律上的公平，而绝对公平是不受时空限制，建立在自然法则基础上的公平。把公平与自然法则联系起来，表明他实际上把公平理解为一种最高价值，具有进步意义。

罗尔斯是公正理论的集大成者，他于 1971 年发表了重要著作《正义论》，成为当代西方新自由主义正义观的代表人物。罗尔斯将正义作为社会价值观念的最高原则，正义是判断一切社会制度的标准，是一切社会制度得以建立的出发点。他在虚构的“正义的环境”的条件下提出了两个正义原则。第一个正义原则是“平等的自由原则”，它要求平等分配基本的权利和义务。这一原则适用于社会的政治领域，目的是保障所有人都享有基本的自由，包括参政自由、言论自由、良心自由以及人身自由等。① (成谢军，2008)第二个正义原则包括“公平的机会平等原则”和“差别原则”，着力从社会结构上探讨如何保证第一个正义原则“平等的自由原则”得以实现，这一原则适用于社会的经济领域。“公平的机会平等原则”涉及人们权利的分配，是指官职应该在机会平等的条件下对一切人开放，即有同样才能的人应具有同样的从政机会，从程序上保证每个人都具有平等参与社会管理的机会。② (李景平、王永香，2012)“差别原则”具有强烈的平等主义倾向，通过国家的再次分配，确保有利于最少受惠者，使公民能够得到平等的分配。也就是说当社会和经济出现不平等时，如果这种不平等是有利于“最少受惠者”的最大利益的，那么这些不平等就是被允许的。③ (张媛，2009)第一个正义原则体现了“自由”的价值，第二个正义原则体现了“平等”的价值。罗尔斯的正义原则试图通过一种既能确保个人的绝对平等自由，又可以减少权利和贫富之间的悬殊，从而达到一种事实上平等的目的。④ (刘金伟、杨桂宏、胡建

---

① 成谢军. 马克思公平观与罗尔斯正义论的比较研究——兼论二者对我国市场经济发展的启示与借鉴. 广西社会科学[J]，2008(2).

② 李景平，王永香. 马克思与罗尔斯公平正义观的比较研究. 理论学刊[J]，2012(10).

③ 张媛. 中国青少年社会公平感的结构与测量[D]. 华中师范大学，2009.

④ 刘金伟，杨桂宏，胡建国. 西方自由主义公平观评述. 北京工业大学学报(社会科学版)[J]，2006(4).

国,2006)罗尔斯提出公正理论之后,立刻引起了学术界关于社会公平和正义问题的激烈讨论。

在对社会公平问题研究的过程中,学者们开始意识到社会公平并不是应该怎样,而是人们感到了什么。因此,如果要理解社会公平,就必须了解人们对公平的感知。这样,西方学者关于社会公平问题的研究就不再仅仅停留在哲学层面上,而是具有现实的基础,并被纳入了科学研究的范畴。特别是,将社会公平感受作为被研究的对象,为以后心理学介入社会公平问题的研究奠定了基础。

社会心理学关于公正的研究在 19 世纪 60 年代开始处于旺盛期,数年后社会公正研究成为社会心理学的分支。1987 年首次出版由 Melvin J. Lerner 编辑的期刊《社会公正研究》(*Social Justice Research*,一个专业的跨学科期刊),由国际社会公正研究协会(ISJR)的成员组成了该期刊的核心读者群。① 这些专业化发展使研究者得以更深入地探究社会公正问题。

中国对社会公平的研究最早起源于春秋战国时期,那时便有对社会公平思想的记载,如《论语·季氏》中有"不患寡而患不均"。中国古代思想家对社会公平问题的探讨体现出与西方不同的特点。原始社会是自发地以绝对平均主义为公平原则,奴隶社会、封建社会是以所谓的"天理"为公平原则。例如,孔子在他的《礼记·礼运》中描述了一个大同社会"大道之行也,天下为公,选贤与能,讲信修睦。故人不独亲其亲,不独子其子,使老有所养,壮有所用,少有所长,矜、寡、孤、独、废疾者,皆有所养,男有分,女有归,货,恶其弃于帝也,不必藏于已,力恶其出于身者,不必为已故谋闭而不兴,盗窃乱贼而不做,是故,外户而不闭,是谓大同。"这个大同社会实际上就是一个无处不均匀、无人不温饱的平均主义社会。可见,我国古代先哲关于公平问题的探讨一开始就与现实的执政实践密切联系,具有更强的可操作性。

自 20 世纪 90 年代中后期以来,社会公平问题的研究,在学术界呈现一股强劲的势头,成为众多学科所高度关注的"显学"。研究的主题主要有:关于贫富差距过大的问题,关于社会阶层结构层面上的社会公平问题,关于"效率优先,兼顾公平"的提法,关于社会

---

① Jost John T, Kay Aaron C. Social justice: History, theory, and research [M]. 5th ed. John Wiley & Sons Inc, 2010: 1122—1165.

公平的一些基本理论问题。[①]（吴忠民，2007）

以往社会公平感研究主要关注人口学变量中的年龄、性别等，对具有典型代表性的社会群体的研究相对不足。随着城镇化进程不断推进，我国农民工外出数量日渐增多，据国家统计局《2016 年农民工监测调查报告》显示，2016 年农民工总量为 28 171 万人，比 2015 年增加 424 万人，农民工已成为我国经济社会发展中的重要力量。特别是随着经济社会结构的不断转型，我国农民工的结构也有所改变，最初的第一代农民工如今已年过半百，80 后、90 后新生代农民工已经开始步入社会舞台。2010 年中央一号文件中首次提出将 20 世纪 80 年代后出生、在异地以非农就业为主的农业户籍人口称为“新生代农民工”。相对于第一代农民工，新生代农民工对于农村的疏离感更加强烈，他们大多没有父辈精于农耕的本领，相反由于文化知识水平和时代嬗变的影响，他们对于城市的向往更加强烈。因此，如何让他们在城市中感受到社会公平意义重大。上海作为全国改革开放的排头兵和创新发展的先行者，吸引了大量的农民工。截至 2015 年 6 月 30 日，上海市新生代农民工规模已经达到 502.36 万人，占上海市农民工总数的 55.5%，占上海市同年龄段人群的 61.3%。[②] 融入城市，是新生代农民工的梦想。

本书是第十五届“挑战杯”全国大学生课外学术科技作品竞赛项目“城市追梦人：新生代农民工社会公平感研究——基于 3542 个样本的实证分析”的部分成果。该项目获得全国三等奖、上海市一等奖，方学梅为该项目的指导老师，张苑松是组长，团队成员有徐光鑫、于星苑、彭映龙、周浩卿。书中涉及的 40 份访谈资料均由该团队成员共同完成，是在近 100 份访谈资料中精心挑选出来的。本书试图以白描的方式记录生存在上海的这些新生代农民工的生存状态、公平感受和他们的城市梦。这些来自田野的第一手材料对于了解新生代农民工这一群体具有原生态的资料价值。同时通过本次调研活动也为团队成员带来诸多改变：此次调研活动给大家提供了一个深入了解和接触农民工的机会，深刻体会到农民工群体的酸甜苦辣、喜怒哀乐，增强了团队成员们极大的社会责任感。大家根据访谈中普遍提到的子女教育问题，开展了“青春派”网络助学营的实践活动，同时为农民工

① 吴忠民.社会公正研究的现状及趋向——近年来国内学术界社会公正研究述评[J].学术界，2007(3).

② 资料来源：http://sh.eastday.com/m/20170419/ula10515293.html。

子女义务做家教，并且参与到徐汇滨江建设者之家的农民工子女暑期夏令营活动中去。另外历时近3年①的调研活动也磨炼了大家的意志，培养了团队合作精神，提高了解决问题的能力。

尽管本书中对40位新生代农民工的访谈比较简单，受访者的选择比较随意，所选择的样本代表性还有待提高，但是我们仍然可以发现一些共性的问题。

一、新生代农民工社会公平感的现状

通过对40位新生代农民工的访谈，本课题组发现新生代农民工的社会公平感较低的情况集中存在于以下领域。

（一）收入问题

新生代农民工之所以选择离开家乡进城谋职，其根本原因是为了追求更多的经济收入。访谈中大部分农民工的感受是一致的，就是基于生活成本高导致的社会不公平感最普遍。收入是维持新生代农民工基本生活的物质基础，也是维持其家庭正常运转的物质前提，是摆在新生代农民工面前的首要问题。新生代农民工在经济地位上处于劣势，经济整体水平低于城市居民，因而产生了居无定所的现象，在城市中居住的形式多为租赁，其所产生的费用成为生活的主要支出。由此可见，新生代农民工无论作为个体户，还是打工者，都一致认为房租贵、物价高，生活开销日渐增大，收入无法满足家庭支出。

（二）歧视问题

在我国城乡二元结构现状下，出现了城市人和农村人的身份壁垒。通过访谈发现，新生代农民工所受的歧视主要是身份歧视和职业歧视，主要表现在以下方面：第一，户籍壁垒与劳动力市场分割。现行户籍制度使得绝大多数农村劳动力不能获得在城市永久居住的法律认可，就业政策中的歧视性对待通常都以户籍为标签。第二，就业歧视与就业机会不平等现象普遍存在，如户籍或地域歧视、学历歧视、年龄歧视乃至于身高体貌歧视，外来劳动力很难进入比较正规的企业就业，大多数受雇于非国有企业或非正规企业，从事非熟练性的劳动。第三，同工而不能同酬同权。相同工作，临时工、劳务派遣工及外来劳动力的工资也比较低，

① 文中的大部分访谈资料整理于2015—2017年。

仅为当地劳动力的80%。通过访谈,可以感受到受访者谈及此类事情时的无奈和不满。

（三）社会保障问题

新生代农民工处于边缘性的社会地位,缺少城市户籍,使其很难享受社会福利,无法享受城市人的最低生活保障、失业保险等。虽然,我国通过多年的不懈努力实现了养老保险制度的社会化、多层次化,基本养老保险制度实行统账结合的财务机制,各地逐渐取消了户籍等限制,缩小由身份导致的不公平。但是身份差异等问题并未解决,所以新生代农民工认为社会保障现状不公平。由于访谈对象的工作性质不同,所以他们从不同角度回答了自己对社会保障问题的看法,解释了社会保障不公平的原因。通过整理访谈资料,笔者认为主要有以下原因:一是城市社会保险所交费用金额较多;二是临时工或非户籍人口不享有社会保障;三是社会保险金的缴纳意义随时代的变化而不同了。新生代农民工为保证孩子上学,多数选择了缴纳社会保险金。但他们认为缴纳社会保险金与其自身的目的存在异质性,偏离了经济补偿这一主题,找不到社会保险金与子女教育问题的契合点,因而他们认为社会保险的支出是一项不公平的支出。

（四）子女教育问题

随着新生代农民工进城数量的增多,家庭移民的数量也在不断增加。而这一现象也导致了新生代农民工随迁子女教育问题的产生。由于不容许异地高考,该群体的子女就学问题成为社会关注的热点。在被问及社会不公平问题的时候,许多新生代农民工不假思索地回答子女教育问题。从访谈中可以看出,新生代农民工对孩子教育问题的关注度很高,但是不理解有关子女教育问题的相关社会政策以及相关规定,认为这些规定大多是为了学校和上海市自身的利益而制定的。但为了让孩子享受良好教育,新生代农民工只能选择交社保办居住证,无形之中增加了他们的经济压力。在40位访谈对象中,超过2/3的人认为子女教育问题不公平。

二、新生代农民工社会公平感的影响因素

（一）从生存到生活:外出动因的差异

因新生代农民工有其自身群体的特殊性,流动性大,常住地和家乡具有差异性,他们承受着农村和城市两个地点的生活压力。受访者中大部分人表示自己外出打工是为了挣

钱，部分表示是为了让子女接受良好的教育。受访者曾表示即便在家乡有工作，但是工资低，所以还是会选择向发达地区流动。第一代农民工外出打工主要是为了生存下来，而新生代农民工有越来越强烈的城市化倾向，他们希望追求更高的生活品质，希望获取更多的经济收入，而不仅仅是解决温饱问题，外出动因由生存型变为生活型。潘寄青、谭海燕和李娜(2009)通过研究发现，新生代农民工外出工作的原因除传统生存的因素外，更考虑生活因素，即挣钱的同时兼顾提升生活质量、改变生活状态。①

（二）从家乡人到本地人：参照对象的差异

亚当斯的公平理论指出，人们在进行公平判断时会将自己的产生与投入比跟另一个参照对象的产出与投入比进行比较，如果相等则认为公平，如果不相等则认为不公平。相对剥夺理论也指出，人们在评价自身的境遇时，参照群体的影响大于个体实际地位的影响。在这里，影响个人公平感受的不是具体的结构性地位，而是个人基于自己的生活环境所进行的局部比较。② (马磊、刘欣，2010)局部比较可以是与自己的过去进行比较，也可以是与周围人进行比较。通过访谈可以发现，新生代农民工在谈及自身境遇时，有超过三分之二的人将自己的状况与上海本地人相比较，这种参照点的选择使他们在地位对比中处于劣势，产生被剥夺感，对自己的处境不满意，进而使得他们对于社会公平的感知较低。而对于自己境遇满意的新生代农民工，大多将参照群体设为家乡人。

（三）从内控到外控：归因的差异

Weiner(1995)在对社会行为大量分析的基础上进一步提出了责任推断理论，该理论认为原因的可控制性是责任推断的前提。③ 如努力是个人意志可以控制的(内控)，而运气往往是个人意志无法控制的(外控)。Folger 和 Cropanzano(2001) 的公平性理论提出：“社会公正的中心问题是责任及责任认定。当人们遇到一种不公平事件或情景时，他们就会认定某个人或机构要为威胁人们身体或心理健康的某种行动(或无行动)承担责任。如果找不到责任主体，那么也就不存在社会不公平。” ④ 通过责任认定，个体责备某人或认

① 潘寄青，谭海燕，李娜. 新生代农民工城乡转移及就业路径探析[J]. 当代青年研究，2009(2).

② 马磊，刘欣. 中国城市居民的分配公平感研究[J]. 社会学研究，2010(5).

③ Winer B. Judgments of Responsibility: A Foundation for a Theory of Social Conduct[M]. New York: Guilford Press, 1995.

④ Folger Robert, Cropanzano Russell. Fairness Theory: Justice as Accountability[M]. Lexington. MA: New Lexington Press, 2001.

为该人应为该过失行为负责。因此，责任归因或责任推断的过程是形成公平判断的一个基础过程。访谈中，有少部分新生代农民工认为引起目前生活状况的主要因素是个人因素，如勤奋、努力、能力等，因而对生活满意度高，社会公平感评价也较高。但是大部分的受访者都倾向于认为制度或社会因素是主因，因而社会公平感评价较低。这种归因上的差异会对个体的行为产生重要影响，必须引起高度重视。

三、提升新生代农民工社会公平感的政策建议

通过访谈，笔者认为农民工的不公平感容易激起他们的不良情绪，也可能导致他们的破坏性行为，这样不仅影响了他们自己的生活，也可能影响社会安定。笔者在研究影响他们社会公平感因素的基础上，提出以下建议：

首先，进一步完善相关政策法规，打破城乡二元结构的禁锢。建议政府有关部门在新生代农民工就业、医疗、子女教育、住房、养老等方面出台、完善政策，比如制定相关法律法规，规定进城农民工在达到一定的条件之后，可获得城市户籍。其次，改革教育财政投入。教育经费是以户籍为依据来拨付的，新生代农民工负担的实际上是城乡双重费用。建议将教育经费从地方财政中扣除。随着随迁子女的流出，流出地的教育资源还出现了低效率的配置，应该根据实际需求合理分配。再次，建立健全社会保障体系。社会保障体系应更多地关注外来务工人员的利益。加快相关制度建设，建立与农民工社会保障制度相适应的网络服务体系和一体化管理体系，制定统一的农民工保险基金转移管理办法等。最后，平等对待新生代农民工。整个社会应该以理性的眼光重新审视新生代农民工群体，正确评价新生代农民工对社会所作的贡献，逐步消除对该群体的社会偏见。

本书得到了华东理工大学社会与公共管理学院的大力支持，华东理工大学出版社对本书的出版也给予了很多的帮助，在此均表示衷心地感谢！感谢所有为我们的访谈提供各种帮助的朋友。最后，对书中接受我们访谈的 40 位可爱的农民工表示最衷心的感谢，感谢你们的信任，与我们分享你们的生存故事、你们的城市梦！

目录

Contents

访谈样本资料

访谈者	籍贯	年龄(岁)	性别	学历	打工类型
访谈者 1	安徽	33	女	高中	在某服饰有限公司分管机器生产
访谈者 2	安徽	35	男	初中	在某服饰有限公司做熨烫工
访谈者 3	安徽	36	女	小学	个体经营
访谈者 4	河南	27	男	大学	某房地产工程项目部员工
访谈者 5	江苏	22	男	高中	环卫工人
访谈者 6	河南	36	女	初中	某餐饮店保洁人员
访谈者 7	河南	27	男	高中	事业单位的个体餐饮负责人
访谈者 8	云南	22	男	高中	建筑工人
访谈者 9	河南	37	男	初中	保安班长
访谈者 10	河南	30	女	初中	某私营企业的制鞋工人
访谈者 11	安徽	26	女	大专	某公司的会计
访谈者 12	黑龙江	25	男	初中	保安
访谈者 13	河南	25	女	初中	个体经营
访谈者 14	黑龙江	32	男	初中	某餐饮店员工
访谈者 15	江西	19	女	初中	个体经营
访谈者 16	安徽	30	女	初中	某零食店铺员工
访谈者 17	黑龙江	18	男	初中	保安

续 表

访谈者	籍贯	年龄(岁)	性别	学历	打工类型
访谈者 18	江西	18	男	初中	某奶茶店员工
访谈者 19	重庆	26	男	初中	某餐饮店员工
访谈者 20	河南	33	男	高中	建筑工人
访谈者 21	安徽	37	男	初中	某餐饮店员工
访谈者 22	江苏	37	男	大专	个体经营
访谈者 23	福建	35	男	中专	某面包店合伙人兼销售
访谈者 24	江苏	37	女	初中	某服饰公司套口工人
访谈者 25	四川	35	女	小学	某餐饮店保洁人员
访谈者 26	江苏	37	女	初中	在某服饰有限公司分管质量
访谈者 27	山东	37	男	高中	建筑工人
访谈者 28	江西	27	女	高中	个体经营
访谈者 29	安徽	22	男	高中	保安
访谈者 30	安徽	36	女	初中	个体经营
访谈者 31	安徽	20	男	高中	某餐饮店员工
访谈者 32	安徽	32	女	高中	个体经营
访谈者 33	河南	26	男	高中	建筑工人
访谈者 34	江西	33	女	初中	个体经营
访谈者 35	福建	35	女	初中	某宾馆经理
访谈者 36	江苏	35	女	高中	个体经营
访谈者 37	江苏	36	男	高中	个体经营
访谈者 38	河南	34	男	初中	保安
访谈者 39	江苏	20	男	高中	某餐饮店管理人
访谈者 40	江苏	34	女	初中	在某服饰公司分管外销、打样

魔都的魔力是什么

受访者基本情况

性　　别：女

年　　龄：33 岁

籍　　贯：安徽

婚姻状况：已婚

文化程度：高中

打工时间：2000 年

打工地点：上海市青浦区

打工类型：在某服饰有限公司分管机器生产

• 前记

说句实话，从早晨出门开始，自己便做了一天中最错误的决定——在上班高峰期穿着高跟鞋挤公交车，心情十分惆怅。适逢阴雨天，灰暗的天空，阴雨绵绵，心情更是压抑。经过三个小时的车程，终于跌跌撞撞地来到了目的地——工厂。这个工厂是经过一位哥哥介绍的。所以自己在工厂的办公室内等候受访人的到来。“您好！”一阵响亮的声音从耳边传来。我看到一位扎着马尾辫，穿着黄色上衣的小姐姐走进来，全身洋溢着青春的气息。她有一双炯炯有神的大眼睛，因为年轻，女孩子势必爱美一些，粉色的指甲显得她更可爱。“姐姐，您别紧张，我就随便和您聊聊就好。”我对她说道。“没事，我不紧张，你别紧张就行。”“哈哈哈哈……”两个人的访谈便在这愉快的笑声中开始了。

姐姐，您是哪里人啊，多大了？

我是安徽人，1984年出生的。

您现在结婚了吗？

结婚了，我家宝宝10岁了。

您是跟您丈夫一起来的这边吗？

他也在上海，但是不在一个厂。

您的月收入和月支出大概是多少？

反正是一个月，我是五千多元吧。

您丈夫呢？

他不是坐班固定的这种，他跟单，他是做房产方面的单子的，他一个月拿多少得看他手上的单子情况。

大概平均下来呢？

平均下来一年二三十万元吧。

您夫妻俩生活加上孩子的支出一个月又是多少呢？

一个月我们用于养车什么的，家庭费用大概在七八千元吧，在青浦这边租房子两千多元。

您来上海多久了？

我来上海10年了吧。

来了之后就一直在这边做吗？

对对对。

您是怎么找到这份工作的呢？

我是高中毕业，然后到这边来，我一个亲戚他本来在这里做的，介绍我来的。

当时怎么想着高中毕业就直接工作了呢？

那时候没有考上大学，本想复读但没有去，再说那时候不像现在这样子，女孩子上到高中已经差不多了，家里没有人会说你一定要上大学，再者家庭条件有点差，因为有兄弟姐妹，不像现在独生子女，怎么样都能供你上学。

您当时为什么会选择来上海这个城市呢？

因为我表姐在这边，如果出来上班的话，肯定是亲戚在这边，家人也放心一点，毕竟是女孩子嘛，有人照顾一下，总归会好一点吧。而且老家十几年前，农村里面没有工厂，没有经济收入很高的工作，那时候家里的工厂不像现在，十几年前还是比较少的。

您在这边已经十几年了，如果现在安徽那边的厂子发展得也很好的话，您想回老家发展还是想一直在上海发展？

目前没有打算回去。

您在上海这么多年，整体而言，请您描述一下在上海的生活，有压力还是怎么样？

压力肯定是有，现在生活条件都比较好，给予小孩子的东西都是比较好的，不管是教育，还是生活方面。小孩子一出生就在这边，就感觉是这边的人，其实安徽只是老家，每年都是春节的时候才回去，但是平时的感觉，这里就像家一样，老家的那种感觉就是小的时候那些记忆，一年到头就是在这里。家里虽说有房子，别墅什么的，在家里已经建好了，毕竟家里有老人，建给他们住的，我们在这里熟悉了，感觉在这里跟家是一样的。我基本上在老家生活十几年，在这里基本上也待了十几年了，其实感情是一样的。在上海待得时间久了，天天在这里上班，感觉这里跟家没什么区别。

那您觉得在上海生活得还愉快吗？

那肯定是愉快的，不然肯定也不愿意在这里待了，肯定也不可能在这个厂里待了10年。

您从哪些事情或者是哪些方面觉得上海还不错的？

不管是从发展对小孩子的教育，还是说生活方面吧，各个方面。还有说在这里上班，关键是在一个环境里面，感觉愉快，没有什么事情导致心情不好的，朋友也都在这里，有事情大家一起交流。

同事、朋友是您的老乡吗？还是来这边再认识的？

老乡不多的，虽然有安徽的，但不是一个地方的，同事基本上来自五湖四海。

这个工厂的工作环境怎么样呢？

让人感觉比较舒服吧。不管是一个工厂，一个公司，如果不是像公务员一样是铁饭碗的那种，你待个10年以上的，肯定有感情、有东西让你想留下来，不然你不可能一直待在这里的，是不是？除非在学校里待着的，有多少人工作在一个地方待十几、二十几年，待一辈子的呀。何况又不是铁饭碗的那种，能做到这样子，其实还是因为一个厂里有很多让你留恋的东西，不光是工资待遇方面，还有人际关系等方面，都是让人觉得比较舒服的，很多好朋友、闺蜜，在这个圈子不管是男孩子还是女孩子玩得都比较好。

平时您除了上班还会选择去旅游之类的吗？

如果有时间的话会的。如果放假两三天、三四天，就回一趟安徽玩玩，或者是去周边江浙沪这一带，因为工作还是比较忙，考虑到小孩子各个方面，不可能跑到哪里十天半个月的。小儿子没上学的时候，带着他一起玩两三天是可以的，现在考虑到小孩子上学、休息各个方面，也就是放假的时候去周边玩玩。因为小孩子只放两天你不能跑太远的，他毕竟还要学习，太劳累的话，大人、小孩子都吃不消，也就是在江浙沪这一带附近开车自驾游。

您的小孩子也是在青浦这边上学是吗？

对，从上学的时候就一直在这边。

孩子的开销还挺大的吧？

还好，因为上学的学费不是太高，生活费也就还好，也就是平时家里来人偶尔玩玩，不像是在老家七大姑八大姨串门吃饭，因为现在就是身边的朋友在一起，也都各自有工作，不可能天天黏在一起的，也就偶尔星期天休息的时候才一起玩玩、串串门坐坐。

平常交往的对象，也就是您周围的朋友、同事？

对。

您刚才一直提到小孩子，我之前访谈的一个姐姐谈到小孩子在上海读书存在一个异地高考的问题，就感觉有一些不公平。那您觉得在上海您有没有受过什么不公平的待遇？

我觉得其实在这个方面，就是在小孩子上学这方面，会面临一个异地考这种问题。无论是交税还是保险，我们都没有间断过地交，对青浦这块不说多也是有贡献的，在这边我小孩子从出生一直到现在幼儿园开始没间断过，面临着中考、高考的时候，小孩子的父母都在这边，小孩子一直在这里上学，等高考的时候不让考，就得回老家，还要适应老家的环境。因为大家都知道，江苏、安徽等各个地方考的都不一样的，小孩子还得有一个适应的过程。如果不让小孩子在这里考而回家考，那肯定提前一两年就要做准备。重心往老家转，不光是小孩子适应，大人也要适应。

小孩子回去的话，您有想过夫妻俩是不是也要回去？

对，毕竟小孩子现在才上小学，时间过得很快。我最大的问题就是小孩子的上学问题。

那就是说，孩子上学您可能觉得有一些不公平，就像您说我对这边是有贡献的，除了这一点，还有什么让您觉得有受到不太公平的待遇吗？

其他的我倒还没有特别的感觉，就是对于这里的贡献没有得到很明显的回报，这些我倒没有感觉什么特别的，都能接受。就是说小孩子上学这一方面，如果说不能异地考的话我可能有点异议吧。

总体而言，就拿上海和安徽相比，您觉得上海公平一些，还是安徽公平一些呢？

不经常在安徽待着，我都没感觉说是安徽有什么不公平的事情。因为毕竟也就回去过一个春节，节假日回去待个几天就回来，没有特别地遇到什么事情，没有感觉。

在上海，您除了孩子上学，没有经历过其他什么不公平。总体而言，您觉得上海还是挺公平的是吗？

可能有些遇到的事情，就是上海的居住证之类的东西。据说手续特别多，很烦琐，耽误时间，其实很简单的一件事情就弄得比较复杂。比如说我去办个什么东西，告诉我要去办个什么证，告诉我需要哪些东西，我可以一次性到这里敲章弄好，今天跟你说一样你去办好，然后你到他那里东西拿到了，还有另外一样，你再去办一次，甚至是相同的地点，为什么不可以一次性说完呢？

您觉得服务人员的态度，对于外地人和本地人有差别吗？

有。

具体表现呢？

就是说，本地人去找，有些东西就是可以避免掉，比如说他对本地人说这个证件不能办,然后就直接跟你说哪些东西该怎么办。如果是外地人那他口气就两样了,这是我亲身经历的,看到的。

能举一个具体的事例吗?

因为小孩子上学要办居住证,外地人去弄的话,今天要这样,明天要那样,要搞这个东西,要搞那个东西。然后你一个朋友认识人的话,找到一个本地人,他可能很多东西都不需要的,敲个章,就给你弄了,转一下就好了。

您当时办的时候也有本地人和您一同去办,您有看到?

我有认识的朋友。

是上海本地的?

对对对。他就是很方便的,他有朋友是外地的,比如说租住他房子的房客,别人去弄不到,本地人带着外地人,说这是我家房客,东西给工作人员,立即就办妥了。其实都是同样的事情,这就等于说对外地人,不是说这个行业,各个部门都是这样子,我觉得这是人的问题,不是说机构存在外地、本地的区分,我感觉政府的这些部门的办事人员用异样的眼光看外地人。他个人对外地人有偏见,他心理上觉得这人是外地人,有些东西要你这样要你那样。政府设立的这个部门,这个部门就是服务于外地居民的。有些人说话口气还是平和的,有些人就不吭气,不跟你解释,不跟你说这些东西具体要怎么办怎么弄。要么就是看一下你的资料,这个不能办,你没有这个,你没有那个,那你跟他说这个东西在哪里呢?毕竟外地人经常在工厂、公司上班,不太了解这个东西需要哪些资料、证件才可以办到。

先问一下,您在这个工厂主要是负责哪一方面任务的?

就是生产方面。我在部门里面分管机器,安排机器生产的单子。

我懂了,就像您说的,可能生活在上海,总体而言还是很快乐、很幸福的,但也有一些小小的问题。

如果是人的问题的话,在哪个地方这些问题都避免不了的。

总体而言,对于上海这座城市您还是满意的,是吗?

很满意。其实我还是比较喜欢上海的。

喜欢它什么方面呢?

第一个是环境，工作的氛围、环境、交往的人，让人比较舒服，没有什么具体心理上的不舒服或者是怎么样的，周边还是蛮好的，蛮舒服的。在这里上班很有规律，我甚至春节回老家待几天之后就想回上海来。

您觉得老家和上海两个地方的差别在哪里？

上海这个地方，第一个因为在这里工作，还有就是春节回去的时候，老家可能亲戚比较多，走动比较多，热闹一点。但是热闹太过了，就很喧闹，其实我是比较喜欢上海，生活比较有规律、安静。

总体而言，您来上海10年了，您能融入上海吧？

我觉得还可以。

您平常就是跟外地人打交道，很少和本地人打交道吗？

本地人也有。这个工厂里面一半是本地人，不全是外地的。这里面年纪大一点的阿姨基本上是本地的。都说上海的老阿婆们比较难相处，其实不是这样子的。哪个地方都有难相处的人，哪个地方都有很好相处的人，其实在一起，大家除了工作上面的事情会有分歧，需要磨合，如果抛开工作的话都很好相处的。我在上海待过两个地方，我以前住的是拆迁房，房东实在没办法，舍不得拆迁也没办法，然后跟我们说，我们就搬走了。现在的一个阿姨，她是从浦东拆迁到这边来，拆了一套房子，装修好了，我住到她家，一直住到现在，都相处得很好，像我们小区里面左右隔壁，前前后后的邻居阿姨都很好的。都觉得其实特别好，挺平易近人，没有歧视或者怎样的。我们的居住地年轻人很少，年轻人会看不起外地人。其实外地人怎么了，外地人能力、教养、素质，不比你们差。像我老公接触的客户、打交道的设计师可以说都是很好的，因为他是做房地产这一块的，人家在上海买得起房子，装修得了房子的一般都不是条件很差的，玩得很好的有一大帮子人，都很好的。

您觉得上海还是相信能力的，对吗？

有能力的当然受到肯定了。能力是由性格、教养、素质决定的。其实不管在哪里都不喜欢没素质、没修养的这些人，没有人喜欢跟那些蛮横不讲理的人打交道。有些心理、性格、教养方面稍微有一点差的人，他们在一个好的氛围里面，时间久了，就自然融入进去了，也会慢慢变好的。我身边的人做出很多事情，人家会说你这样做得不好，如果关系比较好的话，会慢慢把你带得有教养的，人家虽然说但也会提醒你的。

上海这个大环境,假如这个人不是很好的话,他也会变得很好?

周边正能量的人多一点,会带的。就像我不明白很多东西,错每个人都会犯,不管是哪个部门都不可能避免发生问题,因为人本身就是带着问题来的,你怎么可能让他一点错误不犯,没有这样的圣人。但是如果有错误了,一定要改正,不能认为,反正有人给我出力,有人给我顶着,不能有这样的思想,毕竟是你犯了错误,人家为你再承担责任的话,这样就不好了,都是成年人了,这个道理大家都懂吧。虽然说不要你负什么责任,这个问题能得到解决,但是下次要避免再犯,不能天天犯错误、改正错误,所以说这些东西都是要贯彻的,都是要讲的。我跟部门里的人说,如果你是老师傅,要有自己的判断能力,对的还是错的,好的还是坏的,你不光是自己,你还要带你周边的人一起发现问题,及时纠正,大家相互帮助,相互提醒,这个团队才会好,靠一个人你就是金子也没用,发光发热一个人没用,得靠一个集体。我们工厂里做衣服都有外设出货的,反正我的任务做完了,后面的你不管,接货的时候,你的这个货出去怎么样,质量怎么样,你的这个货交出去有没有问题,你的这个货客人有没有投诉,这是个整体,一定要有团队精神。员工有时候自私一点就会说,我管不了那么多,只能说他不在这个位置上,他没有这样的责任,他没有这样的义务,如果把你本职工作做好,不出问题,这也行。只能说你觉悟就这么高,每个人的觉悟是不一样的。领导担的责任大,他的觉悟要更高,不然你怎么带领下面的人?

好的,谢谢您接受访谈。

• 访谈员后记

访谈过这位姐姐后,自己最大的感受就是,访谈的时候能遇到一位特别健谈的人是一件幸运的事情。因为在整个访谈过程中,姐姐对于我所问的问题没有任何隐瞒地表达了自己的观点,这是对我莫大的信任。当谈及上海这个城市的时候,姐姐除了子女教育问题外,觉得上海都很好。或许应该这样说,即使存在子女教育问题,她依旧希望留在上海。这是为什么呢?上海作为魔都,它的魔力究竟是什么呢?总结起来就是公平、繁华、大都市、有发展。是啊,与自己走出的农村相比,上海的诱惑力更大。上海相信汗水,给予这些平凡却又不断努力的人以更多希望!

红花中的那片绿叶

受访者基本情况

性　　别：男

年　　龄：35 岁

籍　　贯：安徽

婚姻状况：已婚

文化程度：初中

打工时间：2008 年

打工地点：上海市青浦区

打工类型：在某服饰有限公司做熨烫工

• 前记

笔者在访谈地逛了逛，等待着访谈者的到来。突然发现，绿油油的草坪，白色略有泛旧的一栋栋工厂楼，伴着淅淅沥沥的雨滴声显得别有一番意境。走进工厂，自己十分震惊。真的，在 21 世纪机械化、信息化的时代，许多行业还是需要人力的手工，还是需要制作工人的。并不是所有的加工厂都全部是机械化的，许多工序还是需要人工来做的。走过一间间工作车间，看着工人们在自己的座位上仔细地检查着衣服是否有破损，用手工加工着袖口等地方，不由得心生敬意。因为一直这样做，真的很不容易。在女性众多的工厂，突然看到一位胖胖的男工。个子不是太高，看起来十分憨厚朴实。在这样的环境中，身为为数不多的男性，他的感受是什么呢？于是，我便决定访谈这位男性工人了。

不用紧张，我们像聊天一样就好，主要想聊聊您在上海生活的一些感受。您是哪里人？今年多大岁数啊？

安徽合肥人，35岁。

您和妻子都在上海吗？

都在上海的。

当时为什么会想着来上海？

我们是80后，当时家里比较贫困，供不起读书了，我是初中毕业出来打工的。上海是大城市里离家乡比较近的，合肥到这里接近400公里(千米)。

当时觉得家里状况没有上海好？

那肯定没有这边好，地区差距还是很大的。

您刚开始到上海是做什么的？

刚开始出来是做服装的，一直在服装行业。后来转行，就是转到羊毛衫等纺织品这一系列的工序。

您现在主要做什么？

我主要是做熨烫工，比如给衣服定版型。

一天大概要做多少件呢？

好熨的衣服在250件左右。

这边对您每天的数量有要求吗？

数量没有要求，难度大的一般一天熨100多件，好熨的一天200多件。一个月能挣到4 700元钱。

你们夫妻俩人一个月工资一共多少呢？

我老婆收入要低一点，在4 200元，她在附近的厂子工作。

您的孩子在这里吗？

大儿子在老家，小儿子在上海上幼儿园。

整体而言您来这这么多年，您一个月支出是多少？两个孩子，加上租房子。

所有支出在 3 000 元钱左右，租房 1 200 元，还有水电费。

您来上海这么多年，请用几句话，或者说几个词来描述一下，您对上海的感受吧。

反正已经习惯了吧，从不懂事到懂事，快 10 年了，觉得上海还行吧，卫生、工资待遇比老家强多了。

现在上海还是比老家好？

肯定比老家好，现在在一线城市待过的不能回到老家去了，我们选择轻工业行业的羊毛衫制作，在老家厂倒是有，但是很少，工资待遇要相差一半。厂比较多，但是有些工厂，我们也进不去，从一开始学的就是这个，现在再去转行做别的也不适应，在这里已经习惯了。

您当时怎么找到这个工作的？

当时听说在招工，通过熟人介绍过来的，以前在浦东那边的羊毛厂做过几年。

为什么到这边来呢，觉得这边的待遇好？

待遇总归要好一点。

您觉得在上海生活压力大吗？

还行，在公司感到压力还行，收入的话两个人万把元一月，还行吧。

您对您的收入满意吗？

满意。

您是很知足的那一种，是吗？

对，我文凭也不是很高，只能做劳动力付出的这种活，一些粗浅的活，只能得到这个报酬。按劳分配我感觉还很满意的。

总体而言，您对您在上海生活还是很满意的，觉得幸福吗？

幸福的，满意的。

您觉得能融入上海吗？

应该能够融入吧，生活这么多年也习惯了，各方面工作的时间也可以。

您来上海这么多年有没有受过不公平的待遇，或者看到身边的人受到不太公平的

待遇？

这个倒是没有，在这个厂有10年了，前面的厂也工作了2年，后来厂子拆迁了，就转到这个单位了。这两个厂就做了10多年，因为年轻时候，刚开始工作时不习惯，由于老板和工人相处的问题，跳了几家工厂。

跳几家工厂，因为什么呢？

那时候不是年轻嘛，就是没结婚之前。一开始到上海，语言等各方面适应不了的。这个你们不知道，像我们才来到上海讲普通话很少，语言各方面都不太通的，感觉不好就跳槽了，现在随着年龄的增长，感觉都差不多，基本上稳定了。

我大概懂了，看起来您没怎么受过不公平的待遇，那您觉得上海整个城市公平吗？您会不会觉得很多事情都是靠着人脉关系在做的？

我觉得很公平，作为一个普通工人也不存在人脉，可能只有在营销方面才比较明显，人脉对于普通工人来说不存在什么太大的影响。还是要靠自己兢兢业业，技术层面还是要有的，比如说熨衣服熨得好坏。要有一技之长，打工靠的就是一技之长，老板才能认可你，或者是管理人员认可，没有一技之长总归不太好。而且我们在这里老板也给我们交保险，生病什么的顾虑就不大。

原来您的厂子会给交五险一金吗？

最近六七年上海的这个制度好像才健全，以前不交的，多数厂都不交的。

因为制度不健全所以不交？

对，现在你不交就不行了，现在基本上要交的，像我们安徽也是的，正规的单位都是要交的，国家制度有规定。

您在这个工厂，或者说在上海，您平时交往的对象都有谁呢？

交往的对象就是平时的同事，老乡也有，不过很多在别的厂子，偶尔有联系。

为什么都选择来上海呢？

这里的公司待遇比我们安徽要好一点，就业的机会多一点，所以聚集这里打工的多。

您周围的朋友也好，您自己也好，长期而言的话，都会想留在上海吗？

那是肯定的，不过老家的房子我们也买了。放假的时候回家待个十天半个月，多数还是在上海的。希望到那个时候租个便宜的房子，有廉租房可以住，我还是希望长期住在上海。如果我们到五十几岁的时候,工厂不招人,在上海找一个门卫也是一个就业机会,也许到老家就是一个无业游民了。

哪怕就是租房子您也很想留在上海,即使老了您也是会有工作的,是这个原因吗?

对对对,一个是生活习惯嘛。可以说在这个城市基本上习惯了,就是打工,也10多年了,接下来肯定还是想留在这里。

您喜欢这个城市吗?

对,肯定喜欢,不喜欢肯定不会在这里了,在这里比较习惯,对这个城市是比较满意的。

• 访谈员后记

其实,在我们生活中,许多事情都是公平的,上帝并没有偏爱任何人。每一份付出就会有相应的回报。所以,每个人都应该学会知足,要微笑面对生活。

话虽如此,但真正做到知足常乐的人又有几人呢?在我眼里,这位朴实的工人就是一位。他对于生活没有过多的抱怨,认为世界对他来说是公平的。也许他的工资不够多,但是足以支撑生活,过得快乐幸福,他就会觉得公平。他不喜欢和别人攀比,即使别人比他过得好,心里也不会产生不平衡感。因为他人的这些成就是靠自己的努力得来的。他们并没有多受上帝的恩赐,只不过,他们付出的努力比我们要多很多,所以,得到的回报也比我们多得多。

"知足"二字,也是我自己应当学会的。作为年轻气盛的大学生,有时候过分的完美主义让自己总是希望做到最好。可是在自己想到那些优秀学生的时候,是否还想过其他学生呢?他们也许做得并不完美,但他们并没有因此而抱怨。就像这位工人一样,他只是更加努力地做好自己。只要尽到自己的努力,靠自己的付出得到的回报就是最好的,就是自己最满足的。

上海：我的梦想城市

受访者基本情况

性　　别：女

年　　龄：36 岁

籍　　贯：安徽

婚姻状况：已婚

文化程度：小学毕业

打工时间：2007 年来到上海

打工地点：上海市徐汇区某菜市场

打工类型：个体经营

• 前记

当笔者背着书包来到菜市场，看着车水马龙的景象时真不知道第一个该访谈谁了。这个菜市场多是外地人在这边做蔬菜、肉类的零售生意。在旁边菜市场上，各种吆喝声让整个菜市场显得特别热闹。我沿着菜市场大街一直往前走，不断地搜寻着，想找一个现在有闲暇的，看上去会同意我访谈的人。正所谓“眼观六路，耳听八方”。同时我需要根据他们的口音来判断是否是外地来的。终于在忙碌的身影中我看到了一位身穿蓝色外套，扎着马尾辫，系着蓝色的围裙，坐在一张塑料椅子上正低着头玩手机的阿姨！她的摊位上摆着各种海鲜产品，一名中年男子，身着黑色毛衣系着白色围裙，忙得不亦乐乎。当我走上前时，她立刻就站了起来，以为我是来买她家的鱼的。我走上前，带着无比忐忑的心情，跟她讲，我们是大学的学生，在做一个关于上海市外来农民工的社会调查，就是问一些在上海的基本情况，不会涉及她个人隐私。正好此时生意不太忙，阿姨就答应我了。

您老家是哪里的呀？

安徽的。

您是哪一年出生的呀？

还要调查这个呀，1981 年的。

您是哪一年来到上海的呀？

2007 年。

哦，来了 10 年啦，那您当时是自己只身一人还是？

我们是夫妻一同来的呀！

夫妻一起来的是吧。那您当初是抱着怎样的心态来上海的？

从老家来上海就想来做生意嘛！家乡经济不是那么发达。

哦，懂了，那您的学历大概是怎样的？

学历啊，我才小学毕业。

您小学毕业之后就直接进入社会工作了是吗？

没有，那个时候才十几岁呢。

这期间您有做其他工作吗？

就在家里干农活，现在还有承包田呢。

来上海之后，您对现在的生活还满意吗？

还可以。

还可以啊。像刚刚我访谈的那个姐姐就说经济压力很大，您有没有觉得压力大？

压力肯定是有的，但是我感觉比老家还是要好一些，挣得比老家多。要不来干吗？在外边，总归比家里挣得多一点。

哦，方便透露一下您每个月的收入是多少吗？

每个月的收入啊，4 000 多元吧，除掉其他所有成本。这比老家要好，老家的话一个人也就是一两千元钱啦。在老家其实是挣不到钱的，在外边挣得多，但是也花得多。开支比较大，什么都需要自己去花钱买，离开钱，什么也办不到。

您在上海生活这么多年，您觉得心理压力主要来自哪里？

心理压力？经济压力很大，所以觉得压力来源于经济收入。其他方面那就是说自己自身问题啦，家里吧，总归成家了吧，小孩子吧。孩子的花销大一些，主要就是孩子的教育开支。

您小孩子在这吗？

上初中了呀，初二了。所以转回家了，一开始就是说这里不能考嘛。在外边，虽说挣钱多，但孩子的教育是个很大的问题，不能在这边参加高考，到最后还需要转回老家去。不能把孩子们的学习给耽误了。不过，其他方面都还是令人满意的。

您总的来说在上海过得挺满意的，是吗？

对，还可以。

您能说一下您的工作时间吗？

工作时间嘛，就早上 6 点到晚上 8 点半。辛苦倒还好，就是有点费时间。做生意跟上班不一样，就是早上忙一点，晚上忙一点。自己做生意，有好处也有坏处。好处就是，没人管。你今天忙了，那么就有钱挣。你今天不忙了，就没有钱挣，比较自由。坏处就是，比较忙，心比较累。什么事都需要自己去操心。

您是不是觉得回老家之后还没有这样一个摊位来卖东西，您想回去吗？

没打算回去，这边收入还是挺不错的，能做就做吧！回老家的话，就没有钱挣了。什么生意都不好做，还是做这个吧。时间久了，老主顾都有了。市场已经打开了。

您孩子回去之后是老人在带吗？

对。

您就打算一直在上海这边？

不是上海一直在搞拆迁嘛！让住的话我还是想一直住的。不过，我感觉早晚会拆迁到我住的地方，等拆迁到就麻烦了。到时候，生意就没法做了，或者就需要找其他的地方了。

您是租房对吗？

对，我们租房，房租挺贵的，一个月 4 000 多元钱吧！不过，我们是合租还好一点。一家就是 2 000 多元，这样的话，其实还可以接受的。不过，我们挺幸运的，自己住的房子，一直没有被拆迁过，也省去了很多麻烦。有的摊位，他们家的房子就被拆迁了，然后就需要重新去找房子。找到合适的，那就继续做，找不到的话，就只能离开，没办法呀！我从来没住过那种比较便宜的，我来了之后这边也不贵，也就几百元钱嘛，因为那时候刚来，2007 年的时候这里房子很便宜的。一开始我们住客厅，就两三百元钱，慢慢地就增加了。这个没办法，到处都这样，我们从来没考虑过住在这种私房，不习惯。

现在还是住客厅吗？

我们现在还在住客厅，卧室也住，现在就是走走搬搬嘛！以前我是合租的，现在那个人走啦，房子转给我了。我们现在的房东不住这边，就是说我们一直住也没签合同，就是一直在住了。没有签合同，每年如果房租涨价的话，到年底说一下就是了，反正每次交房租的时候就是打个字条。

信任感还是挺强的！

还可以吧，有时候合租房子的人走掉啦，那剩下的一家压力就有点大。如果一个合租的人搬走啦，你就要付 4 000 多元。对，还要找人搬进来住，挺麻烦的。

您现在对您的工作时间、工作环境都满意吗？

还算可以吧，也不算十分满意吧！其实吧，天下哪有十全十美的事，都是凑凑合合地过了。所以，只能坚持着过吧。

您当时怎么会想到卖海鲜的？

我老公年轻的时候在帮他亲戚家卖，之后他就出去干瓦工，就搬来搬去。两三个月一搬，工地上很烦的。有时在上海，有时在苏州。在苏州也待过，但没有待几个月，所以很麻烦的。经常搬家，觉得干海鲜买卖比较固定一点。我们还是喜欢比较固定一点的、稳定点的生活，不想搬来搬去。

您这是自己找的还是？

经人介绍的吧，我们那时候挺苦的。有认识的人在上海，就是以前我老公的亲戚在这里。一开始刚出来闯肯定是比较苦的，不过现在熬过来啦！

您觉得上海和苏州这两个城市哪个更公平一些？

我觉得还是上海好。

为什么？

我觉得治安及其他方面都好些。经济条件好，挣钱的机会多。

公平方面呢？

公平也可以吧。大家都是外来人，相互之间是比较公平的。在老家就不一样，到处是关系，办事都是靠关系的。

为什么苏州觉得不好？

我在工地上班，觉得苏州很乱。（男老板说道）

也就是说一个城市的环境影响你对一个城市公平度的判断？

环境也算一方面，我感觉还有其他方面。但是，又想不全。

您觉得上海公平吗？

上海我觉得挺好的，我还挺喜欢这个城市的。因为我觉得在上海做事情不用走后门，只要你有证件就可以，不像其他地方要靠托人走后门。像我小孩子上学只要有证件就会给你分配学校，不用找人，这点我很满意，在其他地方你要上学就要找人。我现在社保还没交过，因为一开始管得很松，你只要有居住证就可以，以亲戚的名义办，是民办的，不是公立也不是私立，专门给外来子女上学的，不要钱的。然后小学毕业之后根据分数，你自己找。我自已就把所有的东西弄全啦，交给校长。然后那年 7 月份，教育局就打电话给我说："你女儿录取啦！"（男老板看上去比较开心，放下了手里的活，开始全神贯注地参与到访谈中）

您能理解上海人对外地人设置这些门槛吗？因为很多人会觉得不公平。

对的，这种瞧不起的也有，但只是少数。感觉这种现象是存在的，但只是少数，不是很多，总体来说，还算可以吧。

但是，有些人就会觉得为什么要对外地人设置这么多条件？

你说的这方面就是这样的，确实，有些人对这个事情是有看法的。但是如果放宽政策，上海就会爆满的。政府这样做，有他们的理由，肯定不会乱来的，不会无缘无故去做的。

所以您能够理解政府的这一行为？

对，应该是这样子的。

让您总体评价一下上海，您觉得上海是公平的还是不公平的，或者居中的？

总体来说还是公平的，不能说不公平，居中也可以。

公平和居中之间肯定还是有东西的，您觉得产生这两种不同态度的影响因素是什么呢？

影响因素嘛，就觉得是小孩子上学的事情吧，这点确实不太好，很多孩子都因为这个原因被迫回家了。哎，总体来说还是可以理解的。

您认为公平的这种想法的影响因素是什么呢？我给您一些提示，您能够具体说一下吗，比如户籍。

户籍肯定有地区差异。一个外地人，想要变成上海户籍还是比较难的。政府在户籍制度上，还是管得比较严的。

除了户籍，还有其他的吗？

地区差异肯定是有的。

您觉得主要靠个人努力，然后所有的程序都是照章办事的，对吗？

对呀，就是这样的。其实上海这里有个好处，办事情都按照规矩来，很少走后门的。我就喜欢这点，比较公平，对谁都没有偏袒。

您觉得学历重要吗？会不会在这边受歧视啊？

对我做这个来说，学历没有多大压力。其实，你也可以看到的，顶多就是算算账，记记账，其他方面不太需要的。这个，我小学毕业就满足了。其他地方，我们又很少出去。基本的字，我们都还是认识的，这就可以啦。

您在这边这么多年，有和本地人接触过吗？

有啊！我们做生意的，什么样的人都会遇到，有的是外地人，有的是本地人。不过，本地人有时候说方言，我在这里这么多年，还是听不大懂。

都很友善是吗？

绝大部分是友善的，做生意什么人都可以碰到，也有极个别不友善。我觉得那些人脑子都是不正常的,他们感觉和常人有点不一样。

能举些例子吗?

有些人就瞧不起外地人,就是鄙视。

有什么具体的事情吗?

上次有个人买我的东西,然后他反悔啦,他家的米多就想和我换鱼。回到家,家里人说他吃亏啦!他就不想换啦,就说我的鱼怎么怎么样,我和他吵,要到他家里去,他就鄙视地说我垃圾,不要把他家里弄脏。我就说:“怎么就不行,你到哪里我就到哪里,到你家里去。”他就说:“你配吗?把我家里弄脏了。”但是这样的人是极少数的。

这样就懂啦,那您来上海这么久,您能融入这个城市吗?

还算可以吧!其实有这生意要忙,很少有放松娱乐的时间。越是到节假日,越忙,根本没有闲暇的空,更别说出去玩了。

平常您住的那边也有一些活动之类的吗?

有的,我女儿参加,他们年轻人参加得多,我不怎么参加,我觉得小区里活动都有,都挺好的。跳广场舞的啦,每天都可以看到的。

好的,谢谢您参与访谈!

不客气啦!

• 访谈员后记

这位阿姨及其丈夫在菜场主要经营海鲜的零售生意,已经将近10年了。居住方式主要是租赁房子。虽然这么多年了,在阿姨的眼里,地区之间还是存在差异的。在上海这么多年了,虽然遇到过各种不愉快的事情,看起来实在令人不太满意,但是,总体而言,阿姨还是觉得比较公平的。从经济收入而言,明显是在上海的收入高一点,这正是让阿姨这么多年来愿意坚持着在这边,不愿意回到家乡去的原因,即使上海这座城市生活成本高,生活中还存在很多坎坷。同时,小学毕业的阿姨,在她眼里,文化程度似乎没有那么重要,这也是和他们的日常生活有关。他们的交际范围相对比较小,生活中对文化程度的要求也不太高。很明显,他们已经习惯了这里的生活。

生活中并非处处都是不公平的。在上海这座城市里，有的人认为这里生活艰辛，压力大，在和他们的交流中，多是各种抱怨。但是，我们也会发现，有的时候我们也可以遇到一些人，在他们眼里不公平只是相对的、暂时的。在他们眼里，上海这个地方充满了挣钱的机会，就算吃点苦、受点罪，他们也愿意留在这里，坚持着。甚至，他们对上海限制外来人口的政策持一种赞成的态度。他们可以站在政府的角度考虑问题，还是比较认可上海的各种政策。在他们看来，上海在程序方面还是公平的，办事情不像老家那样走后门，找关系。人只需踏踏实实做事，人人之间还是平等的。他们还是比较喜欢上海这种工作氛围和生活环境的。

知足现在　期待明天

受访者基本情况

性　　别：男

年　　龄：27 岁

籍　　贯：河南

婚姻状况：已婚

文化程度：大学

打工时间：2014 年

打工地点：上海市松江区

打工类型：某房地产工程项目部员工

• 前记

由于笔者是第一次到松江区，所以没有找到正确的公交车站，比与受访者约定的时间晚了半个小时，真是太不好意思了。这位受访者是爸爸学生的下属。起初看到他是坐在办公室的一个角落，自己只身一人带着电脑，穿着西装，打着领带，整洁又正式。于是我走上前去。“哥哥，您方便接受我的访谈吗？”“不、不、不、不，我觉得没什么可说的呢。”“那咱们就随便聊聊呗，聊十块钱的，哈哈。作为前辈就当为我将来的发展传授经验了吧。”“那行,那你说吧,想知道什么呢?”在我的劝说下,我便开始了与他的对话访谈。

请问,您是哪一年出生的?

我是1990年。

您是来自哪里的啊?

来自河南平顶山。

您来上海几年了?

3年。

您为什么会选择来上海呢?

嗯,这个问题……

在上海毕业的吗?

不是在上海毕业的,我跟我师兄一个学校,上学时计划中就有来上海这个打算。

您大学毕业于哪个学校?

跟师兄一个学校,河南城建学院。

您在上大学时就计划来上海,是因为觉得上海是大都市吗,经济发达,还是其他原因?

嗯,也不是吧。因为我觉得看得上上海。当时骨子里有一股傲气,作为当时有点傲的学生。当然现在就不存在了,没有这个心态了,经过各种事情,心态已经很平和了。

所以当时就想着来大城市?

嗯,对对。当时职业规划里面就是想挑战一下自己。

您来上海之后就直接来这儿工作了?

嗯,对。我还没有换过工作呢。

您在这边是负责什么的?

嗯,我在公司是做工程项目的。

总监?能具体一点吗?

工程师,负责项目。我不知道我说专业性的东西您是否听得懂?

嗯,您是?

就是工程项目,不知道你能不能听得懂?

嗯，请您再具体解释一下。

我是做施工方的工程项目管理的，一个项目有不同的参与方，其中业主方的项目管理是核心，外围有建立方的项目管理、施工方的项目管理，还有总承包方的项目管理。

房地产吗？

嗯，对的。

建楼房？

嗯，对。

哦，是这方面的？

我们负责的是工程实体项目。

就是负责建的这一方？

嗯，我们就是负责施工方的项目管理。

哦，那我懂了。那您在管理这些人的过程中，应该是和基层人员接触很多吧？

嗯，对，我就是农民出身的新生代农民工管理者。

新生代农民工管理者，那太具有代表性了。在管理这些员工的时候您觉得有难度吗？

我们在现场接触到的这些工人，他们的文化程度、素质普遍都不高。嗯，要做好管理，首先你要融入他们，了解他们，对症下药。如果他们不把你当成圈内人，你就融入不了他们，他们不跟你交流，不跟你接触，他们很排斥你，你是做不好的。现在做什么东西都是需要团队协作嘛，大家都围绕一个目标，相互配合，对吧，达到一个自己想要的管理目标就行了。

您主要通过什么样的方式跟他们同工同住啊？

嗯，不能说同工同住。你跟他们接触，首先，一方面你做人，就是从待人处事方面，你要融入他们，多了解他们，跟他们聊天、沟通，对他们的工作要体谅。在过程中遇到问题，要及时予以解决，你得拿出过硬的专业知识，要有专业知识作为支撑，要是没有专业知识的话，他们出现的问题你不可能各个方面都了解的。他们那些细化的工作，每个人、每个工种你都需要了解的。

我想问一下，像这种施工项目队伍是经常会更换的吗？还是和您合作的就这一个？

会经常换的，这种性质就是流动性很强的。做工程项目，流动性很强。不管你是施工方，还是承包方，流动性都很强。尤其是农民工，流动性更强。做完一个项目，他们就走了。

这个是由施工方项目负责人选择的还是由您刚刚说的另外一个核心方来选择的？

我们这边下面的队伍都是经常合作的，就是干我们公司的活，做我们公司的工程。

就是有几个经常合作的？

对、对、对。

他们施工的工资也是由你们公司支付的吗？

不是，都是我们工程分包下去的，由分包老板给他们定工资、结工资。

工资不是您这边给他们的？

不是的，因为我们这边只对准分包方，只针对老板，工资不是我们支付的。

啊，这样，那如果这样说的话，房地产工人都会存在一些拖薪欠薪的情况吗？

啊！拖薪欠薪这个事情……

有遇到过吗，这边？

这个事情我们经常遇到。但我们作为管理人员可能性比较小，因为毕竟我们接触的都是公司管理者，首先对我们而言，肯定要给予解决的，要保证的，如果说不保证，我们就无法承上启下了，对吧。

下面存在拖薪欠薪的情况吗？

嗯，拖薪欠薪很普遍。但是我们公司不存在，我们公司肯定把农民工工资放在一个很高的位置上。

他们的工资还是由您公司给的？

对啊，工资肯定是我们要支付给老板，支付给承包老板，承包老板再下发。就是每年我们要首先保证农民工工资，我们拖欠的只是分包老板的利润。

也就是说，分包老板有可能从农民工工资里把自己的利润先扣出来。

这个不会，因为我们肯定会支付足额的钱让他来支付农民工工资，因为农民工工资是很少的一部分。

一般来说，农民工工资平均每个人会有多少？

嗯，工资要根据不同的工种，从成熟的工种来说，一般农民工工资都是按天来算。一天要看是什么样的管理模式的,一般都是250元起,250元到500元之间。按天的话你要考虑天气原因,有些不可抗拒的因素,就是误工的,一个月不可能都干的,对吧。

我懂了。那包工头有没有向你们追要拖欠利润的情况呢?

合同里都是有约定的,我们都有合同的。

你们会在截止日期之前给他对吧?

对啊,工程干到哪一步了,支付多少,款项是多少,多大的比例。我们公司这一块都是做得很好的,不会拖欠农民工工资。过年的时候我们都会拿出来钱,支付给分包方。这部分钱,就是他们用来支付农民工工资的。

那这些分包商也不存在把钱拿在自己手里,不给下属农民工这种情况吗?

不会的,因为他们还有钱在我们手里呢,他还有利润呢。

如果他们不给农民工工资,你们就不会把利润给他?

不会的,我们经常合作,不会的。我们已经支付过钱了,要不然农民工不会放过他们的。

对啊,现在不是有很多追薪讨薪的这种情况吗?然后就引起社会冲突,我们想清楚地了解一下这个问题。

在我们公司不存在这种情况,在我工作期间我们公司没有遇到过这种情况,到过年之前都会解决的。

这些农民工的社会保险应该都没有是吧?是公司给交吗?

嗯,保险在我们施工方预算里是有的,就是我们算的有这笔钱。但是好多农民工保险没有落实,现在农民工流动性太大了,三两个月,四五个月,他们就换一个地方。

是把钱算到给他们的钱里了吗?还是?

这部分钱,这部分成本在我们预算里面,只是没有给他们落实。这些都能算得到的,我们成本里都有的。

但是没有具体实施就是因为他们的流动性太大,是吗?

嗯,对的。

一般多久这项过程会完结,然后换人?

根据施工周期长短。

平均下来呢？

没有平均的。时间有可能三五个月，有可能三五年，都有可能。

您做过最短的是多久？

我做过最短的就是实习啦。

实习？

嗯，我做过最短的就是假期实习啦，假期到外面实习。

就是您公司下包的？

我现在做的这个项目已经做了三年了。

还没有完工？

完工了。

三年完工的？

嗯，就做了三年。

三年其实也挺长的呀，那为什么就没有办法帮他们落实社会保险呢？

嗯，那你说的社保都要根据工序的对吧。这个施工流程还有顺序，每个流程、每个工作环节都需要不同的人，这个工序做完了他就走了。他是流程中的一分子，流程中间肯定有交叉，就是做完了重新调线对吧，从前往后。

那把他算到成本里，但是最后……

有的，在我们预算里面都有的，就是没有落实，没有落实就是经营方面。这就是公司的事情啦，不是我们项目管理者的事情啦。

哦，那懂了。那有没有工人对自己的工资或社会保险不满意然后就来找啊，来抱怨啊？

没有，农民工对社保啊、保险啊不懂的。

其他方面呢？有吗？因为我不了解有没有产生抱怨啊，然后过来找领导反映的？

没有人抱怨，这个事情没有人抱怨。

有没有人因为工资低抱怨的？

没有的，工资是谈好的，是自愿的，干的活值多少钱基本上都知道。

他们有没有存在一些抱怨啊？

抱怨,没有抱怨的。因为他们每天工作已经够累了,他们没有时间、没有体力再抱怨了。

懂了,那也就没有那种社会冲突行为吧?

没有没有,我们都是任劳任怨型的,不存在怨天尤人。

之前不是有过富士康跳楼那种吗?

那我们盖楼的我们也跳楼啊,是不是?

前一阵子上网,就看到上海拖欠农民工工资的消息。

上海很好,农民工工资拖欠这方面上海解决得很好,上海很少的,在其他地方比较普遍。

一般拖欠工资在上海很少是因为做了些什么措施呢?

上海肯定各方面都比较完善的,比较规范的,对不对?什么东西上海基本上代表中国的大方向,是不是?你像做金融的,在金融方面,上海基本代表中国的最前沿、发展最快的。

如果拖欠工资,上海会有一些制度吗?

拖欠工资上海很少的,大都市是不是?国家的名片城市是不是?这方面都搞不好。

对,那从您的角度看,从您的总体感觉看,这个社会是公平的吗?

嗯。

您觉得这个社会是公平的吗?

嗯,我们不会抱怨,至少从我个人来讲,我不会抱怨生活,不会抱怨社会,我们只有踏踏实实做事。

您觉得这个社会是公平的吗?就是一种心理感受而不是涉及制度上的问题。

公平嘛,公平只是相对的,对吗?

对。

好多事情都是对立统一的。

所以在您这边,您觉得它,就从您的角度看,就是可能参照的对象不同,得出来的结论就不同,所以您是怎么看的?

负面的情绪,就我个人而言,我负面的情绪不会有的,你像那些抱怨啊,嗯,这个肯定不会有的。

您还是觉得挺公平的？

嗯，我心态是挺积极的。

那就挺好的呀。您公司员工有没有受到什么不公平的待遇？

嗯，不公平的待遇？这怎么说呢？因为我们也左右不了，对不对？他们受到的不公平待遇有时候也不是我们造成的。

比如呢？子女教育不公平或者其他方面。

你指的是哪方面？

什么方面都算啊，比如像我之前访谈的时候很多人都会谈到子女教育不公平。

教育不公平？

嗯，您现在应该没孩子吧？

嗯。

所以您就不会觉得不公平，就可能因为没有办法在上海高考之类的，就会涉及一些上学门槛，所以他们可能就觉得不公平，还会有其他方面的不公平。

对于这些东西我是看得很开的。在这边上不了学也可以回老家，回我们当地。当地、地级市的教育我觉得也不是很差啊！那个地方养育了你，你在那个地方生活了那么长时间了，那里是你的家乡。我是不会说见异思迁怎么怎么样的。

挺好的，这种心态我觉得挺好。那就像您刚才说公司里面没有遇到过不公平待遇，即使不是你做的。

不公平待遇肯定有的。

比如呢？

不公平肯定存在的。

能举一些例子吗？就是不公平待遇这些大概是什么？

工资就是因人而异吧，根据个人的能力。

对啊！

工资肯定就是每个人都不一样的，是不是，能力也是不一样的，待遇也是不一样的。

您觉得就是发生在您身边，不一定是您本人，遭受的不公平待遇都有什么？哪些

情况？

我倒没有吧，因为有些东西根据人的运气的，就像同样的事情，你们几个一块去做，你们的成绩也是一样的，但是事情别人办成了，而恰恰就你没办成，当然也不是你的原因，就是因为你没有那个运气吧，不像其他人那么走运，或许你走了背运，其他人都办成了，而你没有办成，我是没有这方面情绪的，我都看得很开。

所以积极的人觉得这是一种运气什么的，但消极的人觉得那是一种不公平。

就像我之前注册一个证，那个证的确有问题，就是考一个职业资格证书，然后再注册。我们几个人同样的情况，就是那个证有问题，就是你的职业资格证，虽然工作年限不到，但是可以考这个证。然后五六个人，同样的情况，同样的问题，让同样的一个人去注册，结果人家都注册成了，就剩我出现了问题，没有注册成功，这个东西没有注册成功就没有注册成功吧，是吧？其实它影响不了你太多的，事实已经是事实了。

您觉得是什么让您的生活心态变得这么好？

这跟个人有关吧……因为消极的情绪没有一点作用，消极地抱怨没有一点作用，反而会适得其反。倒不如什么事情都看得开一点，什么事情该努力努力，按部就班就行。

是因为之前感受到了消极情绪的坏处吗？

我觉得，好歹我也是经过风浪的人，因为我在我十五岁不到的时候，我爸就去世了，以后我自己的事情，我们家里的事情，我都是要负责的，都是我自己面对的。以前吧，我觉得我经历了蛮多的事情。

懂了，心态积极挺好的。我之前访谈，有一些个体会觉得不公平怎么样，您觉得现在的人觉得不公平，原因是什么？不谈你自己，这个社会上很多人觉得不公平，您觉得是因为什么？

我觉得，他们有这个心态，主要是因为他们遇到的某些事情，他们遇到事情才知道。是不是啊？还是心态不好。

您觉得他们这种心态不好是什么造成的？就像您心态积极是因为您经历了很多事情，把您的心态磨平了。

我以前是个很小心眼的人，我之前上高中的时候甚至会有嫉妒心理，后来就没有了，我觉得帮人就是在帮自己。

对啊，您看您有这么大的改变，其他人就像您说的那样，他可能遇到了什么事情，才会产生这样的心理，是吗？

对啊，肯定是遇到事情了，并且这个事情对他有很大的影响，他遇到的这个坎儿，对他影响很大。

坎儿？

比如，人家的孩子都能在这儿上成学啊，对吧？唯独我的孩子，在这儿上不了学，这个问题，我又解决不了，就把它归结为社会制度问题，而不是我四五十岁了，对不对，我前期努力不够。如果前期够努力，各方面都很优秀，上海是欢迎的。本来就是精英社会嘛，这个地方，本来都是精英，适者生存嘛，对不对？

对，那在您所接触的您的朋友圈或者是这个公司，大家的心态都是像您这样很积极的吗？

不会啊！

有很消极的吗？

有啊！

有会抱怨的吗？

肯定有啊，这太多啦，小肚鸡肠是不是。

一般都会抱怨什么？张家长李家短吗？

家长里短啊！

他们认为社会不公平的地方有哪些？就是从您这个阶层来看。

嗯，在我们身边，有教育不公平，有些东西啊是相对的，你不能说不公平，我就觉得作为农民我现在很幸福啊，以前可能觉得，在十年前，觉得作为农民，不像城镇户口那样有保障，对吧？有各种社会保障。但我觉得，现在，随着社会发展，事物都是相对的，事物不是静止的，对吧？这些事情也是对立统一的，事情在演变的过程中，我就觉得现在作为农民我很幸福。我虽然现在是农民，我该有的社会保障我也有，并且我在农村，我有土地，我有宅基地，我有荒地，对吧？这些东西都是比那些城镇户口的人多出来的。

社会保障是您是在上海的保障还是在老家的保障？

有工作就有社保，是吧？城镇户口的人有，作为农民，农村户口的也有。

两份？

不是啊，我不是说两份。

就是说，城市户口的人有，农村户口的人也有。

你觉得我跟那些城镇户口的人有什么区别呢？或者我作为一个农村出来的人，跟一个从地级市出来的有什么区别呢？首先我老家有土地，我有宅基地，我有荒地。

您觉得您现在能融入上海吗？

嗯，我已经慢慢适应了。

三年，哇！适应好快啊！

这几年我觉得这里蛮好的。

您觉得这里蛮好的？您觉得这里和老家哪个更好一点？

我已经习惯了这边的生活，不过我还是觉得老家的生活也很值得怀念，我还是喜欢在这儿生活，每年再回家个把月，对吧？感受感受田园的气息。

您母亲还在河南？

嗯，在河南。

有没有想过把母亲接到上海来。

没有，因为她适应不了的。

您所负责的员工，他们的社会公平感高吗？

嗯……没有，我跟你讲，农民工的觉悟是很低的，是不是？他们只是安身立命，很踏实，任劳任怨，做好自己本职工作。

他们年龄大概都多大啊？

嗯，十几岁到五十多岁吧。

年轻的农民工也只是这样吗？就是只求安身立命。

对啊，那些小伙子都很踏实的，我觉得新生代农民工都很踏实的。

期望高？

不是期望高，不务实，你知道吧，我就觉得不务实。我虽然也是学生出来的，但我心态各方面都放得很低，虽然我以前骄傲过，但我自从踏入社会，就把自己放得很低，夹着尾巴做人。

懂了，谢谢哥哥！

- **访谈员后记**

从刚步入社会的毛头小子，历经三年，变成了一个成熟稳重的工程项目部的员工。社会，真的是锻炼人、改变人的最好课堂。受访者将有些人认为社会不公平的这种心态归结为是他们经历了某些事情，致使他们的心态不好。这一点，我是很赞同的，他是在几十个访谈中第一个提出这样观点的人。若非经历过孩子上学，怎会知道对于非上海户籍孩子上学的限制？若非与旁人比较，怎会知道自己的工资高低？公平是相对的，公平与否完全在于个人的看法。“我就觉得作为农民我现在很幸福啊”。在过去这位哥哥也许并不觉得作为农民工是幸福的，放大到全社会来说，也许大家都不这样认为。但是随着社会的发展，在转型过程中，逐渐有了社会保障，在农村，大家还有土地、宅基地、荒地，这么看来，农民工又何尝不幸福呢？

经历，影响一个人的心态，改变一个人的社会态度。

为了孩子会留在上海

受访者基本情况

性　　别：男

年　　龄：22 岁

籍　　贯：江苏

婚姻状况：已婚

文化程度：高中

打工时间：2017 年 2 月来到上海

打工地点：上海市徐汇区

打工类型：环卫工人

- **前记**

不知不觉一年就悄然过去了，突然想起访谈就是 2016 年这个月份开始的，现在自己也同样是奔走在访谈的路途中，只是多了一些不一样的感慨。2017 年的 9 月并没有以往的晴朗，天气总有些黏稠的气息，让人有些不安。

一来到建设者之家，几个穿着工作服的年轻人进入我的视线，以为是几个和我一样的大学生志愿者来这里做志愿服务。走过去和他们交流了一下我的想法后，他们推荐我和他们其中的一位看起来跟我几乎年龄相当的人具体聊一聊。

小小的眼睛前面架着黑色眼镜，利落的短发并没有让他稍显精神，可能是他半趴在桌上的姿势让他少了那份精神感。在我走近他们之前，他正在桌上摆弄着手机，时不时地抖动着腿部，看不出来正在用手机做些什么。直到他告诉我他们是负责这个区域的环卫工人，我才明白统一的蓝色服装是他们的工作服，现在算是“工作”时间。等一会儿就到中饭时间，负责带他们的老前辈去给他们打饭去了。大家都在等待着老前辈回来，我向他们说明我的来意后，另外几个人便都不由自主地把目光投向了他，他愣了愣也没有拒绝我，就这样开始了我们的访谈。

您好，首先问下您，您来这里多久了？您年龄多大呢？

一年不到。1995 年出生。

您老家是哪里的？

江苏的。

您来上海快一年了，有没有什么记忆深刻的事情发生呢？

刚来这里没多久，没有什么的。

那我比您小，我九七年的。

1997 年！长得这么成熟呀！

哈哈！那您在这边主要负责什么工作呢？

环卫。

您做这个工作有什么感受呢？就是和之前在江苏的比较起来有什么不一样的。

怎么说呢，就是上海这边生活消费比较高，而自己的工资又不太多。

您方便说下，一个月有多少吗？

我工资还没发呢！一个月也就 3 000 多块吧，不过这个不算加班费的。

您的上班时间呢？

不加班的情况下，早上五点半到十点半，下午一点到四点半。

这也不算长的。您觉得怎么样呢？

还可以吧。每天八个半小时，每天早上四点半起来。

那起来得蛮早的了。您在上海这边有没有遇到一些不公平的地方呢，或者让自己感觉有些不开心，不舒服的？

比如说，像我们这个工作，有的人会随便扔垃圾，也有的人素质会比较高一些，垃圾会先放在手里，看到垃圾桶才扔在里边。

您和同事之间有没有遇到一些不开心的、不公平的？

（看了下旁边的小伙子，嘿嘿一笑！）我俩是好朋友。

您平时在公司里，有没有遇到不公平的事情呢？

这倒没有，我们公司都是打卡上班的。我平时和其他人接触不多。单位是公家性质，人与人之间也没有什么交流。

环卫的话，就是洒水的那个车吗？

不是的，我们的车是负责把倒出来的垃圾拉走。

平时工作还辛苦吗？

当然辛苦了，平时做什么不辛苦呀？当然都辛苦了。就算你当老板，也是辛苦的，也需要去操心的。环卫工作的活比较脏，工作时间又长。和那些高空作业的相比，我们还算好些的。

这里应该叫建设者之家吧？

对的，中国建设者之家，都是一些外来的打工者住在这里，这里是一个工地的宿舍区。

这算一个服务站吗？

类似一个公益的服务站。算是单位的，是区里的。市长、区长、街道的领导一般都会来这边视察的。

我之前来过这里，我看这边生活蛮丰富的。

对的，人们可以在这里休息，有电影，还有其他娱乐设施，很方便的。

这边大概有多少农民工兄弟呢？

上千的，你看（他指着远处），从这幢大楼到远处的那条路，这一片全是农民工聚居场所。从云锦路这边开始，到那边，农民工兄弟还是很多的。

这边最多有多少人呢？

大概有一万多人吧！

您接下来还要在上海工作吗?

不确定吧,暂时不知道。

是不是有什么其他影响因素?

这个也不好说,比如父母也在这边的话,或者这边的收入比老家的要高一些。现在我已经结婚了,而且小孩有两岁了。

啊!小孩都两岁了?

哈哈!很诧异吧!这个时候肯定不能辞职回家吧!那样的话,怎么养孩子呢?等他大了以后还要上学,而且还要结婚、安家。所以,一般不容易随便换工作。

那至少需要十几年了,甚至更多了。那现在小孩子在上海这边上学很困难的。

对,你说的是借读,借读的话比较困难。因为在上海,本来人就比较多的。他们的子女也来了。学校的借读名额是有限的,那些多数是靠关系的,还要送送礼。而且在上海读书,公立学校还稍微容易一些。记得我们那个时候还相对容易一些,学费是要多付的。

现在小孩子要交社保吗?

不是的,大人要交的。要交满两年。

他们是不是高中以后就要回去的?

是的。

您以后会怎么考虑这个事情呢?

我家小孩在这边读的托儿所,暂时还不需要来考虑这些事情。

江苏和上海这边的教育差别大吗?

肯定大了,还是有区别的。比如江苏那边的考上海的大学需要600多分,别的省份需要500多分,上海只需要400多分。

我读大学的感受是,上海这边的综合实力会高一些。

不能说综合实力吧,大城市的孩子确实是比其他的地方差别大一些。即使有手机,江苏那边的孩子和上海这边的孩子接触到的信息也会不一样的,然后他们的眼界也会不一样。

您的父母在这边做什么?

我父亲在上海南站那边开大巴,我母亲在学校里边做清洁。

那您以后有很大可能会让小孩在这边的吧?

嗯,应该是这样的,大人都在这边的话,以后肯定会让小孩也在这边的。如果您孩子在这边上学,您在这边工作,最起码您的父母可以去带一带的。肯定会帮您分担一些压力的。而且现在读书特别贵,一年需要一万多元。然后孩子以后毕业了,工作、买房都要考虑的。

您以后有什么安排呢?

暂时还没考虑过,父母在这边,像我们这一代,小孩一般是跟着爷爷奶奶的。我们那个时候,父母不在身边的,就会比较缺少母爱的。所以就希望,能够陪在孩子身边。反正父母暂时还没有要回去的打算。上海这边的农民工已经走很多了。随便租个房子一个月都需要几千元的。就在这附近住,有的是一个人,有的是夫妻两个人,一个月就两千多元。所以有的人,就是由于房租,被迫离开了。我那个破房子还两千多元一个月,水电费还不包括。而且消费也很高,要买衣服什么的。有的时候还要给小孩子买衣服和营养品。唉,不容易呀!

父母在这这么多年,有没有遇到过什么不公平的?

父母很早就来了。肯定有的,本地人和外地人的福利是不一样的,这是对本地的劳动力的一种保护。还有就是,他们退休的话,肯定有退休金的。那在这边交的社保比较多,但是享受的还是江苏那边的标准。

对的。

比如说,上海这边一个月两千多元,退休后一个月有五百多元。你在这边交的时候是交满十五年,但是江苏的话可能是按照工龄计算的。在这边一个月两千多元,回去的话可能只有一千多元。标准是不一样的。

您还感觉到其他地方的差异了吗?我就是想了解下80后、90后的这些心理感受。

没有了吧。(他指着另外一个人)他可能会经历得比较多一些。

您有没有想着把这边当作一个家呢?

你在哪里有房子,哪里就是你的家。比如,我在这边租的房子,那这边就是我的家。因为我在这边上班,吃喝都在这边。一年回去的时间也不多。

好的,谢谢您了!

• 访谈员后记

在深入地了解后，他的情况确实让我感到有些惊讶，今年才刚从江苏省来到上海市的他今年只有二十岁出头，靠着一个朋友的招呼一起在徐汇区做着城市清洁的工作。坐在桌前的他，种种姿态实在让我联想不到他已是一个孩子的父亲，他对很多问题的回答都让我感受到了他的一些局促不安，仿佛像是一个从没参加过训练的运动员即将要参与奥运金牌争夺一样，这种感受我很难说得上来。

“只要孩子还在上海，我就应该会留在上海，我父母都在这边工作十几年了，在这里养孩子长大应该不会太难。”他总是会用“应该”“可能”这样的词汇，可以感受到他对未来的不可掌控性，整个谈话过程中他的朋友会时不时质疑他的一些回答，说他的想法还太不成熟，说他还没准备好，等在上海待久了才会明白。二十岁的年纪或许对父亲这个词语来说还显得太稚嫩，可能他还没有准备好怎么样去扮演一个父亲的角色，但是他却在努力为孩子做些事情，很难预料他们的未来会是如何的，只要孩子健康，我想这便足够了。

看庭前花开花落　望天空云卷云舒

受访者基本情况

性　　别：女

年　　龄：36岁

籍　　贯：河南

婚姻状况：已婚

文化程度：初中

打工时间：2004年来到上海市

打工地点：上海市奉贤区海湾镇

打工类型：某餐饮店保洁人员

- **前记**

那是一个周末的午后，天气难得地放晴了。因为是周末，大部分人都回到了市区的家中，所以食堂看起来也有些空寂，只有一两个人在位置上吃着午饭。在二楼的走廊里，我感受了一下这美妙又有些寂寥的午后，目光便不知不觉地移到了餐后的清洁点。那仅仅是一个窗口，你只要用餐过后把盘子放到那个位置就可以了。除此之外，我再没有多想过关于窗口里面的事。每次走过那个窗口都看到窗口上堆满了大大小小的餐盘，场景甚是壮观，盘子堆放在窗口上的速度与盘子消失在窗口的速度几乎持平，很难看出哪边慢哪边快。通过餐盘间的缝隙，只能看见一两个人影不断地在窗口里面来回穿梭，不断地看到人影填满不同方向的间隙，这大概就是我对那个地方唯一的记忆。

可以方便了解一下您是哪年出生的吗？

可以，没关系的。我是1981年出生在老家那边。

那今年也三十多岁了。

嗯，对。

喔，这样啊。您刚刚提到的老家是河南省那边的？好像在这里做餐饮的从河南那边过来的人挺多的。

是的，我老家是河南的，这边来自河南的人还行，感觉不多不少。

您是哪一年来到上海的呢？

我来上海零零散散也有十多年了，我2004年来的上海。刚来时想着做一些小生意糊糊口就行了，后来也干过其他的。

相比很多人，您算是来上海比较久的了，是一开始就在这里做这个工作吗？

也不是，就是卖一些水果什么的小生意，想着来这边刚起步那就做点小生意试一试。

一开始就在这边做生意，那为什么后来会想着来食堂工作？是因为生意上不顺利吗？

主要是因为我女儿，国家政策的原因，我女儿不能在这里上高中。不能继续上学的话我们就只能回河南老家上高中了。过了这一段时间后再回来上海的，那个时候，之前做生意的地方就不能做了，所以就想着再找个工作。

您的教育程度如何呢？是读完高中就出来上海这边了？

没有，我没有读过高中，初中毕业就没再继续读书了。

那您当时来上海的时候是一个人还是有同伴一起过来的呢？

我们那个时候是全家人一起来上海的，姐姐和妹妹们一家人都一起过来这边了。

一家人全部过来了？

是呀，因为留在老家那边也没什么可做的，所以就决定全家一起来上海打拼。

您一家人都过来了的话，那现在是租房住吗？上海的房子据说是很贵的，有钱都不一定能买到的。

是租的房子,就在营房那边。

租房子的经济压力会不会很大?还有您老公也是在做这个行业吗?还是其他什么职业?

他也就是给人家房子搞搞粉刷、贴贴地砖,可以算是搞装修的那一类的吧。

可以方便说一下您现在和您老公一个月一共有多少收入?想知道你们一个月能剩下多少钱?

这个不是很确定的,他们干活有时候多有时候少,时间长的时候工资就会高一些,时间短那就自然少一些,但是两个人总的加起来六七千块总归是有的。

听说你们一个月是三千多块,这个是固定的吧?那您老公一个月的工资水平那就是在四千块左右的。除了经济压力之外您觉得主要的压力是来自其他哪个方面啊?

是的,他很多时候一个月就在三千到四千块之间。天气好的时候,工程周期短就可以多做工,能拿到四五千块的样子。压力什么的都感觉没什么,主要是因为我这人没什么大的心,没啥大的理想追求,开开心心过好就可以了。(说着说着,那标志性的笑容又露了出来)

我看也是,我看您和我说话的时候都是面带笑容,应该是身心都比较愉快的那种。

对,没有感到什么压力。反正我付出劳动了嘛,就有收获,不像你们读书的那样,脑子里面要思考很多事情。

那您还是挺开心的。就像我们采访的一些人就会觉得自己压力好大,各种各样的问题他们都会去思考——子女的教育问题、住房问题什么的。他们都觉得压力好大,一直都在拼命,一直都忙不完。

就打个比方,你天天感觉不开心,压力大,你光想的话,这都不能解决问题。你解决问题的方法就只是你自己想怎么解决问题。比方说,上海不让我们的子女上高中呀,那我们就回老家上。人家的政策就这样的,我们也没办法,这不是一个人能改变的,对不对?遇到问题那就想办法解决就好了,想太多反而不利于身心健康。(向我述说着生活给予她的领悟,提到这个她显得更活跃一些了)

您的心态是很好的,很少有人能像您一样去看待这些事情。有的人就不像您,他们整个人觉得压力都好大，每天都是郁郁寡欢的样子。

你说他们每天苦着一张脸有用吗？没有用的啊！

对，您和您老公每个月收入七千块左右，那你们会觉得自己的经济方面有问题吗？

我们的经济方面还可以。老家的房子也已经建好，而且我也就一个儿子一个女儿。

在老家已经把房子建好了，那你们是准备再继续工作几年就回去吗？

对的，等我儿子结婚了就准备回河南了。

感觉您已经挺幸福的了。

每个人都要幸福的嘛！

嗯，心态的好坏真的很能影响一个人的生活愉悦度。我这里有几个选项，有符合、有点符合、和不符合等几个选项，这些是关于社会公平感调查，您可以根据自己情况选择一下吗？

没关系，你只管问就是。

您觉得个人收入是由自己个人的努力得来的吗？

那肯定是的呀，有付出就有回报的。我们也没有太多的想法，我们就只是想努力赚钱，把孩子养好，就这么多。

是的，那您的孩子现在已经不用那么操心了，是吧？

现在还好，几年前他们都在这边上的初中，然后回河南上的高中。

您来上海真的很早，孩子带过来长大到读高中的时候又回河南那边上高中。

是呀，就是 2004 年的时候。那个时候我儿子才上二年级，不知不觉都过去那么多年了。(感叹着时光易逝)

到了寒假或者暑假，您会选择一些什么样的方式进行娱乐呢？还是会回河南？

寒假我们一般都会回老家。

因为要回去和家人一起过春节，是吧？

对的，暑假的时候我们也有进行娱乐活动。我们一家人都在这里，有时候去 KTV 唱唱歌，去外面玩一玩，出去吃吃饭什么的。

那是挺好的，平时都能见到家人。

我们姊妹几个都在这边，平时也经常见面，一家人都挺和睦的。

您老公那边会不会觉得在工作上有什么不公平的地方?

感觉肯定是有一点的,但是习惯了就好。反正你付出得多,就拿得多,习惯了就好了。他们干活嘛,干的天数多工资就多。这个是按照劳力给的,不像以前按工作量给,劳动付出越多嘛,就收获越多。(第二次提到了付出就有回报)

这个食堂有本地来工作的吗?您会不会觉得外地人和本地人有什么待遇方面的不一样吗?

这里没有,大家都是外地的。也没有说上海人看不起外地人什么的,没有这种情况。我们住的那个地方的房东就对我们蛮好的,没有说我们是外地人就看不起我们的这种情况发生。

房东都还不错。我们访谈了一些员工,他们都是说只要自己按时给房租,房东都客客气气的。

对的,但现在说实话也就是养老保险比我们多一点,别的不都和我们一样嘛!

您还会觉得自己和他们本地人有什么差异吗?

有还是有一点的。就比方说交保障金的问题,养老保险这方面上海人要享受得比较多。我们是外地人嘛,就没想那么多,工资高就可以。

关于医疗保障呢?

医疗保障的话,我们在老家都交了医疗保险的。如果生病了,在这边看也可以拿回老家报销。

办理过程不会存在什么很难办的情况吧?

困难嘛,有一些。就是要来回跑,跑回去报销。

那跑回去并没有规定是什么时间之内要回老家吧!

没有的,就打个比方说:我妹妹家的小孩子生病住院,只要有那个出院小结都可以拿到报销。只要有那个出院小结就可以,没有就不行。

您或者您的家人目前有用到这个吗?

目前还没有去报销过,我家人都挺健康的,不过我的邻居有用到过。

他们都是做什么工作的?

邻居都在这个区域工作,有的做生意,也有的在厂里上班。我们河南人在这边的蛮多的。

在您工作的几年当中，有遭遇到过一些歧视或者您认为是不公正的对待吗？

感觉好像没有。

有没有感受到福利政策什么的呢？

有的，前几年我在厂里上班的时候交的养老保险，就是给了一张单子，50 岁以后可以拿。

那挺好的，觉得政府工作做得挺好的，是吧？

对的，我觉得这个很好。

您觉得在上海工作影响收入、幸福感最大的因素是什么呢？能力、个人努力、受教育程度、家庭背景这几个您觉得是什么？

我觉得有文化是占最主要的。打个比方说，像我们这代人（40 岁左右），假如你是初中毕业的，和那些文盲比起来会多个好几百块钱，最起码得多三百块。

您觉得这是最主要的？

也不是最主要的，那你工作努力也得占一部分，不工作的话人家也不给你钱。

您会觉得有的人就是上海本地的，他在就业的过程中因为有家庭背景或者是一些后台的什么会帮助他，您觉得这样公平吗？

我还真的没有这个体会。

我看您工作的这几年都还是挺轻松愉快的嘛！

知足常乐嘛。本来我们就这么点能力，拿什么和人家拿高工资的比，那肯定比上不足比下有余就可以了，你说是吧？

对，您觉得还很幸福，对吧？

马马虎虎过得去就可以了！（从她始终如一的说法，我的确感受到了她对生活的理解）

是的，和上海人相比收入差距会很大吗？

一般不会太大，在我们这边上班的没有上海人。在一食堂会有，不过工资都是一样的，我就觉得没什么大问题。

我之前去一食堂访谈过，糖水铺边上的那家奶茶店收入好像蛮高的。

他们是自己开的店嘛！他们自己当老板收入肯定高。

对，好像他有四个店铺在上海。二楼那家卖手抓饼的老板一个月收入就一万多块，但他还是觉得不满足，就很在意房子、孩子教育方面的问题什么的。

不是，这个过得好不好不在于钱多钱少。有钱的话你什么也不做，那钱也不会自己来，你想要钱那就自己去干。

是的，那您对您的工作和休息时间还满意吗？

我们是工作六天休息一天，这对外地人来说还算可以的。每天就是七点上班，下午收工也挺早的。

您的工作就是收拾餐具去清洗，是吗？

对，清洁餐具和清洁大厅。

您觉得这个劳动量大吗？就是觉得身体还能承受吧？

这个还挺轻松的，主要是心里轻松了就不会觉得辛苦。我们以前给人做运输，那收入高，但是也辛苦。

您之前是做什么生意的？

卖菜、卖水果什么的，还开过饭店，感觉什么都做过似的。

您的生活经验还是很丰富的。是什么原因让您没做生意了呢？是太辛苦了吗？

也不是太辛苦，是因为儿子女儿要回老家上学。在这边的话，习惯当时的环境，回老家带了几年孩子之后，再回到这边就感觉对这边的方方面面都不太熟悉了。做生意是要占天时地利人和的。

就是您中途是回老家去过的，照顾子女上学，然后再回来，就觉得没有那么熟悉了。

对，这几年做生意也没有那么好做了，所以就做做现在的这个工作也是很好的。虽然收入低一点，但也没有那么大压力。

开心就好，对吧？

嗯。您和别人交流的时候，别人会用上海话和您交流，您会不会觉得不好？

也不是觉得不舒服，人家也有人家的方言啊。反正就是听不懂，懂得不多，只要没有过多地影响到交流那都是没关系的。

您平时的消费主要集中在哪一块呢？

像我就是买衣服,给小孩买零食,别的就没有了。

那您的生活很轻松。

简单!

刚才和您交谈一会儿,您就是觉得政府的工作做得还可以的,还享受了到政府出台的福利。只不过外地来的要交养老保险,您的老公也在这边,还是挺好的。

虽然收入少一点,但是还蛮开心的。

就是说公平感还是很好的?

对,我工作从来都是这样,如果不开心了我就不干了。

您过去做生意那几年会有什么不开心的吗?就您说的卖菜啊、卖水果、开饭店什么的。

那也还行。做生意没啥公不公平的,你有能力就多赚点钱,没有能力就少赚点钱。如果你人缘好了、态度好了,人家都到你这来买得多。你态度不好,人家到你这来买得少,像我们以前在那边卖水果的时候,一般我们家水果都是卖得最快的。但那段时间我们小孩子太小了,上学没人管,所以我们才不继续做的。

以前做生意那条街全是卖水果的?

对的,我们还挺有竞争力的。不过后来就被拆掉了。

为什么被拆掉了呢?

我也不知道是因为啥,可能是违章吧。

哦,就是我也听说过。因为我们学校门口卖水果的就是在黑街那边。但是好像那只有两个店,然后有一个店的店主说另一个店开得太近会影响他的生意,然后叫了一些当地势力去搞破坏什么的。

噢,是不是东门那家和西门那家?

对对对!就在黑街那里,然后我就觉得挺不公平的。

我觉得这也只是商人经营的一种手段,这个好像是一种战术吧。就商人来说的确是一种战术吧。嗯,就是你想怎么卖,我想怎么卖,这都是个人的事情啊!我感觉他们,这是我个人感觉,没有这个必要,真的没有这个必要。你做好你的生意,他做好他的生意就行了,何必这样呢?你如果想把生意做好,你就认认真真做良心生意。

对。嗯，您觉得就是您来的这个地方的社会参与还可以吗？

社会参与吗？我们也没有啥社会参与可说的。我们跟这边的好多人都不太熟悉，除非就是学校里面租摊位的这些同事们一起玩一玩还行，比方说像大学生表演什么的，我们都会看一看的。像社会上那些参与嘛，一般情况下我们都不会去的。我们就老老实实做自己的事情，等着过几年就回河南老家了。

那这样也是挺好的。

我感觉那些社会活动都是有利可图才举办的，没有利益的话估计也不会举办，所以我们都不常出去参加这种活动。

的确，现在有很多社会活动都是明面是一套背后是一套的样子。

所以我和我老公基本都不参与。

您在上下班途中会不会就是觉得安全什么的会有些问题，基本生存安全问题在上海应该是没有问题的吧？

没有问题的，十几年上下班我都从来没有遇见过啥大的治安问题发生。

其他人跟您说过这方面的事情吗？就是他们遇见过什么治安问题？

也没有的。就是去年的时候吧，就像你说的，那边一个水果店和这边一个水果店打架，这应该不算的吧。别的我也没有看到过。

这边治安你们大家都觉得挺好是吧？

这边治安是可以的。就像一个女生上夜班，半夜 12 点下班回家，一个人走路都没啥问题的，上海这方面做得让我们挺满意的。

因为您还是觉得挺公平、挺幸福的，那我再继续问一些其他的情况吧。那你们和当地政府会沟通一些关于你们这个群体的一些事宜吗？

没有，也就是那个派出所的人会经常查查暂住证什么的，其他方面和政府基本上就没什么沟通的了。

和政府沟通较少，是吧？

不过是有一年，那年上海开世博会的时候，政府还给我们发了一张那个世博会的门票，这个还是挺好的。

那还挺好的。

这是我们住在那里时间长了，然后拿到了暂住证明。搬到附近的小镇，然后就发了一张交通卡和一张世博会的门票。

哈哈，那是很幸运的。那就是平时，在家里面会有什么事情要去到政府机关办理的吗？

没有，我们的事情几乎都是在老家办理的，这边也没我们可以办的事情。

哦，手续都是在老家办的，那就是和这边没有什么交集吗？

对。

您觉得在上海生活的这几年都是很幸福的？

我就感觉到付出得多，得到的回报就越多。别的嘛也没啥了。和同事关系都挺好的，还经常去唱唱歌、娱乐什么的。对的，和同事们关系都还挺不错。因为我弟弟妹妹都在这边打工嘛，所以我们都经常见面的。一家人都比较容易组织起来去放松放松，所以大家都没什么太大的压力。

好的，谢谢您的配合！

• 访谈员后记

尽管来这里吃过很多次饭，但我从未仔细观察过保洁窗口里面的工作人员是如何工作、使用的是何种消毒机器以及怎样对餐盘进行消毒等这些问题。我对这里的了解不多，但在这位“开心果”阿姨的述说中，我不单单了解了她们的工作，还很高兴认识了这样一位“开心果”。每天她的工作就是把餐盘从架子上传递到清洁机器里面，机器便会自动完成清洁。除了用餐高峰期，便对大堂进行保洁，工作也不算繁重。在最初的几年，她不但开过饭店，也卖过水果，再到今天干保洁的工作，不得不承认我对她的经历很好奇。不曾知道十几年前的她是抱着何种态度来到上海这座城市，只知道现在的她或许是我见过的人中活得最快乐的一位。“只要你付出了，那你就会有收获。”这对一个行动力很强的人来说，必然是一个不必辩驳的真理。但是在我看来，行动力也只是让她活得很轻松的原因之一，更重要的是她知足常乐的心态。无论我问到她什么在其他人看来或多或少都会认为有些不公平的地方时，她给予我的回答都总是一样的：“我觉得我挺快乐的！”并且她总是时不时地嘴角扬着笑,露出洁白的牙齿,这也让她的说法更有说服力了。据“开心果”说他们前几年就在老家盖了房,再过一段时间就准备全家回河南。可能再过几个月,在食堂就见不到她了吧! 不过,她确实让人很难忘。

他非让我们住有房产证的房子

受访者基本情况

性　　别：男

年　　龄：27 岁

籍　　贯：河南

婚姻状况：已婚

文化程度：高中

打工时间：2010 年来到上海市

打工地点：上海市奉贤区海湾镇

打工类型：餐饮行业

• 前记

H 大学屹立在东海长江入海口，站在学校最高的建筑上还可以远远望到大海，风很大。中午时分，在奉贤校区的东北方位，H 大学一食堂迎来了它最繁忙的时刻。

被蜂拥而来的人群挤进楼中，上到二楼，今天的访谈主角就在这里，几十个大篮子装满了各式各样的菜品，一个大冷柜，里面满是丸子之类的，让人看着都垂涎欲滴，篮子的后面就是厨房，3 个大铁锅沉甸甸地放在上面，铁锅之间就是水龙头，底部就是水槽，设计十分精巧，充分利用了小小的空间，一个高高的小哥，带着厨师帽，手里拿着一块小抹布，握着锅柄，不时翻炒两下，就像施了魔法，锅里的食材就被上了色，油光锃亮，被腌入了味，香辣可口。这就是我今天的受访者——香锅的负责人，一个帅气的小伙。因为我爱吃的缘故，我和小哥也是很熟了，我去的时候大概是下午两点多，小哥听了我的来意，欣然同意，于是我的采访就这样开始了。

您能先自我介绍下吗？

我来自河南，1990 年出生。大概几年前就来到上海，这份工作是亲戚介绍的。

为什么没有选择在家乡啊？

想来大城市。

能谈一谈您现在的工作吗？

一个月收入大概五千多块钱，有保险的话，可能收入低一点。

这不是私人承包的吗？

私人的话，(社保)自己要交的。

您现在生活上有什么压力？

主要就是小孩子要读书，其他的话，就是想多挣一点钱。

您对这份工作满意吗？比如对收入满意吗？

对于我自己来说的话，那肯定希望，挣的钱多一点，我们的工资和同行比的话，都差不多。工作 9～10 小时，还可以接受。工作环境的话，也还可以。

您感觉社会公平吗？

其他还好，主要就是小孩上学太麻烦。我们家小孩现在上幼儿园，如果要上学就必须交社保，而且最少要满六个月。还必须有居住证。我们来上海也有四五年了，现在小孩也还是只能上私立的幼儿园，私立公立差不多，就是公立的便宜一点。

您觉得生活压力大吗？

嗯，那是肯定的。我们是一直在租房子，一个月三百块。租好的话，一个月 800 块。

您有没有受到过不公平的待遇？

那就主要是小孩教育。像以前来上海的，我知道的就有好多人把小孩子送回老家了。

您有没有想过回去?

那还是不想回去,回去工资太低!唉,虽然上海还是有一点不公平的地方,但是这也是没办法的。

您对上海熟悉吗?您把上海现在当作家还是打工地?

不算太熟悉,也不太陌生。基本上还算是家,毕竟待的时间比较长。但是如果和本地人交流的话,感觉不习惯,他们说得快的话,就听不懂。

那社交呢?没有朋友吗?

基本上就是老乡。河南的大学生老乡很多的。

您觉得影响社会不公平的因素有哪些?

社会政策、外地打工子女的问题,尤其就是子女在异地受教育问题。现在,政策非让我们住有房产证的房子。

您有没有想过这可能是为了你们的安全着想?

这个倒是没有。

您觉得您这个群体的特殊性在哪里?

没有想过。在我们公司,不管本地外地,待遇都一样,他们都会一样交保险的。就是整体给他们交的,公司出百分之多少的,就这样的。

好的,谢谢您接受我的访谈。

• 访谈员后记

这次的受访者是一个 90 后,我们之间的访谈也很顺利,几乎就是同龄人之间的唠嗑。但是只比我大几岁的他已经在上海待了四五年,经历了我可能十年后才会经历的坎坷和磨难。

小哥平时总是笑呵呵的,也有一点点羞涩,不是太爱讲话,高高的个子,清秀的长相,听说也有些女学生为了他每天都吃一顿香锅。

在和我的访谈之中,看得出来,小哥对这份工作还是比较满意的,对工资、工作环境、工作时间之类也比较满意,可以理解 9～10 小时的工作时间。虽然对这么多都是比较满意,但是还是逃不过我访谈之中的一个老问题——子女教育问题。

虽然相对来说,因为小哥是在正规公司上班,相较其他的个体户,他们的公司会按一定比例帮缴纳社保等,但是交了社保的小哥一家还是被这个子女教育问题难住了。因为上海的政策规定,孩子要上学,不仅仅要交满社保,居住证也是一个必要条件之一,但是有房产证的房子普遍都比一般的出租房贵好多,让小哥十分不满,至今小哥上幼儿园的孩子还是只能上私立的学校。私立的学校,教育质量不能保证,但是学费却比公立的高许多。(虽然我对小哥已经有了一个上幼儿园的孩子表示惊讶)但是在我看来,让小哥一家住有房产证的房子这些规定也一定程度上是对他们安全性的考虑,虽然这个政策给小哥一家带来了额外的生活支出也是事实。

再者,在访谈的最后,当我问小哥,上海对他来说是一个打工地还是家时小哥说:“基本上还算是家,毕竟待的时间比较长。”脸上略带羞涩的微笑。我想,这个羞涩的微笑大概就预示着,来上海这个城市打工,还是给了他一个较为美好的印象。

总之,这位90后的小哥,虽然生活压力不小,但是乐观的他对未来充满了想象和希望,很享受生活之中即便是微不足道的美好。生活很好,且行且珍惜。

趁着年轻，我想到中国各地去看看

受访者基本情况

性　　别：男

年　　龄：22 岁

籍　　贯：云南

婚姻状况：未婚

文化程度：高中

打工时间：2017 年初

打工地点：上海市徐汇区

打工类型：建筑工人

• 前记

昨晚整理文稿到凌晨四点，把手机闹钟设置到七点半后才安心地躺在寝室休息。在海沈线的站台前等了十分钟后上了车，看了看表，八点三十分。因为要坐到终点站，所以找了个后面靠窗的位置就闭着眼坐下了。

等来到约定的地点时已经快要十一点，和建设者之家服务站的工作人员打了个招呼后就开始整理今天的访谈提纲。他穿着一件异于周围其他民工的衣服，稍带些色彩的短袖,看一眼就能够记住的轮廓,只不过身材稍显肥胖一些,坐在桌前看着电视,一下就能分辨出他。没跟他正式接触时,他似乎对我的到来也蛮好奇,会偷偷看我在桌子上写些什么。后来,当我走向他,提出和他聊聊,他没等我把话说完就答应了我,这倒是有些出乎意料。

“我今天请了假去看牙医,所以穿得比较休闲”,他抢在我说话前说道。回来得挺早,反正他请的是一整天的假,就不用再去上工了,所以在这里坐着看看新闻资讯。

同样会经常牙疼的我和他共同分享了一些牙疼的经历后,看得出他在缓解牙疼方面有着“丰富”的经验,也似乎就打开话匣子,开始向我述说着他对这个城市的记忆与感受。

您来这边有多少年了?

没多久,我今年刚来的。

您老家是哪里的?就是从哪里来的?

我是云南的。

我是贵州的,离得蛮近的。您为什么想着来到上海这边呢?

就是因为年轻嘛!想着到处跑一跑。听人说,工资比较多。

这边应该老乡挺多的吧?

是的,这边挺多的,不是因为老乡介绍不敢来的。不认识的话,也不敢来的。跟着老兄一起来的。他是2008年就来了。

您是读完高中就来的吗?

对的,读完高中没考上大学就出来了。

请问,您今年多少岁了?

二十二了。

二十二岁!我比您小两岁。您是一个人过来的吗?

对的,一个人过来的。我还没有结婚呢!

噢!那您是在这边做什么工作呢?

我主要是在这边做风管,就是空调的那个,用锡纸包裹着的那个。

那您平时的工作时间呢?

基本上是八个半小时，早上七点上班，中午十一点就吃饭了。中午十二点半到下午五点。说是九个小时，其实不到的。能早做完的话，可以提前下班。根据量来定的。有时可以休息，根据进度，可以提前半个小时下班的。

您是什么时候来的？

也就今年过完年来的。

您平时休息的时候会做什么呢？

基本上就是和老乡一起去公园玩一玩，陪着老乡一起出去玩儿。自己一个人也挺没意思的，没什么好玩的。平时一个人就闲着。

您平时有什么压力呢？

刚开始有些压力，但是慢慢就习惯了，也就没有什么压力了。

您一个月工资多少呢？

这个是每天上了多少就有多少，平均一天有 200 块吧。

您觉得工作量呢？

都还行吧！都习惯了。

据目前来看，没有什么压力吧？

目前没有什么压力，刚来的时候，找工作需要些时间，有些压力的。

平时您日常消费呢？

基本上每天要 50 块钱，包括吃饭和喝水。

您在这里半年感觉和上海人有什么差异呢？

差异的话，就是感觉和外地人不怎么交流，我们上班的时候，里边也有上海人的。我们基本上平时就不怎么说话的。平时，你和他们交流，感觉就是，他们心情好的话，会和你交流，心情不好的话，就不会和你交流。

你们在交流的过程中，有没有感觉有困难呢？

年轻人之间没有困难的。

和他们互动的时候，感觉有没有差异化的对待呢？

反正一直都在上班，差异化倒是没有。出去玩的时候，和上海人接触也不多。我们那里边有几个上海人，平时你叫他们过来玩。一般是说几句话，他们就不说了。我感觉平时交流还不是很好的。

平时和他们交流的时候，有没有感觉差异化的地方呢？

没有，反正和他们交流感觉差异最大的地方就是沟通，感觉和他们不容易沟通。因为你和他们沟通时，就会感觉到他们不太愿意和你沟通。

您打算还要在上海待多久呢？

我感觉今年如果顺利的话，明年应该还会来的。

您是在这边打工，还会去其他的地方吗？

我是在这边待一段时间，还会选择去其他的地方，趁着年轻多出去玩玩。我第一年去的是浙江金华。这里已经是第三个地方了。海南岛也待过。在上海待的时间最长。

这三个地方，您觉得怎么样呢？

上海的话，我就觉得空气不好，出去玩的话，路边的空气特别的不好。

我暑假去云南扶贫调研，就是感觉那边的云特别白、特别低。回到这边就感觉到灰蒙蒙的。这边的话，就是感觉特别的难受。除了空气问题，那您觉得上海和其他城市比起来怎么样呢？

感觉就是，上海的话，好玩的地方比较多。

您平时除了和老乡们一起散散步，还有其他的吗？

一般下班的话就比较晚了，一个月有两三天可以休息，可以出去玩玩。多数的时候是几个人待在宿舍。

那也就是上海好的话，会多待一段时间了？

对的。

您想过把这里当作家一样吗？

现在还没有，现在就是想着把这里当作挣钱的地方，趁着没成家，还年轻，多出去玩一玩。

这样子啊！现在感觉你的状态蛮潇洒的。那不说差异，您感觉还有其他不公平的事情吗？

其他的倒是没有。

要是有机会的话，您会把上海当作一个比较重要的城市吗？

现在感觉上海市还是比较好的。感觉长期在这边的话，就是太热了，三四十度，受不了。

如果您要是换个城市，您会选择其他城市吗？

现在还没有想好，如果没有找到其他地方的话，明年还会来的。

蛮好的！谢谢您啦！

• 访谈员后记

我的这个云南老乡身上的活力的确是在农民工兄弟身上很少见到的，在来上海之前他已经待过不少城市，上海也只不过是他的第三站。

"趁年轻，我想到中国各地去看看。"这句话说起来还大有当年被评为最有情怀的辞职信中那句"世界那么大我想去看看"的气势。老乡说他来上海待了近一年，感觉生活得蛮好的，工资很高，但气候没有云南舒服，有些热。气候好一些的话他可能还会留下来继续工作，不想待的话就想去北方看看，反正现在还很年轻，有的是时间，多闯闯肯定是好事。

或许是还没来得及感受上海这个城市，他并没有说太多关于上海给他留下好或坏的记忆，或许一年之后便会离开这个城市奔赴他内心向往的另一个城市，希望在接下来不多的时日里，上海能给他留下更多难忘的美好回忆。

老班长的心声

受访者基本情况

性　　别：男

年　　龄：37 岁

籍　　贯：河南

婚姻状况：已婚

文化程度：初中毕业

打工时间：2016 年 7 月

打工地点：上海市 H 高校

打工类型：保安班长

• 前记

当我们在学校正南门的保安室准备采访一位正在站岗的保安的时候，一位看上去像是管理者的保安，骑着电瓶车，穿着保安服来了。而且，电瓶车上闪烁着警灯。看上去，他对我们的出现感到比较疑惑。站岗的保安说，那是他们的夜班班长，如果采访的话，最好跟班长说一下。于是，我们走上前，掏出了我们的介绍信，说明了我们的来意，这位中年的保安大哥爽快地答应了，而且非常愿意接受我们的采访。

您能先介绍一下自己的基本情况吗？

嗯，可以。

您来上海有几年了啊？

呃，来上海这是第二次了。

第二次啊？

对。

可以讲一下吗？

2009年的时候来过，在浦东那边。

然后呢？您在浦东那边也是给人打工吗？

对的。

您当时在那边有没有感觉和本地人比有什么差距，可以说一下具体的经历吗？

也没感觉到什么差距，嘿嘿。

感觉没什么差距，是吧？

对。

您当时有感觉不是很公平吗？

没有，我们2009年来的时候是跟着一个老板，感觉各方面条件比一般人要强一些。

这样是吧，您这一次来上海多久啦？

嗯，也是今年刚过来。

今年刚过来，那您之前在上海待了多久啊？

三年。

之前待了三年。

对。

当时来的时候有怎样的一个目的呢？

目的？

就是挣钱呢，还是想要看看这个城市啊？还是怎样？

嘿嘿，可能两个都有吧。毕竟，上海是一线城市。就是想着来看看，顺便挣点钱。大城市，挣钱的机会相对会比较多一点。在老家的话，想挣这么多就比较难了。

两个都有啊！

对。

那后来怎么又走了呢？

老婆在老家生小孩了嘛！家里有了小孩，自然就需要回家照顾了。

哦！

回家照顾一下。

为什么今年又来了呢？

今年在家里面做事不是特别好做，包括做生意，干什么，今年包括大的行情，感觉不是太好。所以，一家老小，还需要去挣钱养活呢！没办法，只能再来这边挣钱了。

感觉不是特别好，是吗？

对，今年家里的事情不是很多，所以就出来了。

那您这一次出来就是，可能就是经济上的原因喽。

那倒也没有，就是感觉人不能闲着嘛。

哦，那为什么没有想在家乡那边找一份工作而选择来了上海呢？

感觉内地的经济条件确实没有上海好，比上海这边差一些吧！所以，就在这边了。

您是河南的还是？

河南的。

河南的，那您对现在的月收入满意吗？

只能说知足吧，不能算特别满意。哪能满意呢？人的欲望都是无止境的。

现在这边月收入大概是多少呀？

五千多块钱吧！五六千块吧！

嗯，那就是您现在工作时间呢？

十多个小时。

这么久？您觉得付出和工资成正比吗？

这个怎么说啊，嘿，感觉还可以吧！

感觉还可以？

嗯。

您对您现在这个工作环境什么的都满意吗？

工作环境，反正这边还蛮好的，和我们以前那公司比，较特殊一些。我们公司以前是各方面军事化管理的。因为我们都是当过兵出来的，所以说，我感觉这个环境(比市里清静)，市里面比较喧闹呀！那里感觉太热闹。这边比较清静啊！悠闲啊！奉贤离市区比较远，连个地铁都没有，交通也不太方便，出行也很不方便。所以，与外界接触得很少。

是不是因为当过兵所以更喜欢这种环境？

那倒不是。

哈哈哈，不是。

也算工作需要。

您现在在上海，之前也算上，现在也算上，您生活有什么压力吗？就是一个外地人在这边生活。

嗯，也倒没什么压力。

没什么压力？

嗯。

就是说，您的收入完全可以支付您每个月的消费，还可以有剩余，是吧？

是的。

嗯，您来这边之后有没有受到过什么不太公平的待遇呀？见过不太公平的事情之类的？

还没有碰到。

没有，那您觉得这个社会公平吗？

呃，这个怎么说嘞！

没事。

咱就是比上不足，比下有余吧！人往往都有一个喜欢与人比较的心理。和好的比较起来，自然不行了。和差的比较吧，自然有些优越感的啦！

一般？

嗯，一般。

如果说让您说说不公平的问题，您觉得有哪一些？

也没感觉社会不公平，我感觉还好。

还好，是吧！

对。

不过像访谈上师大那边的人，他们会说孩子上学之类的事情，您可能不存在这样的问题。社会保险这类的您觉得和本地人有什么差距吗？

现在咱们这边，包括务工的，现在一些打工的人说保险啊什么的，比本地人确实少。在外边打工的，有社会保险的很少的。老板为了省钱，节省开支，肯定不会给你办什么保险了。更谈不上其他的了，反正在这里当保安，基本上也不会遇到其他事情。

就是安全，是吧？

对。

那除了说社会保险之外，和本地人比还有什么？

保险之外，和本地人比，怎么讲呢？基本上感觉别人归属感比较强吧！就像咱们的保安兄弟来说，像是个漂泊的人。

没有归属感，是吧？

对。

嗯，对，那这个就相当于是不是和家里人团聚时间比较少。

这是肯定的。

您觉得就像这种差距大吗？还有什么差距大？

哎，对，现在差距就在这里，从工资各方面来说，现在包括这个社会，怎么讲，也没有什么本地人和外地人这个区别。你现在基本做什么事也就是拼能力，你想本地人假如没有能力的话，可能还不如外地人，对不对？

嗯，就是您会觉得这个社会公平还是不公平可能取决于你的能力。

对的，我没感觉这个社会什么不公平，本来我们当过兵出来的接受过部队的教育，思想工作也做得多。这个我感觉不存在什么公平不公平，就是看这个能力啊！各方面的综合素质，你想现在很多包括外企这些公司啊！你想摆什么老资格啊！本地人啊！现在我感觉不存在这个现象，就是看有没有能力。你能力强的话，工资就高些。我感觉可能有些外地人比本地人工资和待遇好一些 。从我们这边来说呢，就是刚刚说的那两点：第一归属感,感觉到没有归属感;第二就是一个人在外面,老婆、孩子、父母不在身边,就感觉有的时候有点空虚啊！有点像小孩子,干什么想家的那种感觉啊,是不是？除了这些我感觉也没什么了。

那您的孩子应该还不能算留守儿童。您有没有想过您出来不能陪在孩子身边类似这样的问题。

我感觉也没有。

方便问一下孩子现在多大？

七八岁了。

七八岁,是因为有妈妈带所以不担心吗？

对,这个,妈妈、爷爷、奶奶都在家里照顾他。

嗯,如果说您觉得说没有什么公平不公平的问题,那这个问题应该就没有什么了。那如果说为了缩小农村和城市之间的差别。

嗯！

农村和城市再怎么改进也是有差别的。

对。

您觉得说如果让您提供一些建议,您有什么好的方法？

我还确实不知道怎么跟你说。

也可以是一个大概方向。

其实我感觉农村和城市的差别,第一环境;第二就大城市和小城市来说,可能有些时候,人的素质不一样;第三经济收入低一些;第四居住环境差一些。

对。

人的文化水平啊！包括各方面要低一些。就拿这所大学来说,你看见没有,这边上学的上海人占了百分之七八十。

这个学校？

差不多,因为每天送学生来的人,包括这个车啊,我们接触得比较多,基本还是上海的比较多一些。

嗯。

很多时候大城市的优越性就在这里,各方面要好一些。

您有没有想过可能上海本地的学生多。就有一种可能,因为我也是从外地考进来的嘛! 对,因为我们的分数很高。

他们优越就优越在这里嘛,北京和上海这边,假如说,就拿大都市来说,他们本地的学生分数低,外地的学生要努力比他们多一倍甚至两倍甚至要更多。我不知道他们这边的分数,保卫处有个老师我们经常聊天。

哪里的老师?

保卫处的,我们保卫处的老师。

哦,保卫处。

外地人今年的高考分数要到 593 分以上。

今年?

你们考过来要多少分?

理科生要 600 多分。

好像今年最少都要 595 分,方便问一下吗,你是哪个省的?

猜一下嘛?

猜一下,我看你像南方的,浙江,江苏。

嘿嘿不是,是辽宁来的,我是东北的。

看不出来,嘿嘿嘿!

对。

客观来说,这个分数线相当不公平。像别的省,辽宁省,今年只有 200 个名额,假如 200 个名额都是 600 分以上的。虽然分数线是 595,假如都高于 595,也是从上往下录取的。

对。

假如有考 680 分的,咱们打个比方,有 670 分的或者 610 分的。假如说到 199 名,到 200 名录取的都是 620 分或 630 分,考 595 分还是照样上不了。对不对,因为有这个名额限制,所以这个对外地人确实比较不公平。

这边也是这样吗? 没有名额限制,我这个不太清楚。

这边我倒是没问,因为我们几个在那边聊天嘛!老师讲安徽啊什么的,因为他也是安徽过来的。我总感觉可能这边的学生就是有优越感啊!包括他们这个条件啊,确实各方面比外地要优越很多。

嗯,还有这样的,那您现在就是把上海这边当成家吗?

我没有。

没有家的感觉?

嗯,我在外面做事这么多年,但是我总感觉外面……

还是外面。

嗯,还是外面。

您为什么会有这种感觉啊?

不知道,很多年了,我总感觉说家还是家,尽管家可能比外面条件要差一些。但是我感觉家里面还是家里面,确实这个归属感在上海还是没有。

没有想过为什么会有这样的原因嘛?

没有,可能比较牵挂家里的父母小孩。

哦。

呵呵!

这么想的话,那您是不是……

我以前也曾经想过,无论我有多少钱,我都不会在外面生活,扎根到外面去,真的我也这样想过。

也就是说,未来几年您可能都会在上海工作。

也可能这就是,怎么讲,也算是人生的一个一个中转站,这就是打工的结果,但是搞别的也不会。

但是就是说您会到了五十多岁之后还是要回老家的,对吧?

这个肯定。

您在短时间之内还是有留在上海的意愿?

至少现在,今年明年打算暂时不会离开这里。

您现在平常如果没有节假日可能一年都回不了家是吧?

应该是这个样子，但是我们没有节假日。我们能做的就是，请假啊！干什么这个没问题，你如果说有什么事了，只能请假啊！但是我们确实也不可能休息。

您既然不把上海当作家，那肯定是打工地喽！您把上海当作打工地的原因还有什么呢？

打工地的原因，感觉也没什么。毕竟它就是个打工地，是个短暂停留的地方。

短暂停留的地方？

嘿嘿嘿。

为什么会这样觉得呢？

不知道，我一直感觉是我没有把这儿当成家。

我推断几个因素啊，我不确定，您看有没有？

你讲。

经济上的因素，有吗？

经济上的因素啊！

就比如像月收入啊，然后日常消费啊，有吗？

也没有。

所以把它当作打工地？

反正一直都是这么想的，从来在心里边就是这个想法。

从2009年开始就这样？

一直都是这么想的。

从老家出来就是这样。

对。

可能主要还是归属感的问题。

对。

您在这边最大的需求是什么？

需求啊！我确实没什么需求，现在出来打工像我们这样三十多岁的人了，确实不像小孩子一样，就我手底下这些兄弟，也分好几种。十七八岁到二十来岁的他们的这种想法和二十岁到三十岁的想法还是不一样。三十岁到四十岁中间的人的想法也不一样。

对。

三十岁到四十岁毕竟稳定了,上有老下有小,他们就是打工挣钱养家,这个目的很明确。

对,您不属于这一类吗?

我也属于这一类,因为全国各地来的都有,有些时候贫富差距会存在的。

您家庭条件应该不错。

嗯。怎么讲呢,在我们老家那边算中等偏上吧!房子我都买了两套了,家里也有车。

那不是很好吗!为什么要出来打工呢?

我们家里搞了一个工程,确实今年工程各方面也不是很好做。一整天在家里闲着,特别是我们这种人,在家里闲着也没什么事干。

就是您没出来之前,在家乡的生活就是每天很忙的那种。

不是很忙,像我老爸也在搞那个工程,家里面收入还可以吧!反正一个月收入一万多块钱很正常。一年十几万还是很好挣的,我家里条件也不存在缺钱的情况。

很好呀!

只能说一般,嘿嘿!

我觉得挺好的呀!

倒是没什么压力,老家是农村的,但是我搬出去都很多年了。

您当时选择来上海是因为这边有亲戚在?

嗯。感觉反正人都是向往大城市。

嗯,大城市,那所谓大城市好,您觉得好在哪里?就现在这么多人都想来大城市嘛!

大城市我现在也没感觉到好,因为我很多朋友包括战友都在这边。都在一起,大城市的工作生活压力很大,竞争各方面也很激烈。

嗯。工作压力大,大在哪里?

嗯。像我们这边跟他们公司包括有些管理层啊,包括搞竞争啊,包括什么东西确实压力还挺大,还有我们这些学校这边每天给我们的压力也大。因为我们是投标中标的单位,算合作单位,我们要保证学校不出什么事。我们是七月一号接任这个学校的,以前是某物业公司的。他们保安各方面与咱们这边相比,有些时候差距确实还是很大的。

对，我感觉到了。

因为我们是军事化管理，我们的老板以及很多保安队员是反恐部队退伍下来的军人。

这些都是军人吗？

他们两个暂时不是，但是咱们这边保安队员，包括公司里面军人很多。

我知道。

所以我们的各方面管理肯定跟他们不一样，这个学校以前就是开放式的。

我知道。

外卖车，汽车，遛狗的，晚上散步的，随便出入，都没人管。从我们接手以后，一步一步地在落实这种我们公司跟学校协商制定的管理制度。包括我们跟学校协商，这个安保事情要怎么搞。怎么做第一能体现我们保安的素质，第二能给学校这个安全环境，包括给学生创造很好的安全感。

也就是公司会给你们一部分工作上的压力，学校也会给你们一部分的压力，我可以这么说，是吧？

哎，对，所以说我们，包括你没来的时候，可能有感觉，以前外卖人员都是骑着电瓶车往学校里冲，你看这段时间他们都换成自行车了。

这学期我也发现好像每个校门的保安首先从年龄上很年轻，记得原来我们学校的保安就在那儿坐着，就很闲的那种，晚上从不主动骑电瓶车巡逻。

因为像你们都在这学校待几年了，都知道，现在外卖车有把学生撞倒的，撞完跑的。所以说我们来了之后也跟学校协商一下安全怎么搞，怎么搞好，哎！我们现在也下了很大力度做这个事情，就今年开始不能说很大吧，但可以说卓有成效，这个事情也一下急不来，要慢慢来。

可以了，现在才两个月。

嗯，两个月。

挺好了，刚才说大城市压力大，还有说哪方面。

别的确实也没什么。

嗯。

因为我们队员关心的就是自己的工资,毕竟是出来打工的。很多国家大的政策,社会福利什么的啊,他们也确实不是很关注这个事情。

嗯,您刚刚说每个年龄段的人需求不同嘛!在您看来,公司里面十七岁到二十多岁的人,他们的需求是什么?

一二十岁的人生活压力小一些,上有父母,没结婚,消费观念可能不一样吧,总体一点,像咱们队里的年轻保安都喜欢没事,等工资发了,一个人发了四五千块钱就上上网啊!吃一吃玩一玩,但是像咱们老同志……

二十多岁到三十多岁的呢?大概是怎么样的。

这一方面的人呢?我现在没事找他们谈心,开会也讲,就是看结过婚的还是不结婚的,生活压力大的还是生活压力小的,总体来说基本都在这几个方面。

就是分两类?

嗯,对。

一类是结婚的,另一类是没结婚的。

家庭条件好的有,家庭条件不好的也有。咱们这边有很多做保安的家里条件也是蛮不错的,就因为没什么文凭啊!家里条件挺好的,在家里无所事事,他也出来打工,做事。所以这部分人的消费观念没有什么计划,反正每个月可以当个月光族的。

嗯,那年龄稍大的同志,是不是节约一点?

对。

每个月还要攒一点钱寄回家。

对,攒点钱寄回家的。

哦,我大概就了解了。谢谢!

不客气!

• 访谈员后记

和这位保安班长聊了大概两个小时,我们了解到,他是退伍以后来这边做保安班长的。2009 年的时候来过一次,然后就在家里做工程项目,其实经济条件还不差,在老家属于中上等水平。虽然在上海的时间也算挺久的,他一直没有把上海当作家,而是当作一个挣钱发财的地方。而且,他也认为社会是比较公平的,多数时候还是要看自身的能力。人还是应该不断地向上努力。

一分耕耘一分收获

受访者基本情况

性　　别：女

年　　龄：30 岁

籍　　贯：河南

婚姻状况：已婚

文化程度：初中毕业

打工时间：2005 年 8 月来到上海

打工地点：上海市奉贤区奉城镇

打工类型：某私营企业的制鞋工人

• 前记

今天是中秋节假期的最后一天，秋天的上海还是没有丝毫萧条的气息，温度湿度都恰到好处。经家教阿姨的介绍，我们认识了一位鞋厂的车间负责人。前一天电话联系好以后，我们就坐公交车按着地图找了过去。下车以后，沿着一条巷道往里走，路两边全是各种私营的工厂，有机械厂、电子厂、鞋厂、玩具厂。各种各样的工厂整齐地排列在路边。在这个江南水乡的小镇上，一路上风景秀丽。在这样一个充满诗意的小镇上我们很快就找到了那家工厂。到了门口,我们打了个电话,不到五分钟那位姐姐就出来了。只见她穿着一件黑白相间的短袖,浅蓝色牛仔裤,手里拿着一个 iPhone 手机。走上去进行了自我介绍,然后她就带我们先到保安室进行了登记,随后便进了工厂。我们边走边谈,跟她说最近在做一个关于社会公平感的调查,问一些大家在上海的基本情况,不会涉及隐私等问题。她毫不犹豫地就答应了。

您说说基本情况吧,就比如说来自哪里,来上海多少年了。

我是河南人,来上海十几年了。

哇,看不出来,您看上去很年轻。

我都三十岁了,不年轻啦!

您之前是在哪里工作呢?

一直都在这里,之前的那个厂是两个老板合伙的,后来他们分开后,老板就搬到浦东去了,然后我们在那边待了几年。随后我们又搬家了,因为那边的房屋拆迁了,所以就到这边来了。

不过这里真的蛮大的。您对现在的月收入满意吗?

还行吧,干那么多活,拿那么多工资,可以了。我就很知足,我感觉你的付出和回报是相对应的,付出得多,拿得就多,对吧?反正你付出多少,给你多少工资都是成正比的,所有的事情都是这样的。

您有没有什么心理压力啊?

没有啊!

没有?

你看我这样有什么心理压力呀?

可是小孩子逐渐长大的话也会有一些吧?

其实小孩子长大吧,你只要给他营造一个读书的环境就好了。你不需要去操心什么呀,现在小孩子学的我们根本就不懂的。我们还要去百度,有时候百度上面都还查不到。

您想得真是蛮宽的,就我之前访谈过一个人,他就是非常担心他的小孩子。因此他觉得压力蛮大的。

你担心也没用呀！很多人都这样，就是可以说是本来没什么事情，就是自己想得太多了。

对，我也觉得。

你担心也没用呀！他不愿意学习，你担心也多余。我还是觉得要靠自觉的，哈哈！对吧？

嗯，我访谈的那个人每天很焦虑。

现在的小孩子他不愿意读书，你打死他，给他交钱，不去读你有什么办法？他偷偷地自己跑回来，你有什么办法？

对的。

所以我感觉，不管在哪里上学，或者是怎么样，都得靠他自己，不管是谁都要靠他自己。我们做父母的，只能说给他营造这个好的环境，但是最后，所有的东西都要靠他自己，他要学会独立。因为以后是他要接触社会，他要面对这些东西，你要太照顾他了，帮助他越多，对他越没有好处。

对的，我觉得这个想法非常正确。

是的呀，真的是一点好处也没有。

是的，对待小孩子绝对不可以溺爱。

嗯，该宠他的时候宠，轮到他自己做的时候，还需要他们自己做。

对。

我是这样想的，反正我感觉他读书嘛，他自己有本事他就读，他自己没本事的话我也没办法。你读又不是给我读，对吧？再说了，我让你读书并不是说逼着你去读书，不是让你为了我、为了这个家读书，我是让你以后接触社会，让你有一个更好的选择的空间。你读书读得好的话，你选择工作的能力就强一点，而且好工作都等着你，你有权利选择这些好工作。你如果不读书的话，你没有权利去选择，只能工作选择你。就像我们一样，只能做一个普通的职位，赚点生活费，是这样的吧？其实父母让孩子读书并不是说非要逼他们为了这个家什么的，其实都不是这样的，只是说让他们长大以后有一个选择的空间。如果你不读的话，那你以后就吃苦呗，受罪呗，和我们一样呗，对吧？你读书读好了，以后可以去大公司应聘，因为你有这个能力，所以你完全可以胜任。但是你没有能力的话，你就胜任不了,就算给你这份工作,你也做不了。

您有没有受到不公平的待遇?

还好吧,我换过几个工作,我感觉都还可以,那些老板都对我挺好的。反正不管去哪里,只要你好好干活,那些老板都不会为难你的,没有说你是外地的我就看不起你的这种表现,不过上海这边是有一点。像我前段时间在那个文具厂上班,那里的老板都是上海的。像我们自己家里人开厂一样,他会对老乡好一点。所以上海也是一样的嘛,这是肯定的,对吧?总归是人之常情。

没有特别极端是吧?

他都是这样的,没有说很过分。当然你工作嘛,没做好他骂你是很正常的。你没做好,还不让他骂你、说你,这不对,是吧?你做错了你就得承认错误,所以说有时候他们责备也是应该的。

您的朋友、同事和老公在生活中有没有给您什么帮助?心理上还有其他方面什么的。

还好呀,我感觉我没什么让他们帮助的,都是我帮他们多一点。

我看您蛮乐观的。

因为平常的小事我自己都能解决,他们解决不了,我帮帮他们就行了。感觉自己特难过了,就哭一场就好了,我感觉没什么大不了的。

您一开始就来的上海吗?

我一离开家乡就来上海了,然后一直都待在这边。我老公是四川的嘛,我就嫁到他们家,去他们家那边了。除了说生小孩的时候回去一下,平时我们都在外面打工,很少回去。过年回去也待不了几天就又来上班了。

我估计下个问题您没什么想法,就是缩小外地人跟上海居民的差距,您希望政府出台什么政策?

这有什么差距呀?我感觉,人嘛都一样,不管外地的还是上海的,他平等对待你就好了。

对。您对上海这个城市熟悉还是陌生?

挺熟悉的,玩的地方都玩得差不多了。

都玩得差不多了,是吧?

都是朋友带我去的，我们一放假就一块约着，然后这儿跑跑，那儿逛逛。

对，上海其实有蛮多玩的地方。

挺好玩的，还有好多地方没去过，反正没有钱寸步难行。

其实上海真的不是只有高楼大厦，它还有很多其他好玩的地方。

有自然生态的地方。

对的。

只是说你没有找到而已，森林公园那边呀，都是比较生态的地方，只是说有的人不喜欢去那些地方玩而已。像农庄这边也有好多的，像航头那个小镇呀，它附近就是一个小农庄，种了些水果什么的，你可以去看看。

奉贤这边好像还有一个。

不过奉贤这边不如航头，它没那边改善得好，这边绿化太差，没有那边好。

这边有个草莓园可以采草莓。

对，这个哪里都有。

哪里都有？

有。只要有人种地的地方，就有人种草莓啊。过一段时间你可以约几个朋友一起花个几块钱去棚子里面，你随便采。

对的。

采出来的那个草莓呢，你想要，就看多少钱一斤，按重量称。如果你不要的话，你在那里可以随便吃的。还有杨梅林，你去过吗？

没有。

在橘子林，还可以采橘子，橘子熟的时候你去采橘子。还有桃园，桃园在南汇那边。

对的，南汇那个桃园。

进去了可以随便采，不过你要带走的话就要钱。进去随便吃。

对。

像我们能吃多少呀？都是吃着玩呢，去感受那个气氛。以前在家里面都是这么干的，只是说，出来了很少接触了。所以搭建一个这种采摘的棚子，好多人都会去玩。就像自己家一样，自己种的果树随便爬上去摘就是了。这个也是，反正就掏个门票嘛，又不贵，摘摘玩玩就好了。

对。

还有植物园呀、蔬菜园。

您感觉奉贤最好玩的地方是?

这边呀,大家都喜欢去海边嘛,碧海金沙。

对,海湾镇。

还有渔人码头那里。

对,我们学校就在海湾镇旁边。

因为这里离那里比较近,要说好玩呢,其实都差不多。我们前段时间才去了森林公园,那里有演唱会。但是没放假的话,哪里都去不了。其实有钱,哪里都好玩,哈哈。

嗯。我问一下您的基本情况,方便说一下哪一年生的吗?

我 1987 年。

教育程度是?

小学毕业,没上初中。

月均收入是跟您先生一样吗?

跟他差不了几百块钱。

那他说的呢,我估计您跟他一样的。就是您平时跟谁接触得比较多,玩得比较多?

朋友,都是以前认识的。在这边的话因为在那里上班就我们几个人,根本接触不到车间里面的人。像在车间上班的话人多一点嘛,然后一放假就约起来,三五成群的。现在我都找朋友以及我以前的同事,我们都认识十多年了。

您跟住在那边的人有交往吗?

有啊,就是楼上楼下的邻居嘛。像门口的李军,他平日里会帮我代签包裹,我们有时候说说话、聊聊天。不过一放假我就跑出去玩,基本上很少跟他们在一块。我们院里一个大姐开了一家小型加工厂,她也是河南的,我有时会跟她说上两句话。

您对上海的交通安全怎么看?满意吗?现在不是查交通比较严吗?

这点很好的,因为车祸太多了,这也是为了自己的人身安全着想,对吧?让你骑车小心一点,注意交通规则,对吧?现在好多人开车都不注意的,红灯照闯,车撞了人,要赔人家的。

您觉得您的生活是不是幸福的？

挺好的呀。

挺好的是吧。还想继续留在上海吗？

如果可以的话，在这里挺好，总归还是会回去的。

对。

总归还是要回去的，小孩子再大一点的话，你还是得回家。毕竟回家的话，老人们都在家，他们也不愿意出来。

您回去后做什么工作呢？

在家里找一个拿手的呗，肯定找自己拿手的，自己不拿手的，也不会呀。

现在在别的地方工作好找吗？

好找的，像我会做鞋，会缝制的，要去找个工作还是比较容易的。但是，老家工资就比较低。

对。

所以好找的，我老公他们家那边鞋厂也多的，而且他们那边做的都是时装鞋。反正你会踩车蹬就没事，会一门技术就没事。所以说在这个社会，技术很重要。

好的，谢谢您的回答。那接下来了解下您的社会融入感吧，就是您融入上海这个社会的感觉。比如我说几个因素，然后您感觉您跟上海这边的人差距是不是很大？第一个是月收入。

月收入跟上海这边相比，他们待遇肯定要比我们好喽，比我们这些外地的好。有三金，有时候五金。不过有的大厂一视同仁。像我朋友他们那儿都是五金，五险一金。

您觉得差距很大吗？

我觉得还好。

然后居住的形式是什么？就比如说您是租房的，然后有一些人可能是买房的，跟他们的差距是？

我跟他们的差距就是我不用还房贷。

嗯，对。

他们很累呀，你别看他们买房，但是他们不是一次性付清的。我要买的话，肯定一次性付清，就不用去还那个房贷。如果还房贷，宁愿不买。

我也觉得。

你要买，你得有那个一次性付清的能力再买。我感觉你还房贷那个多余的钱都够又买一套的了，为什么要还房贷给别人打工呀？

您的工资除了平常用，吃穿用以外还有什么用吗？

先存一点，然后给父母一点，孩子在家的呀。

您感觉跟这边的人（上海人）有区别吗？

当然有区别，区别大了。

在用钱这方面？

用钱这方面，我肯定想该买的买，不该买的不买喽。然后我也不会想着如果哪一天超市打折了，去超市拼命地买一堆回来，我才不干呢。我就用完了买点回来，不用了我就不买。用不着的东西买了也浪费，就算它再便宜，买了也是浪费，对吧？

对的。那您的工作时间呢？

工作时间都是一样的，不过相对来说，我们要比他们自由一点。

休闲娱乐的方式呢？

找一个朋友啊，唱唱歌呀，吃吃饭呀。

跟上海这边比呢，是差距还是？

他们不也吃吃饭，唱唱歌，喝喝咖啡什么的。不过我不喝咖啡。他们这边的人比较能吃苦，特别节省。你别看是上海人，但他们特别节省。吃饭啥的比我们要节省得多，像我们就属于败家子。他们很节省的，我在那边认识一个上海的女性，我们两个玩得好嘛，她就特别节省，他们这边人都节省，都为小孩子节省。会想着我要先把房子买了，然后车子买了，以后孩子结婚才不会有太大压力。他就不会想着让孩子自己去买房买车，就想着自己要帮孩子弄好，他们都是这种人。上海这边就是，首先一个就是结婚之前必须要有房子、车子，不像我们那边，就是看孩子怎么样嘛，反正我给你营造好环境。我就感觉孩子嘛，他想学习他就学，不想学逼也没用，他不愿意学。就像我们那个时候，上学的时候爸妈逼也没用，现在还不是这样，后悔也没用。后悔有用吗？没有用。你做了你就别后悔。

关于获取工作的方式,您觉得和上海人有区别吗?

工作呀,就是自己有什么能耐就找什么工作,都是这样的。

您有没有觉得上海人可能会靠关系或者怎么样?

上海这边,他们找工作我看也是和我们一样去找的呀,不过有的厂的话,人家有亲戚关系的话肯定是要好一点,现在的社会不都是靠关系吗?

维护权益,有没有跟他们有什么区别?就是说他们可能反映上去,就有什么效果不一样。

那得看那个领导是谁,这是根据领导的。如果他是上海本地的,他们那个领导也是本地的,他们反映上去肯定比我们外地的反映有用,对吧?

那参加社区活动的情况呢?

什么社区活动?

就是比如说社区里面什么舞蹈队、合唱团。

这里有呀,像她们跳广场舞什么的都有的。那高桥也有,我们就去看呀,但不会跳。

那些都是大妈跳吗?

也有就是说年轻一点的,她们跳的都是广场舞。不过跳舞就是锻炼身体的啦。主要就是锻炼身体。像天热,晚上回家也睡不着,然后她们就去广场跳跳舞,回家洗个澡就睡着了,就这样的。这些都是娱乐嘛!那边小孩子玩的也有,我同事家的小孩就在那边。还有个涂鸦的地方。就用石膏弄成卡通人物的形状,对着形状涂颜色,借题发挥嘛。

嗯,然后是,您是没有交金是吧?

没有,我们这没有。

嗯,家人的团聚时间可能和上海这边有点差距吧?

嗯,我们和家人见面的机会确实比较少。

可能差距还蛮大的。还有就是您身心的舒适程度,就是您觉得开心吗?

我挺开心的呀,我有什么不开心的呢?我还挺喜欢那种山区的生活,有山有水有风景,我特别喜欢在那里生活,我感觉挺好的。

我觉得这里没有山啊。

这里有一座佘山,可远了。在欢乐谷那里,坐地铁的话要两个小时才能到,然后还要再走一段时间才到。前年冬天我才去的。说山也不是山,其实它就是一个土堆,上面有个教堂。

那座山真的蛮矮的。

对,上面有个教堂,其实站在上面没有那种居高临下的感觉,还不如我们老家那边的一座山。

就江苏省、浙江省有很多好看的风景区的。

江苏那里有一个叫什么山,突然记不起来了。朋友去年十一放假的时候叫我们过去但最终我们没去,就准备去那个什么山的那里玩玩,就是一个山洞。

哦,这样啊,我回去查一查。有没有感觉您是上海市的一员?

我没有感觉,我感觉我就是我自己。我跟他们不一样,想法也不一样,他们每天都忙忙碌碌的,就操心那些乱七八糟的。我什么都不想,我感觉我该吃吃,该喝喝。

那您认同上海这边市民的行为方式和上海的文化吗?

其实他们这边个别人也挺没礼貌的。像坐公交车吧,让位置什么的,有人给你让了的话你坐,有的人家不给让,我就碰到过一回。一个老人,上海的,人家让位置本来是给另一个让的,那她不管直接就坐上去了,一点礼貌都没有。人家不是给你让的呀,人家都准备坐了,她倒好,一屁股就坐上去了,而且那还不是专座,像公交车上有的有专座的,那还不是专座呢。她太不礼貌了。

您觉得就是这些让您给排个序,哪一些、哪一个是和上海这些居民差别最大的。

社会保障呀!对呀,还有行使政治权利,还有生病了然后去医院看的话,医药费肯定要比他们贵呀。我们去大医院的话,比他们本地的要贵很多。像我们外地的话都是挂普通门诊。

所以您觉得第一位是社会保障是吗?

对呀,社会保障它本来就不太公平吧。

第二位呢?

第二个就是行使政治权利什么的。

行使政治权利就是选举。

这个跟我们都没大关系。第三个是心理身体的舒适程度。这个心理的是可以调节

的，身体不舒服了你去医院看病，是吧，他们肯定那个。（意思是受到不公平的待遇）

嗯，谢谢您接受访谈，打搅您啦！

没事啦！

• 访谈员后记

这次访谈是在一个车间里进行的。这个车间大概有四层楼高，每一层都有对应的分工。从剪裁到缝纫，从染色到包装，一切都是井然有序的。这位姐姐，比我就大 9 岁而已，已经是这家工厂里的一位中层的管理人员。我们来的时候带了大概有 100 份问卷。在访谈的同时，她也帮着我们去发放问卷。作为一位底层的打工者，可以明显地看到，她虽然在生活里经历着各种各样的坎坷，就像她说的，哭一哭，发泄下就好了，从来不会为这些难受太久的。是岁月练就了她们的心态！在交流中，我发现了两个明显的特点：一是，这个姐姐是一位勤奋求实的人。虽然只有小学学历水平，但是她仍然一直不断地努力靠自己的双手辛勤地劳动。这一切不仅仅换来的是财务自由，生活水平的提高，同时也换来了人们对她的尊重。二是，在近十年的拼搏中，她练就了顽强拼搏的意志。作为一个尚未进入社会的大二学生，我不禁感慨：勤奋求实、乐观向上，我们可以做到吗？特别是在上海这样一个大都市里。突然耳边响起《奔跑》这首歌：速度七十迈/心情是自由自在/希望终点是爱琴海/全力奔跑梦在彼岸/我们想漫游世界/看奇迹就在眼前/等待夕阳染红了天/肩并着肩许下心愿/随风奔跑自由是方向/追逐雷和闪电的力量/把浩瀚的海洋装进我胸膛/即使再小的帆也能远航/随风飞翔有梦作翅膀/敢爱敢做勇敢闯一闯/哪怕遇见再大的风险再大的浪/也会有默契的目光……

一分耕耘一分收获，一起随风奔跑吧！

现实版的关雎尔

受访者基本情况

性　　别：女

年　　龄：26岁

籍　　贯：安徽

婚姻状况：未婚

文化程度：专科毕业

打工时间：2010年8月来到上海市

打工地点：上海市徐汇区衡山路

打工类型：某公司的会计

• 前记

昨天晚上经过学长介绍，认识了他在实习单位的一位同事。学长在一家财务公司实习，听说我在进行一个关于社会公平感的实地访谈，就把他的同事介绍了过来。上午我就直接去了那家公司。按照约定的时间，我提前10分钟到了公司的楼下。在微信里说一下，那个姐姐很快就出来了。她走出电梯的时候，左右张望着在寻找人。我微信回复下，然后她就径直地朝我走了过来。她身着白色衬衫，下身为黑色裙子，皮肤白皙，戴着一副框架眼镜,脖子上挂着工作证,看上去就是一位职场的女强人。直接就让我联想到去年疯狂追的电视剧《欢乐颂》中的关雎尔。我直接走上去,做了自我介绍,说明了来意。她就直接带我到了大厅的座位上坐了下来。于是,我们便开始了访谈。

您好!我们正在进行一个关于社会公平感的调查,就比如说,您几岁?您来上海多少年了?您现在做什么工作?您的工作情况以及学习情况是什么?您能说一下吗?

我来这边大概六年了。我们进来说,不然的话太吵了。(环境有些嘈杂)

然后您是一直在这里?您是做什么?

对,一直在这边工作。之前的话,做过人事管理呀!就是办公室里面处理一些文件,做一些数据文件的整理,现在就做财务工作了。

您一个月工资大概有多少?

大概四五千元吧!

蛮多的啦,因为你又不用租房,和爸妈一起住的。这已经节省了很多成本的。您也知道,在上海这边住房是一项很大的开支。

也不是这样子啊!

啊!您还有更高的要求?

如果说你一个人在外面的话,你一个人租房子然后再吃饭,然后一个月剩不了多少钱。

其实您也没有什么压力?

现在的话确实是没有什么压力的,以后应该会有的。

以后对吧?

对的。以后应该会遇到很多问题,而且上海的物价其实每年都在上涨。

您每个月对自己的工资不是很满意。那您觉得至少要多少钱才可以在上海生存下来?

我觉得在这边至少要五六千元才可以生存下来。毕竟这边生活成本还是比较高的。衣食住行,每一项都会占去一部分开支的。最后,剩下的就没多少了。

对,剁手什么的,毕竟还要买买买,那您觉得这方面压力大吗?就是可能是年龄大了,爸妈催婚，然后在财务上，在个人的发展上？

都有压力。不敢想，想的话，压力是一大堆的。不想的话，感觉很轻松的，一旦想起来，就会感觉麻烦挺多的。

您觉得哪一些比较迫切一点？

都差不多，我感觉。

您今年要去考试吗？

今年的话还没想好，自考的话要花时间，如果是继续教育的话，你一定要在上海这边待四年，因为你今年报名的话，明年就开学啦！

嗯，您之前一直在上海工作？

是的。已经在这里很多年了。

您工作的地方近吗？交通方面会很方便吗？

很近的，上海这边交通还是比较发达的。

您是什么行业的？

做财务的。就是在财务公司上班。

您的公司属于什么行业？

就是那种财务公司，你应该听说过吧！

您每天上多久的班呢？就是朝九晚五，那您每天回家之后都干什么？

准备一下考证什么的，其实还是挺有压力的，休息的话其实也不需要太多时间。一般在家里闲着的时候，就会去看看书了。

您都是考哪些证呢？

就是财务初级证、中级证。

有没有想过要考语言类的证书？

有的，英语就想考的。

您六级考过了吗？

我四级都还没考，因为我们是大专，并没有说一定要四级过了才可以拿毕业证，现在毕业了就不可以考四级了。

其实英语四级在找工作的时候并不是很有说服力，您没有的话老板也不会怎么样，就是证书并没有很权威。就我个人而言,我是比较热衷于考证书的,我是考的英语口译,我是做了很多准备。那您觉得工作环境怎么样,是您期望的吗?还是说您对它有点不满意。

工作环境的话倒是无所谓,办公室里面都是那样子嘛!都是各种小格子间,每个人就那么大一块办公区域了。

周围的人呢?您觉得周围的人都怎么样?

还好吧,还可以的。人都是慢慢相互认识的。

就是说您和同事之间。

还可以的,一开始可能大家都互相不认识。时间长了就互相认识了。我们有的时候会出去集体聚餐。

有没有就是说因为竞争关系你们有点不和?

这个大公司里面肯定会有的,小公司里面的话还好吧,还没有你说得那么严重。小公司里大家都是在为了那一点的工资,其实并没有很大的竞争。

您有没有遇到过不公平的待遇,比如说由于长相、年龄、性别、户籍地各种情况。

有的,我之前找工作就是找的出纳,有些公司一定要上海户籍的。如果你不是上海户籍,就会被直接拒绝。这是个硬性的规定了。所以说,我写简历的时候都不写我的户籍地,就是会有一些地方歧视,他们认为你是上海的,是江浙沪的可能性格上会怎么样。我这样做会更加公平一点。

您周围的人呢?也有受到过不公平的情况吗?

很多呀!现在不是很正常吗?

比如,有没有人会觉得您长得矮什么的,我有一个同学她去找工作,人家直接跟她说你长得太矮了,然后就没有要。

还有这样的啊?

对,她也是应聘办公室文员,很普通的,就是待在办公室的那种。

那应该很少,我觉得。我很少遇到这种情况。

有没有遇到嫌弃您的性别,就是说嫌弃我们是女孩子,不录用您的情况?

还没有遇到过。一般不会由于性别而拒绝的。这个社会其实自身的能力还是很重要的啦!

您有遇到人家说您不是上海的,然后就拒绝您的情况吗?有没有觉得这个对您有什么影响,会因为这个产生什么样的想法?

因为我之前是做出纳的工作,这个工作还蛮普遍的。因为出纳的话在上海生活得会比较稳定一点,毕竟是管钱的。

原来是这样。那激励您的是什么呢?

就是当我刚刚拿到会计上岗证的时候。如果你没有经验的话人家是不录用你的,就会一直碰壁,也会激励你的,多学一点经验。所以说,我就被迫着去学习,去积累各种经验。

对,碰壁很多次之后,自己就会激励自己努力学。那您周围的朋友、同事和爸爸妈妈会不会给您什么帮助,在生活上或者是工作上。

肯定有的。当你遇到困难的时候,还是会有人帮助的,毕竟天无绝人之路。

那有没有什么实际点的?

有啊,就比如我一直和我爸妈住在一起。这就会给我减轻很多压力。

对,当您碰壁、工作不满意的时候有没有向朋友抱怨过?

嗯,我经常跟我妈抱怨。

您有没有托朋友给您找新的工作?

没有,因为还是要自己去面试什么的。

您的同事呢?有没有工作中帮到过您什么?

其实说实话并没有帮到自己什么,就是工作上的关系。

平时下班后出去玩吗?

很少的。

您就是星期一到星期五工作,是吗?那星期六星期天都在家里?

有时候也出去逛逛街。

您最近逛街的地点都在哪里?

就在这附近。

您不去市中心的那些地方吗?

你说的是黄浦江那边吧,去了几次后感觉都差不多。

您周围有上海的同事吗?

上海人吗?没有上海的同事,公司里面上海人很少。

您觉得您跟他们有什么差距吗?

因为我们公司里面上海人比较少,就感觉没什么差距。其实大家都是差不多的,区别不是很大。

比如您在路上看到上海人,您会觉得您和他们有什么差距吗?

那倒没有,上海人你也看不出来。除了他们的口音和我们不一样外,我们走在一起的时候,真的是看不出来的。

比如说您有一个上海同事,然后他有一个房子,他不用担心以后没有房子,不用担心结婚以后孩子谁带。就是他以后什么事情都不用担心,您会不会羡慕他什么的。

还没有那样的同事。(哈哈)

好吧,那你有男朋友吗?

我有男朋友的,前几天回去了,回成都了,因为他是四川人,但他也是在上海工作的。感觉不太稳定。他不想留在上海,在上海的话就得把户口问题解决了,但是其他方面呢?

嗯,但是在上海有一个上海户口很特别吗?

如果说你要一直在上海这边发展下去的话,你就得有个户口。

就是房子什么的吗?

而且上海的房价也太高了,算上贷款的话压力也挺大。

您要找个新男朋友吗?

有这个考虑。

您希望有个上海男朋友,有没有希望政府解决你们户口的问题?

这个肯定是有的,但是我觉得不现实,解决不了的。这种想法还是很难实现的,所以我就不去想了。

对,其实我不是很清楚上海户口到底有什么优越性。

有很多呀,像我们在上海工作,交社保要交满十五年才可以拿养老保险,那个基数都是按照我们老家那边的来计算。

你们不能交在老家那边吗?

都是公司给交的。所以不可以。

还有吗？您觉得上海户口还有什么吸引力吗？

有啊，现在上海这边，孩子读书你就得在这边有房子。而且现在买房子必须还要有结婚证，还要连续交满五年社保。这好滑稽，就是你有钱你在上海也买不到房子。不过我觉得现在有钱也买不动了，现在太贵了。现在一个房子随便一平方米就十万元，然后又造得很大，八九十平方米的话钱很多，很小的那种也不便宜。因为越小反而价钱越贵。

除此之外还有吗？上海户口在这方面的优越性。

孩子读书的问题、养老保险的问题。

您看上去很年轻呀！

还年轻呢，这么早就生孩子了。我年轻吗？

看上去蛮小的。

你猜我多大了？

我看您写 1990 年，不过您看上去蛮小的。

1990 年今年也 27 了。

您看上去跟我们差不多大。

那只是看上去啊！

看上去年轻说明身体还是很年轻的。您打心里面羡慕上海人吗？

我想成为上海人。毕竟他们和外地人比较起来，有很多的优越性。

有没有特别羡慕想成为上海人？

其实没有。

爱家乡，是吧？

家乡挺好的，我也不想成为上海人。

您是哪里的？

我是安徽六安的。

我有好多同学来自安徽。您对上海熟悉吗？

挺熟悉的。毕竟已经在这边生活这么多年了。

是整个都很熟悉还是就周围？

相比老家来说我是比较熟悉上海的，上海是我最熟悉的城市了。

因为爸爸妈妈在这边开店吗？

对，我妈在这里开店是我几岁的时候，我妈来这边已经二十年了。

您会说上海话吗？

我不会说上海话，我一直都听不懂上海话。虽然说常在这边，但一直都听不懂，就感觉很难听懂。我爸还好，他能听得懂，但是他也不会说。

有些人可能就是有意愿要说上海话。

有可能吧。我其实也有原因，我虽然从小就在这边长大，但我听上海话听得很少。

对，这边上海人其实也蛮少的，主要集中在南市区，那儿的上海人特别多。您平时不大出去玩是吗？

出去玩啊！

您对上海的熟悉感来源于哪里？

来源于我爸妈。因为以前读书，一年级到四年级他们不是在这边的，那时候是在宝山区的，四年级以后寒暑假的话也到这边，待的时间长。

您住在市中心过吗？住在市区？

没有。

以后有钱了可以体验一下，交通挺方便的。

方便吗？地铁里面好多人。

不坐地铁，坐公交车，我就喜欢坐公交车，完全不堵。早上坐地铁的话真的没办法，因为大家都是上班族。早上六七点到十点这个时间段真的很挤，我都坐过，不同的时间点回学校的人很多，确实比较堵，但是坐公交车会比较方便。

这边公交挺堵的。

可能因为这边比较远嘛，也不是市中心，大家都有私家车，就不乘坐公共交通。您对上海有哪些不熟悉的地方？

不熟悉的地方还蛮多的，有很多地方我都没去过。

比如说上海的学校啊、娱乐场所、博物馆、政府在哪里之类的您了解吗？

这些都不知道。

您有去过上海自然博物馆吗?

没去过。

新开的,以前也有一家。现在又把那里规划了一下,建设得蛮好的。

我都没去那些地方,博物馆什么的不好玩。

您对上海的交通熟悉吗?地铁什么的都常坐吗?

地铁的话坐过,但不经常坐。我一般上班乘坐公交的。地铁太挤了。

因为上班近是吗?

嗯,我平时不坐地铁就坐公交车。

您有意愿要去买车吗?

没有意愿。现在拍牌照太贵了。而且你买得起车,你停不起呀!停车费也很贵的。

您现在最大的需求是什么?

你说哪方面的?

比如,在生活上您迫切地希望解决什么问题?

需求肯定很多,但是都达不到的。

您比较想解决的。

我希望有个房子、有车。

您想提高工资什么的吗?

想啊,肯定想。你说的是和之前的相比较起来吗?比较起来的话,肯定还是要房子跟车子呀,提高工资不就是为了房子跟车子嘛,还是要为了赚钱还贷款的。

解决户口问题呢?

你是说有上海户口吗?有上海户口也没用,你还是租房子住,你也买不起房子。

其实最大的需求还是房子。

对,最大的需求还是住房,其次是户口。

嗯,您想继续留在上海吗?

这个我可能要看家里的情况。

嗯,爸爸妈妈留在上海您就留在上海。

是的,如果合肥那边不好的话,可能会留在这边。因为合肥的物价也挺高的,房价这几年也涨得飞快，工资比上海又低很多。所以合肥的工资和上海相比，更不协调。

您在那边做出纳的话多少钱一个月？

你是说合肥吗？合肥的话至少要拿个四五千块吧！

他们那边会给你多少？

那边顶多三千块多一点，而且我说的是会计工作，出纳的话肯定更少。

出纳和会计的区别是什么？

一个管钱一个管账。

会计是管账的，出纳是管钱的。那权利肯定是出纳大一点？

会计大一点。

我不是学这个专业的，所以我不太清楚。出纳可能要给你钱什么的，可能权利会大一点。

那你是学什么专业的？

管理。今天的访谈就到这里吧！谢谢啦！

不客气。

• 访谈员后记

这次访谈最明显的感觉就是她和一般的外来务工人员不一样。工作的环境、文化程度、薪资水平、生活条件造就了这一切。这位姐姐是安徽六安人，大专毕业以后就直接去了企业里边工作，很明显就是一位追求上进的女青年。这也让我想起了《欢乐颂》中的关雎尔，一个踏踏实实努力，不断学习往上爬的关雎尔。没有显赫的家庭，没有名牌大学的包装，只能靠自己去不断地学习，去考证提高自身的综合能力，从而得到公司领导的认可。虽说生活不易，但是人只要有一颗勇于拼搏的心，一定会到达理想的彼岸。

其实，在上海这个国际大都市里，没有名牌大学学历的人也不在少数，看着他们每天朝九晚五地挤地铁上班，永远都是匆忙的身影。这一切让我忍不住地触景生情，两年后，我的生活又该是如何呢？和他们一样，每天过着两点一线的生活，还是在其他地方呢？一切都是个未知数。不过，从这位姐姐身上还是可以学到不少的。首先“知识改变命运”，这一点感触最深。一个大专生,也许大多数人就会选择去一般的工厂去从事偏向于体力的劳动了。因为大家都知道,专科学校,就是培养技术工人。但是这位姐姐选择的是再学习去改变现状。然后就是“谁笑到最后,谁笑得最好”,多数人认为,高考决定命运。大学的层次就是拉开差距的时候。实际上却未必,这位姐姐就是个很好的例子。最后,我们应该有一种信念:终身学习,活到老,学到老。当我们认为这个世界不公平的时候,与其在那里抱怨,不如埋头苦干去改变这一现状。相信自己,相信未来。

最后还是想对这位姐姐说一声:您是现实版的“关雎尔”,加油!您的未来不是梦!

上海,改变我生活状态的城市

受访者基本情况

性　　别:男

年　　龄:25 岁

籍　　贯:黑龙江

婚姻状况:未婚

文化程度:初中毕业

打工时间:2016 年 6 月

打工地点:上海市 H 高校西门

打工类型:保安

- **前记**

从学校南侧门到南门,然后又到西门,这段距离大概有两公里。西门属于一个人迹罕至的大门,这里很少有人经过,不过值班室有两位保安在值班,我们走到保安室,给保安讲明了我们的来意,一位看上去年纪在 25 岁左右的小哥哥原本在玩手机,听了我们来意以后收起了手机,爽快地接受了我们的采访。

非常感谢您接受我们的访谈。您来上海多久了？

3个多月了。

当时是出于什么目的来这里工作的？

在老家工作不好找，之前的老板跑路了。

没给你们工资？

不是没给，反正当时老板走了就散了，那里就2 000多块，这里至少还好一点。

来这边和您当时想象的有什么差距？

那肯定不一样啊！来这里就是怎么说。学校一份，老板一份，两份合同不一样的。就是只是干一天给多少，知道吧，不用说那么细了。

就是只有工资而已，别的都没有？

说白了，就是上次中秋干一天还是和平时一样的！

哦，没有加班费？

加班费50块，还有夜宵补贴。

一天工作多长时间啊？

值班保安12个小时啊，天天值班。

您对这个收入满意吗？

要是跟上海其他行业比不满意，和老家比那差不多，比老家好一点。

和上海人当地比的话？

人家上15天班和我们上30天班是一样的，上海老大爷工作15天和我们工作1个月一样拿那么多。

在上海生活的主要压力来源于哪里呢？

生活上？还好。

没什么压力？

基本没什么，就是回家什么的，我家条件还好，我爸是教师，我妈是会计。来上海看看吧，就是挣个钱。

合同签了多久？

啊？

就是随时可以走？那您打算一直在这里吗？

那肯定是暂时的。就是有几个钱就……毕竟出来都那么大了，不能拿家里的钱，先挣些钱再说。这工作还可以，但是不能做一辈子。

包住宿吗？

这里20多人，住4间屋子。就2层住20人。

那有没有觉得就是住宿和上海人差距很大啊？

差距大？我就是想干一天拿一天工资。就150块一天，不包吃，住就是那里，听说这里房子很便宜10来块到200多块一个月。

住宿条件不好是吧？那工作时间，环境什么的怎么样？

住宿就那个样子，工作12个小时。毕竟是学校，环境还好，况且这是个不错的学校，学生素质什么的都特别好。

和同事之间也还好，是吧？

怎么说，这里就是个过渡期。说白了，找到其他工作就走了。

来上海有遇到什么不公平的事情吗？

你上海的？

不是。你可以猜猜。

黑龙江？有句话吗？没去过上海就不知道自己素质高。

对的。素质？

就上海人自己感觉到自己素质什么的比外地的好，就觉得高你一等。你去过市区吗？说白了就是有点瞧不起外地人。个别上海人素质真不咋地，说实话。

看不起外地人？有什么特别的？

那我没怎么和他们接触过，就说话什么的。

说话可以感觉出来吗？

具体的没有，感觉吧。也许是我自己感觉，在公交上看到过，就那个眼神就不对的。有时候小摩擦，带上外地人什么的，所以就碰到过。

您觉得应采取什么政策缩小和上海人的差距？

这没什么的。

就是让您提政策。

好比原来国家西部大开发。

想要开发家乡，是这个意思吗？

对。比如，开发之后，迁入学校，人就会多起来。有钱的就越有钱。比如，我家靠近郑州，但是郑州拨款就近郊区很好，但是周围就沾不上光。

还有什么其他的吗？

不知道。

来上海您有没有觉得上海给您什么熟悉的感觉？现在看来上海是打工地还是有一点家的感觉？

能融入，我们那里人就像橡皮糖，哪里都能适应。

您把上海当作一个家还是打工地？

那肯定打工地，家？这……(犹豫了下)

您把它看成打工地的原因是什么？

首先最起码一条，要有房子，在这里两辈子买不起一套房子，那还怎么把这里当家啊？不可能的事。

除了买房子，还有什么其他的吗？

其他的还好吧。我们公司吧，还行。也有比这好的。

比上不足，比下有余喽。

对。

总的来说您觉得上海是公平的还是？

现在社会还算是差不多吧，还好吧。

社会风气比之前好多了是吧？

好一点了。老板贷不出来款，也没钱，我们就没钱了。前几年说实话，挣钱是真容易，我在家都比在这里挣得多。

您认为您现在最大的需求是什么啊？

需求？人民币喽！哈哈！

就是希望拿得多一点喽。接下来您希望继续在上海工作，还是回家？

接下来啊，近几个月啊，还在这里。

那一两年内呢？

基本上还是在上海，如果老家那里差不多的话就回家。毕竟家人都在那里。

来上海这边工作牺牲了那么多，不后悔？

不后悔，一点不后悔。毕竟是自己选择的，每个工作肯定有好也有坏。我之前生活得太颓废了，沉迷打游戏，没想到出来一两个月，这就好了，我给自己定的目标是 15 天在这里不玩。

就仅仅是想调整一下自己的生活状态？

来这还能挣些钱。

然后就想着回家，把自己散漫的状态调整一下，对吗？

对，之前那就是天天打游戏。

那我懂了，谢谢。

• 访谈员后记

他是我们访谈的最后一位保安。通过我们的交流，一般年纪大的都觉得保安是个比较安稳的职业。以后就在这个岗位上拿不错的工资，安安稳稳地生活着。只要没有什么大的变故，就会一直这样走下去。但是，对于那些年轻人，90 后，这些新生代农民工，他们选择的是暂时的一个岗位，在这个岗位上工作是因为现在找不到合适的工作，就暂时在这里"歇息"。以后有了合适的工作，就会选择离开。他们普遍觉得保安是没有前途的，可能是因为他们觉得没有面子，晋升比较困难吧。

年轻人总该闯一闯的

受访者基本情况

性　　别：女

年　　龄：25 岁

籍　　贯：河南

婚姻状况：已婚

文化程度：初中

打工时间：2011 年

工作地点：上海市徐汇区

工作类型：个体经营

• 前记

3 月的上海是位多愁善感的姑娘，伴着淅淅沥沥的小雨，我和朋友结伴坐车来到了徐汇。之前和这位姐姐打过电话，打电话的时候听她的声音感觉是位腼腆的姑娘，说话声音很小。经过几番周折，我们找到了姐姐所在的菜市场，由于菜市场里不见阳光，姐姐为了御寒，身穿粉色小棉袄，扎着马尾辫，“青春”二字是我对她的第一评价。我为了不打扰姐姐工作，所以站在卖菜摊位边等着她。

看着姐姐对每位顾客的服务态度,微笑、“您好”“送您两根葱”“再见”,从这些便可知道为何姐姐家的生意如此好,为何顾客都喜欢来这边买菜。生意好当然累,看着姐姐忙里忙外便知她的日常并不清闲。但是,她并没有因此而抱怨,因为她阳光的笑容让我感受到她是一位被幸福拥抱着的公主。由于自己的亲戚经常来这边买菜,所以经过介绍后,姐姐很开心地答应了访谈,以“你想问什么就问啦”开始了我们的对话。

姐姐,先请您和我说一下您的个人基本情况吧,就像老家是哪里的、年龄等。

我老家是河南的,1992 年出生,老了吧。(哈哈)学历要说吗?我是初中毕业的。

您是哪一年来到上海的,还记得吗?为什么会选择来到这边呢?

2011 年来到上海的。我来到上海,因为我老公。我和我老公是在 2011 年认识的,然后我老公卖菜嘛,然后就过来了。

您老公也是河南的吗?

对的,他也是河南的。

您来上海是您第一次离开家到其他地方工作吗?

那肯定不是啦,去过几个地方了呢,山东、江苏都去过。但是这几个地方里面给我感觉最好的是山东。其实要问我山东与其他几个省不一样的地方,我还真说不出来。但是就上海来说,这里消费太贵了。

您一个月收入大概多少呢?

我们一家人主要是卖菜嘛。我带孩子,我家两个宝宝。大一点的孩子正在上学,一个月 3 000 多块,租房子一个月 4 000 多块,大概 60 平方米的屋子。如果加上水费、电费这些的话,花销 7 000 多块。卖菜收入差不多刚好就够这个。我们家主要两个摊位嘛,要是一个可能就还好。

这两个摊位是您自己找的,还是通过其他途径找到的呢?

我公公找的。

您家老人也都在上海和你们一起生活吗?

没有的。就我丈夫、孩子、公公、婆婆,还有小叔子。我们住一间房子,两室一厅的,我和老公、孩子、公公、婆婆住两室,小叔子住厅里。公婆和小叔子在上海也是卖菜的。

您有没有想过在这里压力太大,有想要回老家的打算?您如果想回去的话家里人是什么态度呢?

有的,主要消费太高了,一个月就把钱都花掉了。我们家里要是有个什么事,都没有钱去应对。我想回去的话,我家里人的态度……这个我没有和他们明确地说过,但是我自己觉得这个情况是维持不了的。

您家里人是想维持这个情况?

也没有,他们也是压力太大,也有回去的想法。

(此时,有位老奶奶来买菜,姐姐先去招呼顾客了,所以访谈先暂时停止了。过了三分钟左右,姐姐回来了,继续进行访谈)

在您生活中,您能说一下自己主要的压力来源,还有工作时间什么的吗?

压力来源就是经济来源方面,消费太高,收入太少。工作时间一般是每天早上五点多开始到大概到晚上八九点钟结束。在上海吧,小孩子上学太贵,房租太贵。

对。您对现在工作时间和工作条件满意吗?工作中有没有受到不太公平的待遇呢?

满意的,这些都还可以,就是现在干这个没有太多利润,收入有点少的。不太公平的待遇目前没有遇到,但是我觉得在上海这边生活有点不公平。

您能说说哪里不公平吗?

就是像我们一家 5 个大人,2 个菜场,一个月大约挣 1 万多块。因为另外一个菜场卖得比较少,主要是新菜场嘛,所以刚开始就是熬时间。那边菜场现在一天只能卖 1 000 多块。这边菜场卖得多,有时候卖得好的时候一天 2 000 块左右,有时候 3 000 块左右。但是,要是这边房子再贵,孩子上学费用再涨,那就只能回老家了。其实我们老家的房子都空着,我们自己回去住又不要钱。其他城市的房子其实都没有那么贵,就上海房子那么贵,还有学费。差不多收入支出一减,就没剩什么钱了。

为什么觉得不公平呢?

我们和本地人比不了,他们都有房子,并且开始买房子也没有那么贵。然后就是收入低,生活开销大。我们还没交社保。因为孩子上小学要交,幼儿园的话不需要交。在上海上幼儿园现在大班开始要交社保了,只有小班不需要交。我们还没有确定要不要交,因为现在感觉孩子在这里都上不了初中,高中也上不了。所以可能还要回老家,考虑长远一些吧。

影响您产生不公平感的因素有哪些?

找工作有时候按学历,有的工作学历低的不收。此外,就是感觉在上海挣的钱都不够花。

您平常接触上海人吗?

我们一般一天都在这里卖菜不出去。来上海 6 年了,感觉自己不能融入上海这个城市吧。因为压力太大了。现在我们还没有分家,等分家了,我们还要带宝宝做生意。分家就是我们和公公婆婆分开嘛。等分家了,我们就一个摊位了,一个摊位养不活的。我们家二宝要 1 岁半了吧,还有一年多要上学了,吃不消的,那时候实在不行只能回老家了。

您这个摊位的租金是多少啊?

一年 4 万块吧。我和我丈夫平时没什么花销。就是摊位费、房租、孩子花销占得多。

现在这种情况下,您为什么不考虑回老家呢?

我公公说看看饭店能不能送菜,还抱着希望说能不能挣钱。实在不行的话就去其他城市吧。

为什么不想在自己家乡工作呢?

自己家乡啊,那边出来打工很多,家里没多少人,也没有什么摊位,能在家里做什么呢? 不知道在家里能做什么的。就是没想在家乡待着,感觉自己现在年轻嘛,还是想出去闯一闯,所以上海最后实在留不住,就去其他地方。

您觉得和上海人比哪些方面差距大啊?

就花销上啊,物质上啊,这些方面都比不上。比如说上海人家里没有人照顾小孩子,就可以请保姆照看小孩子。但是像我们家里面两个小孩,根本请不起保姆,只能自己带,真的很累。主要就是经济原因。挣多一点的话,可能就好了。除此之外就是上小学读书方面,比如没有办法在这边考大学。

有没有想过将您的收入和家乡的人作比较?

比较过的呀。和家乡的人比是好一点的。但是在家乡那边,没有房租等这些支出,并且家乡那边孩子上学,上最好的学校才 2 000～3 000 元,最好的才 2 000～3 000 元啊(重复了一遍),孩子在这边一个月 2 000～3 000 元。并且放学回家问他学到什么,他说不知道。(叹了口气)

有没有给他上课外补习班什么的呢？

特长班倒是有的。比如跳舞、画画什么的，但是他注意力不怎么集中。

总的来说，觉得上海公不公平啊？

上海怎么说呢，公平倒是公平，好的话，就是居中的吧，差的话就是不公平吧。就是感觉差距可大了，压力可大了。

好的差的？您指哪方面呢？

生活好的人就觉得公平。像我们因为收入太少，所以就觉得居中吧，过得差就觉得不公平呗。（姐姐笑了笑）

• 访谈员后记

许多年轻人都像这位姐姐一样，怀着理想抱负，希望离开家乡到大城市闯一闯。上海，有多少人，把你当作自己的未来……这也是新生代农民工之所以来这里的原因之一。随着家人一同来到上海这个时尚大都市，每天在母亲和老板娘的角色中不停互换。尽管，姐姐并不喜欢这样的生活，但仍不忍就此结束。所以，在上海，每天都有人带着期望来，每天也都有人拖着行囊离去，而姐姐一家成为前者。

三两好友碰面，在饭店就座，拿起菜单，开始点菜，似乎在上海每个人都渴望这样的生活。然而，当话匣初开，工作、钱便从里面滚了出来。“现在每个月花销多少？”“摊位费一年四万块，孩子每个月上学几千块，各类开销，还剩……”超强的计算能力，大概连一个在读的本科生都自叹不如。因为这些数字，每天伴着他们入眠，又在翌日的清晨，充当了他们起床的闹钟。但是在对话过程中，可以发现极为腼腆的姐姐因为家人的陪伴和鼓励让她即使在面临巨大压力的情况下，依旧希望留在上海，对未来充满憧憬，希望未来的生活可以变得更好。

承受较多经济开销的压力，姐姐原本应认为社会不公，可正是由于一家人在一起生活、在一起努力，并未觉得自己的生活很差，社会心态较积极。为何孤单的黑白两色会多姿多彩，为何是非对错总在上演不同的精彩，为何我们会喜怒变换着心情？只因这个世界有太多的东西在陪伴着我们。

希望是对未来荣耀的某种期待

受访者基本情况

性　　别：男

年　　龄：32 岁

籍　　贯：黑龙江

婚姻状况：已婚

文化程度：初中

打工时间：2008 年来到上海市

打工地点：上海市奉贤区海湾镇

打工类型：餐饮店铺

- **前记**

上海的秋季是四季当中最让人感到舒爽的季节，这个季节的天空常是十分通透的，似乎通透到能让你忘记秋天那原有的寂寥。行走在马路中央，看见绵长的阳光洒在熙熙攘攘的行人身上，看到这个情景，我有些想家了。按照之前的约定，大叔在一点半会抽出空和我谈一谈他的生活，因为那是迎接中午用餐高峰后的时间。十二点半我就出现在了大叔的店铺门口，比约定的时间提早了一个小时，为的是能再一次品尝大叔做的饭。提早出现的我并没有让大叔感到多少诧异,稍稍顿了一下便问我今天要加哪些馅料,是不是仍然和上一次一样。我是这里的常客,所以大叔没有跟我说关于约定的事而是问我今天吃什么。而我也熟练地回答道:“和上次一样!”

一边静静地吃着午饭一边看着人们在店门口排着长龙,排队的人们一个接一个地向大叔说着自己所要求的配料,他也一直在用自己那不紧不慢的话语回应,脸上的表情看起来对生活的节奏似乎没那么多希冀了。等了不到半个小时,我们便开始了今天的访谈。

您是上海本地人吗?

不是的,我 2008 年从黑龙江来到上海,不知不觉已经过了八九个年头了。

来了八九年了,这个店铺是您自己投资开的吗?

是的,来的头几年攒下来一些钱,加上学了一些厨艺。2014 年开的这个小店。

您的店规模也不算小,应该能挣不少钱吧?

这个也不一定的,总的来说每个月大概就是两万块左右。

这个收入还挺高的!我看您这里也没有其他人,您是一个人既当老板又当员工吧。

不是的,还有我老婆和我一起在忙,还雇用了一个员工,总共就三个人。他们现在正回去运食材到这里来。

您在这里工作过的几年当中觉得有压力吗?

我们没有的,但是小孩读书方面就有压力。

的确,我之前和很多人交谈过关于子女方面的情况。他们都说自己的子女和上海本地孩子之间还是有一些差距的。

我觉得不是一些,是很多方面都有差距的。

(听得出来的是他在过往中也细想过孩子以后的教育问题,从各种渠道了解的消息让他觉得子女教育不公平,在他肯定的回答中也得到了体现。)

就单单是教育方面吗?

就打个比方吧。(感觉他有很多话要说)孩子在上海上学,从幼儿园开始到初中就是各种考试。如果考不上,就不能继续上学了,最后就得回老家上。

如果要回老家,是准备一家人回去?

这得具体看情况再做决定。你们采访这个,要反映上去吗?

我们采访这个的主要目的是关注你们这个群体的真实感受,具体后续的事宜得有了研究结果再做打算。

这样啊,那我可以给你仔细说说我们的情况。

你们平时上班,高峰期什么的会特别忙吧。会觉得做这个行业的投入和收入不成正比吗?

从外地到这里来打拼本来就是会更累一些,有个好的收入不容易,累一些也没有关系。关键是中国人会自己调节。

到上海至今,您有没有受到过不公平的待遇呢?

没有的,我们在这里还好。怎么说呢?毕竟公平是相对的。

嗯,的确是这样。前几日我看到一楼在举行刀工比赛,您参加了那个比赛吗?

没参加,因为平时都挺忙的,中午有休息时间大都趴在桌上看看手机。

是这样啊。您的子女也马上要上小学,会选择和孩子一起回老家还是继续留在上海呢?

如果让孩子在家念书还是不放心,现在有一大部分人离开上海,就是因为这个孩子上学的政策。因为大家都是打工的,没办法交那一个月 1 500 元的低保费用,每个月交 1 500 元这个压力多大呀!将来回老家领,最后领到的钱和回家交的比起来的差距还是比较大的。

(说着有些愁容了。)

您现在身边的很多朋友应该都回家了吧。

是有很多的,租不到房子就都回家了。

在奉贤区这里吗?

奉贤区这里还算比较便宜,还没有出现租不起房的情况。

对的,奉贤区的房价算是很低了,那在平日的生活中有没有人给您提供过帮助什么的?

这个倒没有,都是自己一个人打拼到今天的。

(用着坚毅的语气回答着这个问题,想必能有今天的结果,他对自己能够独自坚持度过这些艰辛的岁月是感到骄傲的。)

关于这些问题,您会希望政府出台什么政策来解决呢?

这个也不好说,主要就是子女的教育问题我觉得需要改善。不过不管在哪里,只要能挣到钱,就往哪里去。从到这个城市的那天就几乎感受不到这个地方的亲切感,人只会对自己的家有亲切感,在外边,又怎么会有呢?

您是通过什么途径来到这里工作的呢?

我有朋友在市区,一起在上海打拼了几年。偶然之间他得知这个地方缺人的消息,就介绍我过来做了。在这边其实还挺不错的,每个月六百元的房租费。小孩子放在幼儿园,自己下班了就过去把孩子接回家,之后就是休息时间了。

(这高强度的工作之后的休息时间或许就是他一天当中最放松的时间吧,看着他说这句话的时候表情看起来也轻松了一些。)

您平时都上缴社会保险费用吗?

这个社会保险费都是自愿的,如果你需要的话就每个月要交 1 500 元,好像要一直上交十几年才可以领。我们一般是不交这个费用的,因为还没有仔细计划过未来。

也是,如果没有一直留在上海的打算,那上交这个费用的确挺不值。对于这个留沪打分的政策您主动了解过吗?

还是有一些了解的,比如大专证明、特殊人员入沪等。感觉要求挺高的,我们基本是指望不上的。

(尽管说是指望不上,但对于政策的了解也说明了他也曾梦想过留在这个地方。)

您在这边这么久,对周围的事物都应该蛮了解的吧。

尽管说是已经来这边好几年了,但是其实也没有那么熟悉。熟悉的地方也就只是三点一线的那些地方,很少和朋友一起出去走走什么的,也就带小孩散散步就没了。等到寒假、暑假的时候才有时间组织朋友们出去玩一玩。这个真的是没有办法的,做餐饮行业压力很大的。周围大家都是做餐饮的,你不多花点时间,时间长了来这里吃的人就会慢慢变少。收入少了,老婆孩子吃什么?你经常来这里吃,你也是知道的。

是您说的这样,但是人得休息,也不能常年保持这样长时间的工作状态。

我也想休息呀,可是没得选的,只有这样才能赚钱。

（他有些无可奈何的神色中又似乎保留着某些期待，这给我留下了深刻的印象。）

如果让您继续留在上海发展，您觉得最有利于发展的因素可能会是什么？

可能户籍这方面的问题会成为我能否顺利发展的一个重要的原因吧。可能我学历会比别人低一些，但是我会比别人努力。但是如果没有户籍的话，你作的很多努力可能只和别人单单有一纸户籍就可以享受到的福利一样，就像刚刚说的社会保障金诸如此类的。拥有户籍是我准备留下的原因，户籍之外的其他东西对我来说差不多可有可无。

（可能从他的内心来说，仍然是渴望留在这个让他感到些许陌生的城市！）

访谈之后，不知道是什么原因，我比以前更多次地来到这里吃饭。或许是因为欣赏他态度的缘故，总觉得饭菜比以前更好吃了，他的表情也比之前多了更多的期待。

• 访谈员后记

有人说音色可以是人的年轮，因为一个人的音色最能代表自己过往的重重种种。我想大叔的音色可能就是他经历过的沧桑与风霜的最好证明吧！大叔在与我对话的时候始终吸引我的就是他那平静得没有丝毫波动的言语，大叔和我谈了很多事情，无论是谈及他的妻子、女儿抑或朋友，都很难从言语中读到他的情绪与看法。可当我问到他："你以后想继续留在上海吗？"他平静的神色终究被打破了。"从开始到上海直至现在身边的朋友都逐渐选择了回去，尽管我每天过着工作、回家、看电视这种机械循环的生活，但我还是想再等等，等待着日子一天天变得好起来。"可能是因为平时就看到太多的朋友离开，大叔对我的提问已经可以不假思索地回应。

但我还是看出来了大叔对未来的担忧，更多的是关于女儿。他担心以后拿不到户籍，女儿不能够继续留在上海接受教育。不知道自己还能够坚持每个月交 1 500 元到什么时候，但是总归是想留在上海。最让我记忆深刻的是大叔所说的"中国人是会自己调节的！"这句话中包含着的是他在上海日复一日的辛劳努力，一次次遭遇困境，最终面对了所有至今才说出这样的一句话！与此同时，又有多少人在不断地验证这句话我们不得而知，但我知道的是只要有希望，我们就不会放弃！

初生的新生代农民工

受访者基本情况

性　　别：女

年　　龄：19 岁

籍　　贯：江西

婚姻状况：未婚

文化程度：初中

打工时间：2016 年 9 月来到上海市

打工地点：上海市奉贤区海湾镇

打工类型：个体经营

• 前言

转眼间，春去秋来，一年的时间就这样渐行渐远。这是自己在上海过的第三个中秋节，团圆之日自己又要在他乡度过。于是便来到镇上，想买些月饼。镇上的店铺里卖着各式各样的月饼，弥漫着浓浓的中秋气息。自己不知道该选择到哪家店铺购买的时候，发现有位十分年轻的女孩子，在店铺外面摆着月饼。自己怀着好奇心要去看看女孩子的容貌，就决定走近看看。

离得近些了，发现女孩子扎着马尾辫，单眼皮，笑起来眼睛像月牙一样。“您要买些什么，可以进店看看。”进入店铺后，自己尝试着购买多种月饼，水果的、豆沙的、五仁的；红的、黄的、绿的、紫的……买过后，正是午休时间，店铺没有多少人，因为自己好奇为何女孩子正值青春年华，不忙于课业，反而在店铺帮忙，我便在收银员结账时和女孩子闲聊起来。开始自己以为这位女孩子是在大学课余时间做兼职，了解后得知她是蛋糕店老板的女儿。和她介绍过自己后，她便问了我一些大学生活的故事。就这样，我们的话匣子渐渐地打开了。后来她告诉我她是从外地农村随父母一起来到上海的，我不由地想到在新生代农民工中，以最年轻的人的视角来感受社会，是怎样的一种心态呢？于是自己便和她说：“随我一起深入地聊一聊吧，畅谈人生。”开始她碍于妈妈的管教，害怕妈妈责备她，于是让我先去询问她的母亲是否可以，后来征得同意后，我们开始了访谈。

您是哪里人呀？能和我说说自己的基本情况吗？

我是从江西来的呢，来上海大概两个多月。刚来到上海就直接来这边啦，想着赚点钱，并且也没有去其他地方。

来上海后有没有去其他地方玩过呢？

喔，其他地方啊，我也到过呀。玩嘛，在上海到处逛逛。刚来的时候，还是去过很多地方的。基本上都去转了转，看了看。不过上海这个地方是挺大的，感觉很多地方还没有去过呢！等以后有机会再去其他地方看看。我觉得上海这个地方，好玩的地方还是比较多的。

您觉得上海这个城市怎么样呢？

还好呀。这不是才来上海这边吗，也没有待多久，就觉得还好吧，挺好的呀，毕竟是大都市啊！大都市和我们那边的小县城肯定是不一样了。

就和老家比起来，有没有什么其他感觉？

也没什么吧。关键是我才来上海这边，并没有在这边待多久，好多都没有接触过。上海毕竟是大都市，和老家相比，那肯定要好很多，这是肯定的呀！我们那边县城也没有多大，感觉好小而且楼也比较低。高楼很少，和上海这边完全就是不一样的。

您刚出来工作吗？

嗯,对的,我是来上海这里学习的。现在是做学徒的,就是跟着在这边学习学习,学着做做糕点,然后卖卖东西,其他的就没有要去做的了。

喔,学徒。

对啊,我从老家一来就到这里了,就没怎么出去过。才来这边嘛,也不熟悉,手上也没有技术,所以现在就做做学徒,学习一下,学点技术之类的。

没怎么出去过?

嗯,就直接过来帮忙,就没怎么出去过。我对上海也不熟悉。然后也没来多久,许多地方都还没有去过,以后有机会就出去逛逛。刚来的时候也就去过东方明珠那边,其他很多地方都没有去过呢!等等吧,以后应该机会很多的。

您刚刚开始打工,还是?

嗯,刚刚开始打工,之前并没有打过工。初中刚结束我就过来上海这边了。

这个工作是您自己找过来的还是找熟人啊?

我在这边是有熟人的呀,老板是我妈妈。

这样啊。他们就一直在这边工作吗?

嗯,他们就一直都在上海这里的。我妈是这里的老板,大概在这里待了四年吧。她早就过来上海这边啦,我是因为正好我妈在这边所以就想来上海这边看一看、闯一闯的。反正不上学了,在家也闲着没事做,就来这边看看,做做事情,出来还可以积累点社会经验。

那看您还没有真正进入社会,刚刚开始是吧?

刚刚开始,没错的。这不是才刚刚初中结束嘛,还没有真正体验过社会,不过从现在开始我就要进入社会啦,多锻炼一下自己,慢慢地先多积累点社会经验。

他们已经来这里四年啦?

对,应该是有四年了,他们一直就在这边做。

一直在这边做这个?

对,他们来上海这边之后就一直在这里做蛋糕,做了有四年。反正,一直就是做这个生意的。

房子是在这边租的?

当然是租的呀。上海物价这么高,我们就只能租房子。想买个房子还是比较难的,就一直是租房子住了。

您刚刚开始工作有什么感觉吗？和上学有什么区别？

哦，这个呀，我现在就只是帮帮忙而已，所以觉得并没有什么，还没有太多感觉的，不过总归是工作嘛，肯定和读书是不一样的。读书的话就是坐在教室里，做些老师留的作业。工作就是干活，和学习是不一样的。就会比较忙碌了，有很多事情要去做，根本闲不下来。反正，一天到晚都忙忙碌碌。

对，确实是感觉不一样的，是吧？那您来这边后有没有和这边人交流过？

我每天都待在店里啊，没有机会出去和别人一起玩啊。我确实跟这里的人没什么交流，所以也不太了解这边吧。在这里基本上都不认识其他人的，大概就是这样子的。

也没有说到上海其他地方逛一逛？比如东方明珠？

东方明珠啊，这个去玩过。不过我们那次运气不怎么好，人太多了，东方明珠的灯都没有开。虽然去了，但是觉得没有开灯还是有点遗憾的。下次如果还有机会去的话那就挑个时候好好看看。

您对这个城市印象怎么样？

印象的话，怎么说呢……现在刚开始来这边，也没有说是很了解吧，目前暂时是觉得还好啊。

您以后还想继续留在这边吗？

这个现在还说不准的，要看在这里待得好不好。如果好的话，就继续在这里，不好的话，就换地方。我现在刚刚起步吧，还不知道能够在上海混得怎么样。当然了，我妈在这边做了这么久，我现在就是要好好做学徒多学点，然后帮助我妈，好好混下去，多赚点钱，毕竟上海这边的物价这么高。以后的话，就看情况吧。

您干这个就基本上没有工资，是吧？

工资的话也是有的。就是作为学徒的工资，我妈妈会给我一点的。

以后呢？以后你还是在这边工作？还是自己再开一个？

现在的话，就还是在这边，因为我现在好多还没有学会，就暂时留在这边学点东西，学点手艺。然后，我想着等我学出来去开分店。现在我家就只有这一个店面，钱也不好赚的，假如说以后开个分店的话，肯定是会多赚点钱的，我现在就是这样想的呀，大概也就这个样子吧。

对,挺好的。一直是卖月饼的是吧?

也不是。这不是因为中秋节快到了吗,我们家现在就是摆摊卖点月饼。这阵子就是买月饼的人比较多。我们就趁这段时间卖月饼,还可以多赚点。以前是会卖面包的,我们基本就是都卖点甜品,什么好卖我们自然就是多卖点好卖的东西,这个不一定的。

以前您有没有打过工呀?

以前没有,以前暑假只是在这边帮帮忙。因为以前还在上初中,然后就在老家上学,没有机会到这边来打过工。

你们是江西哪里的人啊?

江西鹰潭的。

您觉得这个社会公平吗?

社会公平啊,但我觉得有些是不公平的。不过这世界上没有公平不公平。每个人所处的位置不同,那他肯定受到的待遇不同啊,这也不能说什么就一定公平和不公平的。你自己站得高,那就公平。你地位低,那就是不公平。这个社会就是这样的啊,看开的人就觉得公平,看不开的人就觉得不公平。

您遇到过什么不公平的吗?

不公平的?我没怎么遇到过,关键是我现在没有遇到过什么事情啊,没有事情去求别人啊,所以也遇不到不公平的对待。再就是我看得开,对我来说什么都公平。只要自己不想那么多,都是公平的。

对,如果让您举例子的话,有吗?

举点例子的话,有是有,但是一时我还真说不出来。我还小呢,身边的人都是在上学。

您平时看到的、听到的呢,不一定是亲身经历的,会不会觉得有什么不公平的呢?

好像也没见到什么的。平常都是在学校的时间比较多,学校的话相对来说还是比较公平的,并没有遇到特别不公平的事情。

早上几点上班啊?

这个不一定的,晚一点就早上七点半,早一点就六点。有时候妈妈忙不过来,或者爸爸妈妈不在家,就要六点起来。反正就是自己家的东西嘛,多做点总归是好的。帮帮爸妈分担点嘛，自己也可以多学点手艺。晚上的时间要晚一些，晚上大概要弄到十一点半才休息。

上班时间挺长的。

嗯，还好吧。我也没干什么活，就卖卖东西。虽然时间有点久，但是也没什么的，工作也不累，就是靠时间的。

这个店是你们租的？不是买的吗？

对呀，是我们租的。记得好像我妈妈在这边弄的，当初是 20 万元接手。现在上海物价这么高，买下一个店面很贵的。我们还没有办法买，现在就只能租店面。

他们来这里四年了是吧，那您上小学的时候他们就在这边啦？

他们在这边四年了，那年我刚好上初中。

他们以前很早就出来打工了，是吧？

嗯，是很早就出来了，来上海的时间挺久的。我妈妈以前在别的地方开店，好像在重固，也是在上海。

你们平时住在哪里啊？也是租房子吗？

我们也住在这个地方，这个店面带卧室。我们当时租这个地方时就考虑到了它是带卧室的。就直接一边开店，一边住，非常方便的。

挺好的。房租是多少钱啊？

房租不按礼拜，是按年来算的，具体多少我不清楚。不过房租一直都是按年来算的，房东规定的，也比较好收钱。

你们店一共就你们三个人，是吧？

不是的，我们店里还有学徒。

您没有学什么吗，就在外边啊？

我现在是白天不学的，因为要站在外面卖东西，等到晚上才学。我们那个主要是看，看着看着就会了。主要是你自己仔细去看，用心去看，好好学。我性格也懒。

您就一直站在外边，也不学，是吧？

不是站在外面不学，只是一直在卖东西，就是最近要过中秋节啦，买月饼的人多，我就暂时在外边卖卖东西的。等到了中秋过后，我就得好好学习啦。

你们家就你一个孩子吗?

不是的,我们家里姊妹三个。我还有一个弟弟、一个妹妹。

您弟弟和妹妹呢?

他们在老家读书。我是我们家的长女,所以我现在就不上学啦。但我的弟弟妹妹还小,他们就在老家上学啊。

他们是跟着爷爷奶奶吗?

他们是跟着奶奶,爷爷去世早。

他们在家上学,您提前出来打工了,是吗?

也算是吧,如果正常的话我现在是在读高中。但是我成绩差,没有办法,高中没有考上,觉得以后即使上学,我也学不到什么有用的。关键不是学习的那块料啊,所以就觉得高中就不上了吧,早早出来打工,多历练几年,也可以多增长点见识,多锻炼自己嘛。

这个很正常的呀,三百六十行,行行出状元。

我不想浪费时间。我先提前学好了,如果这一门已经学会了,这一门不行的话,可以再去学别的。现在不上学啦,我就想着先学一门手艺,看看学得怎么样,能赚多少钱什么的。

你们这边主要是做?

我们这里啊,主要就是以甜品为主,包括月饼、干点、西点、蛋糕。

您现在就是学这个,然后将来开个店?

差不多。我现在就是想着学学看怎么做,以后混得好的话,再去开个店。这个怎么说呢,比打工要好些,主要是不累啊。如果学会后打工的话,一个月都要八千多元呢。

打工一个月八千多?那您做学徒工资也很高的啊。

的确是蛮高的,市场上缺好多会做蛋糕的师傅,你要什么都会做,老板给你八千元一个月。

这是技术活,是吧?

对,这个主要是靠技术来赚钱的,买的就是手艺。一年下来就有几万元。

好厉害啊,这工资有点出乎我的意料,这么高啊。

还行吧,这个行业大家都是这个价的,因为需要技术,要是能做好肯定是赚钱的啊。

就比如说现在那个食品美容师，工资比这个高一点，但你要有技术。有些技术不行的，做出的味道就很差。所以说这个行业特别需要技术的，做出的东西又要好看又要味道好，自然工资也就高点。

您弟弟妹妹都上小学吧？

都上小学。妹妹上四年级，十一岁。弟弟上二年级，八岁。

他们是上寄宿制还是？

他们都是走读的，学校离家也不远。现在是只有奶奶在照顾他们，以前的话还有我在，我也帮忙照顾他们。

奶奶除了照顾他们，还种地吗？

我们家就种菜。自己家里面种的放心，外面的菜觉得不怎么好，我奶奶总喜欢自己种菜。然后一到季节就收菜。但是不卖菜，自己种的菜自己家吃。

您爸妈要给他们寄点钱，是吧？

嗯。肯定要给他们钱的呀，弟弟妹妹正处在长身体的时候，需要多吃点，就会往家里多寄点钱，最起码要保证他们的基本生活。

看来您刚刚进入社会啊，一天上班挺辛苦的，时间挺长的。

时间也不长，一眨眼就过了。

您刚刚说的不公平的例子，能说一个吗？

就是有些不怎么尊重人。不是说客人是上帝的那种吗？但是有些人就会摆架子。

经常遇到？

我遇到过几次。他本来是来买东西，他把东西一砸，把钱砸到桌板上。他是故意的，把那个钱使劲砸到桌子上，然后拿东西就走人。一些人就是那种觉得自己很厉害，就会不怎么尊重别人。

您在这边遇到过上海人没有？

肯定遇到过呀，每天在这边卖东西，什么人都会接触到的。

您感觉和他们有什么差距没有？

有，有一点。他们就是觉得，他们是本地人，所以就比我们高一等。

这样不太好是吧？

嗯，上次我遇到的那个人就是上海人。他就是觉得他应该高一等，我们低一等。其实大家都是在靠自己赚钱，有什么好觉得自己比别人高一等的。他就来这里买东西，就是觉得……这怎么讲呢，就是觉得有些看不起我们。不就是我们是外地人，他是上海本地的嘛。

就是他是当地人，你们是外来人这种感觉，是吧？

嗯，就是这样觉得。其实在这边卖东西，有时就会遇到这种情况。

• 访谈员后记

这个小姑娘是迄今为止遇到的最小的访谈对象，年龄十九岁。当我站在店门口访谈时，很震惊。初中刚刚毕业就放弃学业，然后进入了社会。她未来的路该是怎样的呢？我无法想象，也不敢想象。通过和她访谈，可以了解到，她的父母已经在这里开蛋糕店许多年了，之前她是一个人在老家上学。放弃学业以后，就来到蛋糕店当学徒，一边学习一边积累社会经验。刚开始是比较担心，担心她的未来是怎么发展呢？她后来谈到，她打算学成以后自己去开一家蛋糕店。其实想想，未来还是蛮不错的。但是，一个初中的文化程度，这样她的视野岂不是就被限制住了？上海是一个国际化的大都市，这样的文化程度以后能否适应社会的发展呢？

如果，未来她发展得比较好，岂不是要和"读书有用"形成一个矛盾了。初中毕业依然取得不错的成绩。但是，如果未来发展得不太好，那岂不是要感到惋惜呢？和她交流的过程，我一直就有个冲动，我想劝她回去读书。可是，我说了又怎样呢？可能读书真的不适合她吧。无奈整个社会大背景正是如此。不管怎样，真心希望她过得越来越好！

“希腊小庙”里的翠翠

受访者基本情况

性　　别：女

年　　龄：30 岁

籍　　贯：安徽

婚姻状况：已婚

文化程度：初中

打工时间：2013 年来到上海市

打工地点：上海市奉贤区海湾镇

打工类型：某零食店铺员工

- **前记**

她的脸形是标准的国字脸，但又有些圆圆的，眼睛小小的，笑起来眼睛就自动眯成一条缝。看起来年龄并不大，但脸上的黄斑已可见一二。这应该就是我心中最符合农民形象的一种模样了。其实我对这家卖零食的小店并不熟悉，要不是在校园里闲逛的时候偶然看见她在柜台前坐着休息的模样，我很可能一次也不会光顾这个小店。后来我却成了这家店的常客，每次看到她我总能回忆起当时我们交谈时，她向我述说着她两岁的小女儿种种的时候,脸上所洋溢着的毫无装饰的笑容。心想这或许就是我之后常来这里重要的原因之一吧!

您是来自哪里的呀?

我是安徽人,离上海不远的。

方便透露一下您的出生年份嘛?

可以呀,我三十岁,1987年出生的。

您什么时候来的上海呀?

就这几年来的上海,好像是2013年过来的吧。

那已经到上海4年左右了。

对的,就是2013年4月份左右过来的,来的时候还是夏天来着。

您一开始过来就是在我们学校吗?是什么事情才让你想从安徽到上海这边的呢?

因为我只是高中毕业,也没什么太多的文化,在这边看到一个老板要开店招人收银,所以就来应聘了。

月收入大概是多少呢?

嗯,我的工资一个月就三千多元。

您自己满意吗?

在上海这个地方的话,三千块是比较少的。上海的消费水平比较高。

工作的三年多,您和周围一些店铺员工应该都是蛮熟悉的吧?

嗯,原来我们这个店是开在对面银行那边的,今年通过学校勤助的重新安排才从那里搬过来。

您平时的娱乐活动都有哪些呢?

以前还没结婚的时候,晚上就出去吃烧烤、唱歌、逛逛公园什么的。而且一个姑姑家的女儿是住在我家对面的,都在一条街上,然后就是由表姐做媒,结婚了,不像现在很开放都是自由恋爱。

嗯,那您老公就是在我们学校工作。您来这边工作的一部分原因就是因为您老公在这里,是吧?这样还挺好的。

对，是他叫我来这里上班的。

你们在上海的住房问题解决了吗？

嗯，暂时还没有，现在很多职工都是住在学校里面。现在想买个房子太难了，有钱你可能都买不到的。

住在学校平时上下班都是很方便的，步行用不到十分钟可以过来上班了。

是的呀，我们就住在那边那个楼。（向我指了指职工大楼）

您自己的收入加上老公的收入，总的收入水平让你们夫妻在上海生活的感觉怎么样？

其实我们压力挺大的，不仅我们大人要用钱，还有小孩现在也要用钱，最后都存不了什么钱。

主要是小孩的营养费方面吗？

嗯，对的。主要是小孩吃奶粉，现在的奶粉都是很贵的，好几百元一罐。

除了这方面的压力，心理压力会有吗？

心理压力以前有，不过现在想开了。心理压力想开了就好了，想不开那就可能不太好。

现在没什么压力了，那以前的心理压力来自哪里呢？

也没什么，就是觉得人生地不熟，刚来的时候还挺害怕。这里上班的人和以前接触的还不太一样，人际关系的处理方式也不一样了，一开始就挺难适应的。

您自己之前在上海是做什么工作呢？

在一家日本企业做精度测量的，就是一个产品模式调好之后你要测量它的高度、厚度什么的。零件全是汽车里面的，需要对零件的精度进行一次人工检测，保证零件质量合格。

每一个都要测量吗？

不是的，每个小时抽检一次。

从安徽到上海，您觉得自己的生活什么地方发生了最明显的变化？

生活质量。现在总归是成家立业了，生活变得更规律了，每天上下班有空了就陪陪我女儿。不过现在是婆婆在带女儿，我感觉挺忙。

您女儿现在在上海吗？

原来是在这里,送她回老家了,在老家婆婆带着还挺好的。就是很想她。

平时周末会放假吧?您和老公放假就可以享受下二人时光吧。

会的,不过平时上班就是早上八九点,到晚上十点半,工作时间还可以接受吧。

那您还是能应付过来的吧?

应付倒是能应付得过来,但是时间长了的话总归要休息,请个小假去超市买买生活用品。

平时来店里面买东西的人多不?

是挺多的。不过好像挺多人不知道我们这个店。

您觉得个人收入和个人地位是通过自己努力得来的吗?

嗯,是的。

个人努力重要还是能力重要呢?

个人努力更重要的,很多事情都是主要看中自己的个人努力,我看很多人都是这样的,自己很努力就生活得很好。

嗯,那您老公平时工作会不会很忙?我看很多学校很多职工每天都要跑这里跑那里很费神的。

不忙,他们平时就是坐坐办公室什么的,不过高峰期的时候是挺忙的。

那你们平时闲暇时间算下来还蛮多的。

嗯,有空的话有时候会选择去超市和商场逛逛。

是因为工作的原因才让孩子回到安徽老家吗?

对,这里不能让小孩子来的。原来她在店里面玩的,但是学校老师说小孩子不可以在这边,会影响不好。我小女儿是开年了才会跑嘛,她来的时候都把办公桌上的东西弄到地上,很淘气的。

有想过要回安徽去吗?

想啊,很想女儿的。昨天晚上才和她打的电话。婆婆说女儿很聪明的,给她读上一句,她可以读出来下一句的。

的确很聪明。未来五年您会选择保持现状吗?

想换个别的行业做,干这个收银感觉有些乏味了。

你们夫妻距离近一些不是挺好的吗？

一个职业不能做很长时间，会感觉很乏味。

那换什么样的工作是您所希望的呢？

我是想去上班，可我老公想让我做生意。

我了解过一些做生意的人，他们都说做生意很辛苦，很忙很累。而且您老公又有公职在身，自己做生意会很辛苦。

嗯，开店容易守店难，不是把店开个一两次就能挣钱的。

对，那您想做哪方面的生意呢？

也还没想好，这个也不是说做哪个行业就是包赚的。做哪个行业省心省力就好了，没有生意去守店铺很累的。

是很累的。我之前问了一下二食堂有一个员工，他之前也是做生意的，他说他卖过水果，也开过饭店，什么都做过，整个人都觉得很开心很愉悦，但是因为孩子读书回老家，然后再回来，市场什么的变化了，自己就把握不住了。

对，上海这边变化很快，一年过去很多事情就不一样了。

您觉得上海和安徽老家最大的区别是什么？

老家比较安逸一点吧，上海这边节奏太快了，人很累。一天没觉得过多久就晚上了，早上起来就要上班了，下班回来就要睡觉了。好多人都想回老家发展。

是的，最近几年是有这种趋势。

而且现在上海郊区那里有房子的，小孩子都可以在那边上学。像上海本地人，他们乡下有房子的，还要跑到南桥买一栋房子才能上那边的学校。

还要买房子才能上学校？

对的。那学校不是随便可以上的。为了上好学校，有的人还去买了房子，就为了让小孩上好的学校。

您的孩子到了该上学的年龄的时候，您会让她在上海还是老家还是别的地方读书？

我是想让她留在上海嘛，不过我婆婆明年就想让她上托班。我女儿很早就会说话了，而且还很机灵，可以早点上托班嘛。但我不舍得啊，这么小，两岁就要去上学了。

我读书的年龄也比较小。

你多大?

我五岁多读的一年级。那个时候国家要求六岁才可以上一年级,当时我还差一点点才可以。

你当时找人了吗?

嗯,因为当时读书年龄比较小,有好处但也有坏处的。

嗯,那我听听你的想法,看看该不该让我女儿早读书。

我觉得每个人在成长的过程中智力发育的阶段可能会不一样,有时候学习我会觉得特别吃力,跟不上学习的内容。还是应该用科学的方法考量孩子的智力开发情况,然后来决定什么时候去上学。我是觉得自己上学的年纪有些小了,与同龄人比起来,整个人思维的成熟度仿佛都会降低一个阶梯。

你上一年的时候能够数很多数吗?

我上一年级的时候很聪明的,考试常常都是 90 分、100 分。到初中之后,因为各方面的原因就会觉得很吃力跟不上。

这是为什么?

可能是因为还没读书的时候,父母教自己太多东西了。

我在网络上也看到过,如果你早的时候教孩子很多东西,读书的时候他会觉得很烦很简单就不想动脑子了。另外一个原因是孩子过早接触一些枯燥的东西,会很容易让他失去兴趣,在一个充满好奇心的阶段被这种教育破坏了。他这个年龄该干什么就干什么,是吧? 不可以强迫他去做事情。

对,什么样的年龄就做什么样的事。

我们家女儿一周岁不到可以数到十了,昨天打电话我让她继续往上数,她说不要不要,就是不愿意继续往上数了。

我觉得孩子小还是应该以玩为主,主要培养一下他对世界的好奇心就可以了。一开始就让他接触这些东西的话长大之后或许会有些不太好的影响。

我小孩才两周岁,明年她奶奶就想让她去上学了。

可能老一辈的人观念没那么先进吧。

不过我老公的几个姊妹都很聪明,那个时候学校也不收我老公。但是我婆婆就和学校说数到一百就可以上,我老公就数了,然后学校就收他了,可聪明了。他们姐弟几个读书的时候成绩都很好,可能这是家传的吧。

是有这种情况。

你看我在网上给我女儿买的小棉鞋,很好看的。

嗯,真的是挺好看的。是为冬天准备的吗?

不,是我婆婆说在外面看到一个小女孩的靴子很漂亮,不知道在哪里买的。打电话让我老公给买一双,所以才买的。她说看人家穿着挺好看的,不知道哪里有。(这个时候心里感受到了浓浓的母爱)

您在平时的工作中会觉得有什么不公平的吗?

你说这里吗? 这里没什么,就是卖卖东西。不过有的同学在这买了东西,可能吃了觉得不好吃后,也没过保质期,但他会回来退掉,我们也不好说什么,感觉挺不好的。

嗯,好。谢谢您抽出时间接受我们的采访。

• 访谈员后记

整理了访谈资料之后,我惊奇地发现,她是我最近的访谈对象中,思考最少的一个人。通过亲戚的介绍结了婚,只身和老公来到上海。每天规规矩矩地生活,按时上下班,到了休息日便和老公出去散心、购物。而始终贯穿在整个生活中的便是她两岁的小女儿。唯一让她稍有烦恼的也就只有街坊邻居的一些琐事罢了。"原来我们店旁边的超市员工全是上海这边的阿姨。我和她们关系不太好。但是后来搬到这里就好多了。"

每个月的工资 3 000 多块,其实这在上海来说很少的,仅仅比最低工资标准线多了几百元而已。拿着这样的工资在上海生存下来是因为他的老公是学校职工,住房由学校来安排,日常的活动也局限于学校周围,并没有什么花销。这应该就是她仍能坚持在这个零食店工作了三四年的重要原因。直到两年前女儿的出生才让她的生活在无趣的日子后重新充满颜色。

好像无论我问她什么问题,最后都总能毫无缘由地牵扯到她两岁的女儿。“你看我前几天给我女儿在淘宝上买的小棉鞋,可爱吧!”说着,她自己看着手机屏幕就笑了,这种类似的情景在我与她的对话中不止出现过一次。我想,她真的很爱她的女儿吧。

初生牛犊身在沪，心在家

受访者基本情况

性　　别：男
年　　龄：18 岁
籍　　贯：黑龙江
婚姻状况：未婚
文化程度：初中毕业
打工时间：2014 年 7 月
打工地点：上海市 H 高校
打工类型：保安

• 前记

走进保安室，和里边的工作人员进行了简单的自我介绍以后就开始了访谈。采访对象是个保安小哥哥，身高大概有一米八以上，而且特别瘦。穿着黑色的保安服的时候，显得特别干练。跟他问好以后，刚开始他比较羞涩，不愿意接受我们的访谈，我跟他讲，就问一些简单的问题，了解一下他在上海这边的生活状况。加上旁边的一位保安叔叔的劝解，他终于答应了。

能先介绍一下您的基本情况吗？比如您来自哪里？

我来自哈尔滨。

您今年年龄多大了？感觉您好年轻啊，应该是九几年的？

啊？这个可以不说吗？

可以，没关系。是比九六年大？还是比九六年小？我就想知道这个。

小啊！我是九九年。

您当时来上海是抱着怎样一种心态过来的呢？

和爸爸妈妈一起过来的。

您父母在这边吗？他们这边待多久了？

他们来上海快十年了。

十年了吗？

2008 年过来上海的，具体月份我也忘记了。

喔，爸爸妈妈在这边是做什么的？

我爸在这边做生意。

是在南侧门那边吗？

不是，那里离这儿挺远的。

您对月收入满意吗？

还行吧，我对这个不在乎。

喔，那您是爸爸妈妈叫您过来的吗？

就是来他们身边嘛！帮我爸干活不给我钱，做活做不好就辞了我。在他身边不自在，在这边自己自在点。

那这个工作是自己找的吗？

不是。

爸爸妈妈给找的？

他们托熟人给找的。

觉得现在有心理压力吗？在这边生活。

现在有了。

哪方面的?

嗯,我妈失业了。最近经济不太好。

您的压力还是经济方面的,是吧?

也可以这么说。

除了这方面,还有什么心理压力?

我还有一个双胞胎兄弟在浦东那边。

双胞胎!您对自己的工作时间满意吗?

工作时间就是早上五点半到晚上七点半。(向其他人征求到)

你们住在一起吗?

是的,那个住的地方在学校南门过去一百米左右,是我们公司花钱租的房。

你们要付钱吗?

我们不付钱的。

您一个月生活支出大概要多少啊?

一个月大概不超过两千元。

挺低的,都是在学校吃饭吗?

对。

除了工作时间,你们业余时间都会做些什么事情?

下班之后就洗个澡躺床上,看看手机、看看电视和打打游戏。

您会往游戏里投钱吗?

也投,但是一般不超过一百元。

现在对这个工作环境满意吗?

挺好的,感觉什么方面都挺好的。

你们现在是属于临时性就业还是全职就业啊?

什么意思?不太明白。

临时就业就是没有签合同之类的。

签合同的。

您觉得自己在社会中属于哪一个阶层?把社会地位分为上层、中上层、中层等。

上层是啥意思？土豪的那种吗？

对！

感觉没有听明白。

就像你刚刚说的，那些土豪、有权势的人是属于上层啊。

是有钱还是有权？

都有。下层就是指那种基层工作者之类的。

现在我感觉我属于下层。

您来上海多久了？

三年了吧。

直接就在这边工作的吗？

在我爸那边待过一年。2010 年就来过上海，之前是在上学，辍学之后我爸怕我去做其他的事情。所以我爸就把我拽过来了。

来上海这几年感觉上海不公平还是公平？

前者。

那就是，不是很公平，都有哪些问题呢？

很简单，我们公司就有些上海人的，上海人是做五休二，每个月 3 500 块。我们累死累活不休息也才拿 3 000 块多一些。

这工作时间和工资差别都挺大的。除了这个还有什么吗？

社保啊！

你们交了什么社会保险啊？

没有。

公司不给你们交吗？那给本地人交吗？

本地人当然交了！

这不也是差别吗？

公司给本地人交五险一金。在这边说我们是上 12 个小时，但其实我们是五点半起床，下午到七点半左右才能到宿舍，每个月能拿到 4 000 多块钱，包吃包住。后面说是做一休一，五险一金，一个月能拿到 3 000 多块反正。

除了这些,还有什么感到不公平的吗?爸爸妈妈会有这方面的什么经历吗?

有的。

你觉得上海人对外地人歧视吗?

有的歧视,有的不歧视。要看的。就是我妈的几个朋友是上海人,其中就有什么脏活累活都让我妈干的一个老太太。她以为我妈贪钱。他们就觉得你们是外地人,什么都不行,你们不能跟我们上海人比!然后我妈说:"你看你说的那是什么话!"然后就没理她,就这句话就挺让那个老太太服气的。

后来您妈妈跟那个老太太关系挺好的?

是的,这不,她经常来买蛋糕嘛,都会过来看我和我妈,有时候还给我们买点东西。

那还挺好的。你觉得成功是靠自己的能力,是吗?

不靠自己的能力,你靠别人?

嗯,觉得您对社会不公平的现象还是看得蛮开的。

能看不开吗?

您把上海当作家还是只把它当成一个工作的地方?

以前是,现在不太像了。以前我老叔也在这边,我亲老叔。当时觉得这还挺像个家的。还是觉得小时候在老家哈尔滨好,想干啥干啥。饿了就吃,困了就睡,有空就玩一玩,那多给劲啊!现在在这里去哪里玩去,谁都不认识。以前我家门口还有一片树林,去干活的时候路过还可以去树林里面玩一玩。

您挺不想留在上海的,是吧?

现在是不想了。你说两老一个家嘛,我家里面还是爷爷奶奶跟我走得最近。

我也是,我是爷爷奶奶带大的。

因为我是爷爷奶奶带大的嘛,所以很多时候都想回家。我们几个同事都是一样的。

我们家本来是吉林的,但是因为爷爷当兵去了辽宁。当时爷爷当兵就没有回去。

参军吗?

对的。我们本来要去那边上军校的。您觉得你和上海人相比,有没有什么不一样的地方。什么方面你都可以说。

很多方面!工资待遇、说话态度。

除了语言、态度，还有什么啊？

就刚刚说的性格。

城市融入感怎么样呢？

实话说，不管怎样我都不想在这里待着。因为毕竟我的老家在哈尔滨，小时候都是在那里度过的。在这边实在不习惯，要小时候直接出生在这，可能就喜欢这里。

有没有跟爸爸妈妈说过回去？

说过呀，我跟他们说，我要回哈尔滨，他们不让，说我一个人回去没地方住。

爸爸妈妈短时间内有没有回去哈尔滨的打算？

不知道，反正我爸过年都得回家。一年一回，没啥大事是不回去的。前两天，我奶奶住院了，我爸就回去了。

在这边那么多年都是租房子吗？

是的呀，一个月就 1 000 多块钱。我晚上都不怎么回家，我爸晚上最晚是凌晨六七点回家，而我妈是早上六七点走，他们两个就是岔开的。就像一个上夜班一个上白班。两个人现在都在忙，很少能见面的。

他们在这边做什么生意的呢？

爸爸是卖东西的。这几天在考驾照。

我给我爸说我以后也想做生意。

我爸说以后不要和最好的朋友做生意。

这样啊。

那他们应酬也肯定很忙啊 ，我爸十天有六天在喝酒。

应酬是吧？

嗯。

这些年都是这样过来的是吧？很拼啊！

可不是吗？我爸一个人开两家门面，后来就关门了。生意不好，完了还有人找事。

上海人找事情？

还有别的吗？就这样给你说吧，你家是卖烟的。方圆几里就你一家人，完了再有人在你旁边开一个。我们还不是在边上开，我们还是隔离几条街。第一天开门搞得比较大，因为我爸朋友比较多嘛,然后就来找事。

他们为什么这样啊?

就是一群社会小地痞嘛!

上海还有这样的啊?

是的呀,可能还有外地的吧。我姥爷早些时候也是和人打架,然后赔了十几万块。

好的,谢谢。

• 访谈员后记

这位瘦瘦的保安弟弟,初中毕业以后就来到了上海。虽然在上海这么多年,而且父母还在这里,很明显还是比较恋家的。对老家哈尔滨有一种特殊的感情。通过交流发现,他还是过于年轻,做事较莽撞。可能社会的公平与否,有的时候还是和我们的个人能力有关。

大城市　我的梦

受访者基本情况

性　　别：男

年　　龄：18 岁

籍　　贯：江西

婚姻状况：未婚

文化程度：初中未毕业

打工时间：2016 年 8 月

打工地点：上海市 H 高校餐饮店

打工类型：某奶茶店员工

• 前记

今天是国庆假期的第五天，下着小雨。下午两点钟左右的时间餐厅不会太忙，这个时候可以采访餐厅的员工。我们平时去餐厅的时候，发现他们的口音像是外地的，利用空闲的时间去采访应该是不会打扰他们工作的。当我们走进学校一餐厅一楼——颐谷餐厅的时候，发现其他窗口都关着灯，连个人影都没有。只有卖奶茶的窗口亮着灯，一个穿着白色工作服的员工，看上去也就 20 岁，坐在餐桌前，端着一杯茶奶边喝边玩手机。很明显这段时间不忙，他在休息。我们走上前，说明来意，他便欣然答应了。

您好，非常感谢您能接受访谈，现在有几个问题需要问您。您是来自哪里的呀?

江西省。

江西的呀！那您今年多大了?

我说来可能不像。

00后的?

不是，我1999年的，看起来不像吧！

啊?

不信吧?

您来上海多久了?

来上海快有一年了吧！

您当时是怎么样找到这份工作的呢?

就是亲戚家开的，就直接过来了。

是有个亲戚的啊！

就是通过打招呼嘛，说了就有点印象。然后就自己打电话过来，跟这里来的那个叔叔谈了一下就过来了。

您应该没有上完高中?

没有上完高中，不用上高中。

为什么呢？就直接想工作了?

嗯，不想上了。

您当时为什么选择不继续读书而是工作?

学校其实只有两种人，一种是努力会读书的，一种是就不努力不会读书的，我就是属于第二种，就是不努力又不会读书的。

然后家里就让您出来工作了?

对。

读完初中了是吧。然后你就开始是在家那边工作，是吗?

没有。

直接就来了?

是呀。

您月收入是多少啊?

月收入,这个我不是特别清楚。因为都是家里人,所以我都不过问的,他们给多少我拿多少。

每个月给您多少?

每个月保底是最少 3 000 块吧。

您对月收入满意吗?

以我个人看好像少了一点,不过总体来说还挺满意的。因为毕竟我是刚出来,觉得还行,如果在老家那边找工作,一个月找不到 3 000 块的,而且还是包住的这种。

包住呀,那包吃吗?

吃的话上半年是包的,现在不包了。

来上海感觉有什么心理压力吗?

没有啊,就感觉一个人嘛!挺无聊的,挺烦的这样。

您平常都没有什么交往对象吗?

没有啊,我就是两点一线,家里和这里。

每天几点上班,几点下班?

每天早上十点就要准备上班,晚上如果早一点的话,九点半吧,也有可能是十一点。

这么晚?

嗯,因为我们店可以说是整个食堂下班最晚的一家。

生意挺好的。

生意今年还行,上半年其实也不怎么样。

您对这个工作时间和工作环境都满意吗?

挺满意的。工作时间都挺合理的,关键是早上可能我比较懒一点,起不来。

起不来?

对。

可能是因为晚上加班太晚了,那你们老板给你们交五险一金吗?

五险一金?

就是社会保险、医疗保险之类的。

好像有吧!

有吗?

具体不清楚,之前是有过一个保险,就是不清楚是哪一种。好像是员工受伤的那一种保险。

这个是连锁店吗?还是说就是自己开的。

是自己开的。

您来上海了有没有受到什么不公平的待遇?

不太公平吗?我想一下。

嗯。

应该也没有什么。我觉得唯一的不公平就是这个食堂了。

食堂怎么了?

他们就是因为糖水和我家利益冲突嘛,而且又离得这么近。如果开到对面去可以说是互不干扰,离得太近了,而且他家价格比我们家价格低太多了,基本上在我这里买一杯可以去他那里买两杯了,利益存在很大的冲突吧!公司也没有调整,就任由这样。

你们没有跟食堂反映吗?

反映过了,上面说是准备把它调到对面那家去,但后来不了了之,也不知道怎么回事。

您觉得现在社会公平吗?

以我的看法,这个社会对大多数人来说是相对公平的。

能说一些具体的原因吗?大多数人,您觉得什么样的人算大多数人?

像我这样的人,对呀,我觉得就挺好的。可能是我还没有遇到过那种吧,毕竟现在都还没有离开家人的关照,就是这样可能就没太感到社会的不公平。

您现在是住在叔叔家吗?

没有,他们租房子,我自己住。

他们给您单租一个房子?

对,因为店家要有好多货屯在我家里。

一个月房租是多少呢?

这个我不清楚,反正他们包住。

您有没有听说一般外地人在上海,可能本地人对外地人的态度不是很好,感觉上海人看不起外地人?

有。

有具体的事吗?

具体的倒没有,但是就会有那种感觉吧。毕竟外地人,可能会有那种感觉。但是我在这遇到的都是学生,就很礼貌的那种。可能老人或者家长会有,有的家长可能就会那样,不好沟通。

嗯,有什么具体的表现吗?说学生家长的。

等会儿,不好意思。

感觉您叔叔阅历好多呀,他给您讲了好多。

他是一个很耐聊的人。

在您来的一年中,您感觉上海是比较熟悉还是比较陌生的?

还是陌生的。

为什么会有这样的感觉呢?

因为来上海后我基本上没去过什么地方,上半年就一直待在这个地方,就待在这个学校,没去过别的地方。下半年开学来的时候提前来了几天,也因为太懒了不愿意出去逛,就窝在家里。在上班前两天才出去走了一下,到东方明珠那边玩一下。

有和当地人接触过吗?

没有。

您现在把上海当成一个打工地还是家?

还是打工地吧!

您觉得它和家差在哪些地方呢?

家里的话就有很多亲人朋友之类的,就不会感到孤单。在上海真的是除了上班,其他时间都感觉就是一个人,吃饭是一个人,睡觉还是一个人。想聊天还要打电话或者发短信微信之类的,就太单调了。

在这种情况下就不会想着要回家吗？就想在上海？

有啊，肯定有想回家啊！但是出来打工也不能天天想着回家。就看放假或者有比较长的假期就趁机回家看一下。

您觉得和上海本地人比，差距有哪些？

我觉得应该也没有多大差距，可能就他们会对这一块比较熟悉，待着就可能有很亲切的感觉。

感觉？

对。

月收入感觉差距大吗？

月收入算起来应该都是差不多的，只要你会做、能做，本地人和外地人的月收入都差不多。

工作时间您觉得和本地人比差距大吗？

也没有啊，就大家都是统一时间嘛，也不能说谁早谁晚。

您可以看您感觉哪一个和本地人差距会很大，这个也许会提醒你。（我把我们的问卷给访谈者看了看，当作参考回答问题）

我觉得就休闲娱乐方式吧！

休闲娱乐方式，您觉得本地人一般都采用什么方式？

他们就可以呼朋唤友嘛，就一起吃串喝酒啊！

就是还是没有朋友，就一个人。

对，就这样。

还有吗？

社会保障，城市户籍。

获得城市户籍？

对。

上海人如果给别人打工会有社会保障吗？

他们自己在这待久了，就家乡这边会有保护嘛！

嗯，懂了。

然后是？

家人团聚时间。

对。

舒适的程度，是吧？

对，舒适的程度是一定的。

这个是你们自己的主观感受还是其他呢？

肯定是主观啊，因为在家待习惯了，洗完澡，衣服放在那儿，自然会有人洗。你就不用去操心拖地啊！回家就有饭吃，有热水，泡个温水澡，然后可以坐下来看看电视，玩玩电脑，我们不行，回去看见衣服就要洗，不然明天没衣服穿了。就这样，吃饭要去外面，回去晚了就干脆不吃了。就会觉得很累。

您觉得在上海这边有哪些不公平的地方呢？听到的、见到的都可以，具体是怎么样的？就比如像一般都会说是子女教育问题，可能你还没有，年纪比较小还没有子女。

我还不是特别清楚。

影响社会不公平的具体因素有哪些？

可能就是家庭背景。

还有其他的吗？

基本上可能就是因为户籍、权利。

就还是权利的因素大一点。

对，我觉得应该是这样。

您接下来一段时间内，五年之内吧，有没有想要回老家的打算。

有啊，就是半年我就想回家一次。

我的意思是不在上海发展了，不在上海打工了，回老家。

有这种打算，但不是因为在一个城市的原因，是一个行业的原因，感觉一个行业做久了就想换一个新的行业。

为什么不在上海再换一个行业呢？

毕竟上海比较陌生吧，去别的地方先要接触家里人吧，通过家里人等到自己慢慢长大有经济能力了再慢慢去找。

如果回家了，还会想再出来吗？

肯定不能一直窝在家里嘛，肯定要出来的，我想去的地方，我挺想去北京的。

北京啊，那就是还想去大城市。

对，想去北漂。

为什么希望去大城市呢？

可能会觉得机会比较多吧！

机会比较多是吧，那还有其他因素吗？

有想去看一下，去外面转一转。

上海不也挺大的吗？

对啊！但感觉来了就好像完成了一个宏大的目标一样。

如果将来去了北京，希望在北京长期工作下去吗？

那就要看在北京发展怎么样了，发展得一般或者较差，那肯定不会在那待着。还会继续转到别的地方。

像我在上海，就是一个打工仔，也没什么发展得好不好，可能就比我那些朋友，在其他地方的，比他们好一点。你打工挣的钱肯定要比他们多一些。

但是花得也多啊！

其实我这个算是比较节俭吧，在这个地方我比较节俭的。

每个月会剩多少？

每个月除去基本开销基本不会超过两百元。因为我这个人不特别喜欢吃零食。

吃饭也只用两百元啊？

吃饭因为有时候在这食堂吃，就是除去吃饭的钱，剩余的开销不会太大，就不会超过两百元。

每个月收入减去支出，能剩多少钱？

每个月可以剩到，假设一个月我有 3 500 元吧。除去吃饭我一个月可以剩下 2 800 元。

好多啊！

对呀！

那这些钱自己攒的吗？

对呀，都会自己攒下来。我是这样打算的，在上海一个人不应该那么奢侈，能节俭就节俭，然后回到家朋友还能一起聚一下，吃个饭什么的。我一个人在外面出来这么久，回去肯定不能让他们消费，不让他们请的，得我请，我还要给我父母钱呢！我觉得我出来打工也要给我妈一些钱。

父母让您到外面吗？

他们很尊重我的意见，假如上海这地方我不愿意来，他们也不会强迫。就假如江西不是还有一个南昌吗？挨得挺近的，当时他们是在那里工作，我不去他们也没有阻拦我。就是他们都在那，但就是我不想去。

您妈妈也不在本地工作？

我爸是在外面做工地的，要常年在外面跑。我妈就在家里。

您爸爸应该碰到过很多不公平的事，没有听他抱怨过吗？

有啊，比如老板拖欠工资，这是最经常见的。

还有吗？

还有就是可能因为材料上的事，这有一个就是本地外地的区别，我暑假打工的时候去了一次，就是我同乡的一个叔叔嘛，就去他那里工作，那里缺一个管钥匙的人。我就去给他管钥匙，有一天我醒来之后，我听见他们发生口角，本地人一般工地就是这样，就是本地人的材料，一般大工程不是一个老板承包的，就是有好几个分工嘛！本地人和外地人分开做，材料不可能做得整整齐齐嘛，比较零散，就是工人都是豪放。我们这边人不知道用了他们的水泥，他们当时就骂起来了，他们从本地就找了一群地痞来威吓，当天下午工地快完工了嘛，于是那两个人当天就结工资走了，被吓到了。这可能就是本地人和外地人的差距吧！

本地人有权利，就可以找人来威胁外地人，外地人找不到人。

其实我觉得这是一件非常小的事，就多用了他们的材料嘛！

刚才说拖欠工资的问题，会拖欠本地人的工资吗？

本地人就根本不会出现被拖欠工资的事情。假如你在那里做，还没做完。如果你不给本地人工资，他们可以让你的工程做不下去。

是这样啊！

是这样的，只会拖欠外地人的，不会拖欠本地人的。

爸爸还有跟您说其他方面的吗？

他没跟我说的，是我自己知道的。

是您自己看到的？

对。

您暑假打工是在哪边？

就南昌那边。

工地吗？

对，所以说可以算是我看到的一些吧。

老板没有拖欠您的工资什么的吧？

这没有，因为我一个小孩子一个月工资比较少，当时好像是一个月 1 500 元还是 1 800 元来着。

寒假？

对。

这么低？

我只是一个管钥匙的，而且包吃包住。工地上住倒是挺好住的，但是吃是关键的，我还是吃得挺好的，跟老板们一起吃。

嗯，那还好。

在收入这个方面觉得没有什么问题吧？

当时就是说了嘛，在我家乡那个地方你收入有 2 500 元就已经算是高的了，非常高。

您出来打工的目的是什么呢？

目的是多学些本领，多积累些社会经验，然后就慢慢地把自己变好。

工资会比本地高一点。

我不怕工资比本地低，在这里我还有亲戚，而且本地人的还不一定有我高。

那就是说出来的话工资会比本地的高。

对。

嗯,懂了。你最大的生活需求是什么?

我生活上的需求也没有什么,就洗衣服。

对您而言,您觉得社会公平吗?

还挺公平的,就目前而言我觉得还是公平的。现在还没有接触到那些事情!等长大了就会看到社会的另一面。

作为一个外来的务工人员,您觉得这个群体的特殊性在哪里?

我不知道本地人上班是什么情况,就像他们干的是脑力活,我们干的是体力活,其实我觉得应该都差不多吧。工作这样的应该是不分本地和外地的区别。主要是待遇和支撑心理上的那些优越感之类的,待遇和心理优越感。

外来务工人员这个群体薪资可能不是那么高?

对。

那还有其他方面吗?

那可能就是住宿问题了,房租都很高。住宿要么就住差一点的,住好一点的就是要多花钱,就这样,而且交通也是问题。

交通是本地人有车,是吗?

对,其实上班开车的也不是特别多,好像外来的电瓶车要挂牌照,对吧?

不太清楚。

不挂的话好像会被扣掉,我觉得应该也是区别吧。

外地人一般都会有电瓶车是吗?

本地人应该会用电瓶车,外地人要么用自行车要么走路。像隔壁那家公司,本地的就骑电瓶车,外地的就骑自行车。

外地人骑自行车?

对,他们老板给他们每人发了一辆自行车。我还好,我就电瓶车,因为我叔叔就在这生活嘛,他电瓶车有牌照,所以就用着。

电瓶车必须要有牌照,那上牌照要有什么?

这个我就不是特别清楚了,但是有规定是要上牌照的,就有些地方交警要检查,抓到了罚款倒是小事,被扣车好像很麻烦。

喔，我懂了，谢谢。

• 访谈员后记

这位弟弟(比我小三岁，1999 年出生)，初中未毕业就来到外边打工。跟着自己的表叔，在大学的餐厅帮忙。从我和他一个半小时的交流发现，他是一个比较节俭、能吃苦的孩子。虽然说，学习不大好，但是情商还是蛮高的。3 500 块月收入，月底剩余 2 800 块，对于一个 90 后，实在是不容易。他要把节省下来的钱用来孝敬父母，回到老家以后去招待同学们。而且他对学习的重要性还是不太在乎。除此之外，由于是刚刚毕业，自身的追求也不是很高。来到大城市，也没有想太多。定居，远大的目标也没有什么，年纪太小，经常还会出现想家的情况。祝愿他在工作的道路上有所收获。

或许这就是山城男人

受访者基本情况

性　　别：男

年　　龄：26 岁

籍　　贯：重庆

婚姻状况：未婚

文化程度：初中

打工时间：2008 年来到上海市

打工地点：上海市奉贤区海湾镇

打工类型：某餐饮店员工

- **前记**

我和师傅是在餐厅的一楼偶然间结识的，我在玻璃墙边上细细咀嚼饭菜的时候，眼角的余光看到他正在读着一份财经类的报纸。我顿时对这位师傅心生好奇，没等到吃完午饭，便凑过去满脸期待地望着他。我原以为他会问我想干什么，但是他却询问我今天的蒸菜是否合口味，这样的反应是出乎我的意料的。最后了解下来，师傅竟然才 26 岁，头发却零星地出现了一些白丝，我原以为这个师傅至少已经 40 岁左右了。或许是从 2008 年来到上海,在努力奋斗8年中体会到了各种酸甜苦辣后岁月给他留下的痕迹。而师傅为什么会先问我菜是否合胃口呢?原来师傅一直在做餐饮这个行业,若是遇见有人在品尝自己所做的菜肴,都会仔细询问一番,以此作为自己在下一次做菜中所要达到的要求,甚至还在筹备着以后自己创业,自己发家致富。不得不说师傅真是个敢想敢做而又温柔细腻的山城男人!在我敬佩的目光中师傅也显得对这次还没开始的对话更有兴趣了,注意力从报纸上转移到我们的对话当中。

师傅可以问一下您是哪年出生的吗?感觉您头发虽然有些发白,但却是一副青年人的模样。

哈哈,可能是我显老吧。(因为我的问题而笑了笑)我1991年出生在重庆老家,来上海也有将近10个年头了。

您是重庆的吗?我可一直很想去一次重庆,就是还没有找到机会去。我家贵州的,离重庆也是很近的,有机会我下一次旅行肯定去重庆。

是的呀,重庆离贵州很近的,我早些年也去过贵州,还是有一些记忆的。(听到我是西南地区的人,师傅的眼神也变得有些不一样了。)

我从重庆老家过来的时候年龄比你还要小,那个时候就跟着我师父从重庆来到了上海。

您是毕业以后就出来跟着师父从事餐饮行业吗?

是的,一直跟着我师父做这行。(可见他对他师父是有着强烈的信任感的。)

您觉得这份工作辛苦吗?能习惯吗?

什么习惯不习惯的,做了那么多年了,身体已经适应这种工作强度了。

听起来平时那应该是挺辛苦的,那工资应该还可以吧?

也就5 000多块吧,觉得还是有些少了。因为平时工作时间挺长的,可能上涨到6 000多块会满意一些。(可能是想到自己提出的要求有些好玩,他对我笑了笑。)

您觉得这个工资还有机会涨吗?

也不能说没有机会,但是机会小啊。(尽管说着机会小,但是并没看到他的表情有变化。)

慢慢努力嘛,工资总会涨上去的。您是一个人从重庆过来?现在师父还在这边吗?

我原来是在普陀区那边的酒店上班,今年初才从那边搬过来的。

和以前相比,您在这边过得适应吗?

还行吧。我们以前做酒店管理。到学校也不错,可以学习嘛,看看有没有什么可以学习的,以后说不定自己建一个窗口什么的。

您对自己的未来还有更多的想法,对吧?希望再学些技能以后自己单干。

对的。(师傅点了点头。)

不知道您现在是不是结婚了?

哈哈,年纪还小结啥婚啊,连交往对象我都还没有呢!(说到这个,师傅有些结结巴巴的。)

打算什么时候结婚呢?

这个……有合适的再说呗。我想的是我有事业之后,稳定了再找。

在未来五年内您觉得您工作的情况会有大的变化吗?

再打两年工,技术和钱筹集得差不多了就自己开个店 。

除了这个开店的事情之外,平时还有什么方面的心理压力吗?

我觉得父母年纪大了嘛,应该找个法子让他们轻松一下吧,其他的没什么。(师傅又笑了笑)

您父母多大了呀?

40 多岁了,现在在老家那边种蔬菜。还有一个姐姐也在老家,已经结婚了还有个 2 岁的孩子。

您每次回家父母都很高兴吧,家里面您一个人来上海闯了那么多年。父母和姐姐肯定会问您有没有带女朋友回家的吧?

高兴是很高兴,可是每次问我这个问题我都也很烦恼,这些年也是想结婚了。不过一结婚的话,经济压力就会很大了。(有些愁容的样子)

等到以后自己开店了,让自己的事业发展得更好最重要的原因是什么?

人际关系吧,就是你有困难的时候人家都在帮你,要不是太大的问题都会帮你。然后你要找人啊,人家会帮你找,帮你问一下什么的。可能这方面在餐饮行业要有用点。

您觉得决定事业能成功的第二个重要因素是什么?

尽快结婚吧,还是想稳定一点。

喔,这样啊。每个月工资五千多块,这是算上社会保障金后的工资吗?

没有。因为我们公司是私营老板包下来的,没有那些东西的。可能那些东西折算成钱加在工资里面了吧。

在个人业务办理方面,您觉得政府相关部门还是比较可靠的吗?

就那样吧。

除了这方面,在上海的这几年有继续交医疗保险费用吗?听很多人说外地人在这里看病都挺贵的。

还好了,干我们这一行的身体素质都挺好的,几乎都不怎么生病的,所以也就不交了。不过家里人催着去交,但是不常回去也就忘记了。

对的,厨师的体力大都很好的。你们平时的工作内容都有哪些啊?

早晨七点上班,晚上也是七点下班,有时候六点半。每天晚上全部把菜炒出来,把卫生搞干净,就差不多了,只要后面不加菜就差不多了。

一般加菜的频率高吗?

不高的,平时生意我都觉得不够理想,小厨那边生意比较好。

生意不好的话,你们老板会有什么办法改善一下吗?

不是太多吧,不过偶尔也会让大家一起出去唱歌吃饭什么的。(这方面他还是满意的)

你喜欢这种放松的方式吗?

我也不喜欢唱歌啥的,吃饭能吃饱就好了,不浪费就行。其实大家关系都还好,只要你愿意付出,人家就会对你公平。

本地人和外地人相比,会有差别吗?

这个要看哪里的人吧,有些人就是对外地人有那个偏见什么的。有些老板会对某个省市的人有想法,不愿意招收那些省市的人来工作。有的员工也是一样的情况。

噢?

我就是不喜欢和他们那种性格爱好的人打交道,不过我老板还行,我觉得挺好的。过去遇到的有些老板就不怎么样,做事情拖拖拉拉的没有效率。而且有时候你和老板关系好一点啊,你的工资就高一点。如果你和平常人一样,工资就没那么高。不会有什么区别的。再就是犯错误的情况可能一样,比如菜炒咸了什么的啊,但是处罚是不一样的。

如果创业成功,您还想继续留在上海吗?

看情况吧,家庭因素占据主导吧。我父母的意见会决定我留不留在上海,反正迟早要回家做的。

平时除了做饭还会参加一些社会活动吗?

很少接触其他行业的人,都是在自己的这个圈子里面生活。也不会常和别人交流什么的。

您觉得上海人如何?

有些很好,但是有些很小气,得理不饶人,蛮不讲理。年轻人的话个别还是挺不喜欢的,不过大多数是好的。

嗯,那以后在上海闯出自己的天地,肯定要经常回家吧。

那是肯定的。

• 访谈员后记

可能是年轻的缘故吧,我总是能在师傅的话语中捕捉到那位山城男人对生命的向往和对未来的生机。尽管外表已经不再如真实的岁月所反映的一般,但是这种生机确是真实地存在着的。虽然已近在平静的岁月中度过了八年,但是这种岁月似乎只是在师傅的外貌上刻下痕迹,而这种磨砺让师傅的生活更加鲜活。

"虽然每天做菜都很累,但是我也并不无趣味"。师傅就是这样对待他的生活的。当我问到他有关在上海的生活体验时,师傅也给出了他自己的看法。"就是你有付出,人家才对你公平。"的确,从师傅的一言一句中你都能够感受到一种淳朴与踏实感。虽然是这样一种道理,但是师傅也说了一些他自己觉得有艰难的地方:老板用人时,会对某些省份的人有偏见,有的当地人对外来人员会有些不耐烦等。师傅说,再辛苦几年,等自己开一个小店稳定之后就想回老家去做了。如果自己可以有上海户籍,也不会愿意继续留在这个城市。我不知道这样敢想敢做的男人是为什么仍然会选择回到自己的家乡，或许是在上海这个大都市想要生根发芽对于一个厨师太过困难，也或许是师傅对于自己家乡的思念。但我都会衷心祝愿这个温柔的山城男人！

闲着的日子也不好过

受访者基本情况

性　　别：男

年　　龄：33 岁

籍　　贯：河南

婚姻状况：已婚

文化程度：高中

打工时间：2017 年 3 月

打工地点：上海市徐汇区

打工类型：建筑工人

• 前记

早晨出门的时候没有带着伞，眼看天空突然下起了暴雨，过往的民工开始朝着社区的棚子跑过来避雨，他们拿着扳手、安全帽等各式各样的工具。暴雨来得快，去得也快，雨渐渐小后，民工兄弟们回到工地上继续干活，剩下为数不多的人仍坐在棚子里面的桌前看着电视。

暴雨过后，徐汇区的建设者在社区附近转悠了几十分钟，觉得有些饿了便又回到建设者之家的超市买了粽子和面包当作午饭,坐在桌前和大家一起看着关于金砖国家的新闻资讯。吃过饭后,刚刚还在看电视的民工又走了一些,只剩下一位穿着红色短袖的民工,他长得很白净并不像是农民工,他的身边放着一根拐杖,看样子可能是腿部受伤了。我走过去坐在旁边和他打了个招呼,询问了一下他的伤势。才知道是几天前在工地工作时受的伤,还好只是皮外伤,休息一两个星期就差不多可以恢复健康。我看他暂时也没什么事,就问他现在有空可以聊聊吗?他回答说:"没有关系,我这样闲着也挺久了,你想聊多久就聊多久。"得到许可,我便开始了和他的谈话。

请问您是哪里人?

我来自河南。

请问您是因为什么原因来到上海的?

在这边工作的,我是三月份过来的。

才几个月。可以问下您今年几岁了?

我33岁了。

您的腿是因为最近工作的时候受伤的吗?

对的。

这样子呀!您是为什么来这边的呢?

我们那边工资不高,上海这边工资高一些的。我们是好几个人一起来的。

您应该结婚了,您孩子多大了?

我有两个孩子,大的9岁,小的5岁。

您是打算长时间在这边工作的吗?

这个不一定。

主要是什么原因决定的呢?

就是说,哪里有活就去哪里的。跟着需求走的。所以说,都是不一定的。

最近都还习惯吗?比如说生活、饭菜呀!

这边的菜不算好,也不太符合口味。只有一个食堂,就在这里边。

只有您一个人过来?有没有不适应的地方?

对的,也没有什么不适应的地方,都习惯了。

您来这么久,有没有感觉外地人和上海人的一些差异呢?就是在日常的交流中。

没有的,都还可以。

您来这么久了,能不能说下这几个月您对上海的一个印象?

很好,在这一片,还挺熟悉的。

平时闲的时候,您会做些什么呢?

就是跑跑步了,和朋友们出去走走。

您在这边,生活上有什么压力没?

也没有多大的压力。

工资大概多少呢?

有的活给的钱多,有的少。我这大概 100 多块一天吧。

您对这个工资感到满意吗?

钱多钱少,其实没人会嫌弃钱多的,对吧?

您工作完以后就需要去其他地方了?

对的。

您在外边工作,家里有压力吗?

也没有的,反正就一直在外边工作的。

您在外边工作,有没有遇到其他不开心的事情呢?

也有,但是问题不大,都是一些因为地方的不一样导致观念的差异。平时干活时,我们的方法不一样,他们不高兴的时候,会说两句的。

这两个月,有没有认识一些当地的人?

有的,但是不多。相处的时候观念也是有些不一样的。我们在交流上、语言上有些小小的障碍。还好,现在多是用普通话进行交流。

您有没有遇到什么不公平的?

这个肯定是有的。我们到了这边,工资是不一样的。存在一些差异,每天的工资大概相差 30 块钱,上班时间其实差不多的。

工作时间大概是怎么样的?

我们是六点半上班的。中午有两个钟头,下午一点到五点半。时间上都是一样的。说辛苦也辛苦,说不辛苦也不辛苦。

您觉得上海这个城市怎么样?和河南相比的话。您可以说一说好的地方和不好的地方。

还行吧,说话挺好玩的。河南厂矿很多的,工作的机会也很多的。

为什么跟着公司来到这边?

有机会了,就跟着来了。

您以后会留在这边吗?

像我们太穷了,不可能的。

之后有什么期待呢?

在黄浦江这边发展,希望更好一点。

您的腿伤多久了?

大概七八天了,是外伤,问题不大。我们干活时碰到的。

工资怎么算呢?

还会算的,问题不大的。

嗯,谢谢您啦!

• 访谈员后记

据了解,红叔从河南老家来上海也不过几个月的时间,跟着整个工队一起来到徐汇区做工。但是不幸在工作的过程中被空调架子的铁皮划伤了大腿,现在是休息状态,但是工资并没有因为这样而被扣掉一些,红叔说这一点还蛮感激工队的。

"医生说再有两个星期伤势就可以恢复得差不多了,可能要等这一段时间过了才可以继续工作,虽说是闲着,但这种闲着的日子也不好过。"红叔说他来了这里几个月,但是哪里也没去过,只知道过了马路一直往前走有个公园,平时完工的时候和工友会一起过去散步,这可能是他熟悉附近唯一的方式。"上海蛮好的,平时下班还可以在建设者之家这里看看电视、下下棋,这里的超市还比其他的地方价格优惠,环境各方面都还可以。"听得出来,虽然接触上海时日不多,但这个城市给红叔留下的印象还是很好的。

等着这个区全部的建筑做完后,红叔也就要跟着工队继续去需要他们的地方,不知道是否还会待在上海,抑或是去离家乡更远的地方,这都是我们不得而知的。

天价的房子是我一生追求不到的

受访者基本情况

性　　别：男

年　　龄：37 岁

籍　　贯：安徽

婚姻状况：已婚

文化程度：初中

打工时间：2000 年来到上海市

打工地点：上海市奉贤区海湾大学城

打工类型：某餐饮店员工

• 前记

3 月底上海的春天略有寒意，但是今天中午阳光明媚，自己在校园里漫步，享受着阳光的温度。走着走着自己肚子发出了咕咕的响声，于是走进了食堂，想吃点东西。因为是下午两点多，食堂里的人很少，许多工作人员也正在休憩，因此只能选择还未休息的店家，而这正是我和老板认识的原因。

老板身高一米七左右，黝黑的皮肤，神态十分严肃，动作熟练地做着饭。待老板忙过后,自己随意和老板聊了聊,得知其也是新生代农民工,便有了好奇心,想探究其社会心态。但是很担心老板不愿意配合自己的访谈,纠结后还是迈出了第一步,向老板询问。起初,老板由于担心不知道说什么拒绝了我。后来再三邀请,劝说其无须紧张,就像聊天一样随便聊一聊。老板听后,便从玻璃窗的后方走出来,和我面对面,十分配合地开始了这次访谈。

您能先自我介绍一下吗?就是老家、年龄、学历这些方面。

我来自安徽,今年37岁了,初中毕业。这边安徽老乡挺多的。

你们是一起来到这边的?

我来得比较早。我来这里十几年了。我和我老婆一起来的,孩子也在上海。

您来这边出于一个什么目的呢?

挣钱。

您一个月工资多少呢?想要定居上海吗?

这个店是我自己的店嘛,一个月工资大概10 000多元。在上海没买房子怎么定居呢?并且没有长期待在上海的想法,将来要回安徽的。

能具体说说原因嘛?

对我自己的月收入不满意吧。毕竟上海是大城市,并且10 000多元是我们一家的收入,我老婆和我一起在忙这个店,所以自己有压力的。各方面消费都很高,特别是房子。一辈子,也买不起。几百万元一套,买不了。一个月挣10 000多元,没用的。比如在陆家嘴那边吃和住一个月2 000多元。我们每个月几乎都会花光的。

您现在对工作时间,工作满意吗?

工作时间太长!环境还可以。我自己已经换了好多地方,但基本上都是做餐饮业的。

您认为您的压力主要来自?

来自经济。虽然钱不是万能的,但是没钱办不成事。

您有没有受到过不公平的待遇吗?

也没有,看遇到什么事。

您和上海本地人有什么差距?

你看我们是农村的，岁数也不小了，毕竟我们都是外地人。上海本地人的娱乐活动多，可以收房租，有退休金。在外面做个小生意便可以在不同地方买房子。奉贤的房子确实便宜，但是它离化工区近啊，所以可能有污染啊，所以自己没打算在这边买。并且我们和上海人的平时花销是不一样的，在医疗、饮食这些方面都不一样。他们不需要买房子，所有外地人要买房子、买车。在老家我们买房还能买得起，在上海，一辈子也买不起啊。

您身边的人有没有遇到过不公平的或者让您感觉到不公平的事情？

可能没有遇到事情，所以觉得都不错的。

您把上海视为打工地还是家呢？

当作家，我对上海不陌生的。但是说实话自己平时交往对象方面也没什么人，就是学生。然后方言的话，因为在这边待的时间长了，所以南方人说方言可以听得懂的。奉贤区这边语言更不一样。话说回来，其实奉贤区这边最穷了，房子一个平方米才 10 000 多块。可能因为这边靠近化工区，价格比较低吧。

您对上海熟悉的地方有哪些？和家里比，又有哪些差别？

在这里 10 多年了，都熟悉的。家里永远也比不上上海。上海在整个地球上都有名，老家就不行。

您觉得在上海比家里舒适吗？

是的。上海很舒适的。环境也不错，治安也挺好的，都挺好的。就有一条，买不起房子。

您一个月支出有多少？

在上海开销很大的，一个月四五千块啦。挣钱很费劲，花钱就很容易的。其实做什么也不容易。

您最大的需求是？

就是房子呀！奉贤区这边的房子是最差的，我不买这里的。

您是农村出来的，您觉得您这个群体的特殊性是什么？

很苦的，租房子贵，工作苦。好的话，没有什么好的。

您最开始在哪里工作呢？

在莘庄。后来改了行，都不好做。租金特贵。我在龙阳路，租两平方米的店，一年就是20万元租金。

您在那边做什么呢?

我就卖点水,做饼!我一个月也挣几千块。然后卖雨伞嘛,一把伞挣十块钱。

其实这么看,在上海挺苦的。怎么不回老家呢?

那没有办法的。在老家做这种小生意,卖饼,很丢人的,丢面子呀!做大生意风光,可是没钱呀!

从您家乡出来的一般都认为在老家做小生意丢人吗?

百分之八十吧,都是这样的。人都要面子呀!并且在老家挣得不多呀!

您觉得影响社会不公平的因素是什么?

不公平的很多了。有人、有钱,就是任性的(哈哈)。

• 访谈员后记

新闻里的农民工是风景画,是隔着玻璃的,打破玻璃,便可看到最真实的他们。在当今社会背景下,新生代农民工为何选择进城?除了物质、利益,其背后的原因是什么?访谈过这位老板后,自己心中便有了答案,是颜面。

仔细想一想,为什么许多人愿意奔向北京、上海,即使在这些城市中承受着巨大的压力也依旧愿意在那里打工?因为当别人问起,你在哪里工作的时候,你会说我在北京、我在上海。这种回答对新生代农民工,甚至农民工这个群体来说是一件值得炫耀的事情。我和这些农民工常常擦肩而过,他们住在工棚里,他们在火车站里席地而坐。他们带着大包小包拥挤在地铁上,他们在车站、码头脚步匆匆。在城市即使生活得再艰辛、再劳累,在回家乡的时候依旧可以很自豪,他们在用信念支撑着家的繁荣,但是却买不起大城市里的房子。

说到房价,上海的房价是全国出名的高,自己作为非上海人也有些害怕。但是我们深知,随着人类社会的进步发展,"房子"已经成为"家"的基本象征,而房子内部的装修、大小等体现了家的温馨程度。家不是房子,但是没有房子就不像家了,因为它是你的生活空间。新生代农民工想在上海买房子太难了,而有时候正是这种漂泊不定带给了他们内心的孤独。但访谈中的老板是一个十分乐观的人，懂得知足常乐，因而他的社会态度较为积极。

一部分有抱负的年轻人用贷款买房而背上了终身的包袱；一部分老人不忍心看到儿女们受罪而付出了大半生的积蓄；而另一部分人只能面对日益暴涨的房价望而却步，留下声声的叹息。

比之前好多啦，越做越好

受访者基本情况

性　　别：男

年　　龄：37 岁

籍　　贯：江苏

婚姻状况：已婚

文化程度：大专

打工时间：1995 年来到上海市

打工地点：上海市徐汇区

打工类型：个体经营

• 前记

路上熙熙攘攘，一边的 H 菜场也借着这股人气红红火火地做着小生意，生活倒也滋润。路边上那家饺子皮店的一家人就这样过着滋润的小日子。

走近小店，“你好呀，今天放学这么早啊。”一个微胖的中年男人带着慈祥的微笑和小朋友打着招呼，男人旁边的一位女士也微笑着，穿着围裙，上面稍微沾着点面粉，轻靠着男人。男人招呼客人，女人就在边上忙，没事就看男人一眼，有时候男人看见了，就也孩子般地向着她笑，走近她，低头说几句悄悄话。

然后，我走了过去。我告诉那个男人，我想对他做个访谈，男人一开始有些惊讶、疑惑，在了解了我的来意之后，男人欣然接受了我的访谈。然后，男人向我介绍道(自豪又带一丝坏笑的)："这是我同学，同时也兼任老婆。"女人原本在边上工作，擀饺子皮，听到男人的话，侧身，反手扬起，用手背就是一记小拳，娇羞无比。男人夸张地捂着胸口，连连称痛。小两口很是幸福，我的访谈就在这样一片幸福中开始了。

先介绍一下您的基本情况吧。

我老家在江苏南通，1980 年出生，20 世纪 90 年代末我就来上海了。来上海读中专。

您当时为什么想要报考上海，是想要留在这儿吗？

没有，那时候不是报考这里，是因为一个巧合到了这个地方，还不错，上海大城市。

您读完书之后是什么情况，能介绍一下吗？

我毕业之后，先在医院进修，进修好了上班，也没想到去做生意。因为我中专读的是骨科。回老家了，想在老家开个诊所，因为我学的骨外和骨科，在农村里面外科比较少，感冒发烧多，我学的这个专业不对口。后来又来上海了，自己找了个工作，在一家医药公司里面做跟台，做骨科医疗器材，要有指导，我不是学过骨科嘛，再后来我就结婚了，就不想在外面跑了。

(说完，受访者还一脸娇羞。)我好奇地一问：妻子是老家人吗？

不是的，是我同学。(看看边上的老婆)

关于您之前那份工作，能稍微谈一下吗？

刚开始时 800 块钱，那时候还在读大专继续学习嘛，有 800 块钱也挺好的。在医院里面吃饭有饭票，我和医生关系好，他们有时会把饭票给我，所以我一天三顿都在那里吃。当时是 5 点下班的，因为在医院需要值班，同时自己也想要多学点，我是 5 天 2 个夜班。但是也不给加班费什么的，不过你可以多学的，加班费基本没有，有也是很少。加班费什么的无所谓，主要是自己真的想学。睡觉都在值班室里面，被子不用洗，因为护士要两三天换次床单的。

后来怎么想到来做生意的？

因为家里做生意的多，加上那时候种地不够，所以自己找了个生意。那个卖肉的是我妹妹，我姐姐她们都在这里。虽然平时不住在一起，但也经常在一起吃饭。

能问下您对现在的生活感觉怎么样吗？

还是生意难做啊，一个月净收入大概有五六千元吧，除掉生活费、房租什么的，也有4 000多元。我对现在的工作时间和工作环境也还是满意的，一家人都在一起，小孩子也在身边，我小孩11岁啦，一家人在一起就高兴，哈哈。(传来一阵爽朗的笑声)

您觉得上海人对外地人怎么样？

这个矛盾是肯定存在的，没办法的，但是我感觉的话，上海人对外地人挺友好的，也有不尊重人的，但是总归是很少的，你看我整天笑嘻嘻，我们很少遇到歧视外地人的，现在这个社会不是都说伸手不打笑脸人吗，哈哈。(又是一阵笑)

您来这边之后遇到过不公平的待遇吗？

没有。

(我尝试着问他)有的人会说子女教育问题不公平。

子女教育问题，这个是国家的制度，我们改变不了，不能理解也理解，这是在上海这个地方，不是在我们老家。怎么说啊，对外地人有120分积分，我们满足不了这个条件，所以不能怪不公平。

您觉得设置这些门槛是有问题的吗？

没想过，我感觉是因为我们自身条件不够，没办法改变。

您之后准备回老家吗？再者说，您觉得自己能融入上海这个社会吗？

不回，暂时先不考虑这个问题，我们家小孩从小在这边长大，估计回去会不习惯、不适应。至于融入上海的话，目前还行，不过我们平时都不离开这个地方，也不参加社区活动，但是我们通过卖货天天和本地人接触的啊。哈哈哈。

我给您一些提示啊，您觉得您和本地人差距大吗？

肯定大的，收入方面，比上不足比下有余，每个人能力不同，我们通过这样赚钱，赚这些也正常。维权方式上，还是比较公平。社保方面有差别的，比如养老保险，这个是我们自己交的。文化生活方面，我们不怎么参加活动，没感受过。总体而言能融入进来，除了小孩的教育，需要120积分，有门槛的。

如果有机会给上海户籍愿意吗？为什么？

当然愿意的。福利什么的，虽然不知道具体有什么，主要还是孩子的教育问题可以解决了。

您认为影响公平的原因有哪些？

如果小孩子努力读书，在于自己是否努力，是否有能力。家庭背景嘛，我们没有，哈哈哈(苦笑。)我们可以说是底层的，虽然靠自己双手赚钱，但是不像读书人有文凭。要看你从哪个角度看，从这个方面来说，我也改变不了什么。但是，我们一家人还在一起，也是觉得很幸福的。还有就是上海的房价，太贵啦，不敢想啊。其他的没有了，我不怎么出去，不知道外面什么情况。

您觉得现在可以维持自己的生活吗？和家乡人相比，感觉怎么样？

对的，可以维持生活，总之，自我感觉是满足的。至于和家乡人比什么的，我不和别人比，主要和自己比，和我自己比的话，那是比之前好多啦，越做越好。

好的。十分感谢您接受我的访谈。

(我结束了我的访谈，受访者笑哈哈地回去做生意去了。对他来说，每天都应该是美好的吧。)

• 访谈员后记

20 世纪 90 年代末，饺子皮哥哥(姑且就叫这个男人饺子皮哥哥)因为学习的原因来到了上海。饺子皮哥哥在上海的时间大约都和我一般大了。和饺子皮哥哥的访谈是我访谈以来最轻松的一个了，微笑着的微胖的脸总是给人一种他很幸福的感觉，我想着，大概饺子皮哥哥边上那位女士就是他幸福的源泉了吧。

饺子皮哥哥的学历在我采访的新生代农民工里算是不错的一个，中专毕业，学医的，骨科。在我印象里，医生是个不错的职业了，所以我很不解，饺子皮哥哥怎么会想到来做这个非中专专业的工作呢？在我的追问下，饺子皮哥哥和我说，之前他有做过医疗器械相关的工作，但是收入不是太好，再加上家里人做生意的多，就起了做生意的念头，再者，干这行，收入还比较可观，用饺子皮哥哥的话“比之前好多啦，越来越好”。

我还问了饺子皮哥哥有关上海子女教育方面的问题,有关上海对农民工的一些新政策方面的问题,尤其是其中的社保政策对孩子教育的问题,也给饺子皮哥哥一家带来了一些麻烦。但是,出乎我的意料,与一些新生代农民工不同的是,虽然饺子皮哥哥也表示这些政策对自己的生活产生了一定的影响,但是总体来说,饺子皮哥哥还是对政府的相关政策表示理解,“再说,我和老婆在一起我就觉得幸福”。

最后,我问饺子皮哥哥,在之前生活中,有没有遇到一些瞧不起外地人的上海人。他笑笑,先是肯定了矛盾的存在和有歧视外地人的上海人存在,之后,他话锋一转,“但是这样的人很少的,整天笑嘻嘻,对外地人也挺友好的”。我估计也是,像饺子皮哥哥这样爱笑的人,谁都会喜欢的吧。

总的来说,饺子皮哥哥对上海的印象还不错,认为上海还是公平的,我问原因,他也说不出个所以然,但是从前面的访谈,我大概已经有了答案,有幸福的生活,也就必然感到公平了。

古人有云,知足者常乐。生活一天天变好,他的小日子过得越来越滋润,小两口在一起,幸福满满,饺子皮哥哥的每一天都是春天。

下一代能否走出阶层固化

受访者基本状况

性　　别：男

年　　龄：35岁

籍　　贯：福建

婚姻状况：已婚

文化程度：中专

打工时间：2003年至今

打工地点：上海市奉贤区

打工类型：某面包店合伙人兼销售

• 前记

南方的梅雨时节一到，那种闷热而压抑的气氛就随之而来了。天空既不凉爽，也似乎没有要下雨的意思，只是一个劲地散发越来越闷的气息。正逢下课期间，学校唯一一家面包店里塞满了人，员工吴叔叔麻利地将一个又一个刚出炉的新鲜面包装进塑料袋里，说着并不标准的普通话“3元”“8元”“同学，这些都刷你的卡吗”。他戴着高高的厨师帽，几缕黑白相间的头发从帽边伸了出来，系着被洗得泛黄的围裙，有些驼背，声音沙哑，我一直在试图判断他的年龄，却始终判断不出来。我在旁边的角落一直等着吴叔叔忙完，大约 40 分钟后店里的人才渐渐变得少了，他突然注意到我："同学，你需要点什么吗？"我赶上前去道明来意，他马上摆摆手，"这个不行的，我讲话很不擅长的"。不过看到我等了他那么长时间的份儿上，他便心软答应了我。他脱下手套，双手交叉放在胸前，只是笑，露出一条条皱纹。

您能说一下基本情况吗？

我是福建人，来到上海打工十几年了，35 岁了，老了哈哈，现在有两个孩子，大儿子在老家那边，小儿子现在在身边，我开始来上海是在皮鞋厂打工，后来和老婆还有几个工友一起开了这个早餐店。

您当时为什么来这里打工呢？

在这里能赚钱嘛，在老家那里，两个人没什么文化，私营企业又少，赚不到钱啊，就来这里了，私营企业蛮多的，工资也不错。

您觉得鞋厂比较好呢，还是自己开店比较好呢？

这怎么说呢，开店肯定自由些，而且是为自己赚钱心里更舒坦。在鞋厂的时候，我每天六点去上班，有时晚上要加班到十二点，迟到和早退都要扣工资，工资赚的也低，五年前只有 2 000 块不到，还经常拖欠工资，月工资经常两个月之后发，经常是水电费都交不上，也没有办法辞职，不然拖欠的工资拿不到呀。现在自己开店虽然比较辛苦，每天工作 12 个小时，月净收入 5 000 多块，可是心里舒坦呀，这是为自己赚钱。

确实挺不容易的。您这是自己创业，在创业过程中肯定遇到过很多困难吧，也得到过很多人的帮助吧？

是啊，刚开始不知道哪来的勇气，两个月的工资不要了，辞职走人了。刚开始的时候真的是难，自己温饱还成问题，更别说创业资金了，当时我拉下脸到处去借钱，还为此回过家一趟，可是看着自己家那么破那么穷，爹娘也十分辛苦，真是没脸再伸手要钱了，也没脸向村子里人借钱啊，他们都知道我到大城市工作了，不能丢人啊。最后还是我爹看出来了我缺钱，从布包里拿出了几千块钱的全部积蓄给了我，我的泪啊止不住地掉，后来工友们又东拼西凑给我凑了些钱，这才有了做生意的本钱。

确实挺不容易的，不过苦尽甘来啦，您现在经常回家看看吗？

之前打工的时候，没时间回去，一直在这里忙着赚钱，想爹娘啊，可是赚不到钱就没脸回去啊。现在学生放假了，我们就可以回家了，这样一来我们暑假寒假就都有了，也有富余的钱给爹娘了。

您来上海这么多年了，有没有遇到过一些不公平的事情，比如说本地人和外地人被区分看待？

主要是小孩上学的问题吧，我小儿子跟着我在这里，现在在咱们区里的蒲公英小学上学。我听孩子讲过，你们学校的大学生还去给他们做过志愿者呢。大儿子上初中了不能在这里参加中考，就让他回家了。这个子女教育问题真的是不公平，现在外地的小孩入学基本不可能，入学不仅要交保险，还要积分到 120 分才能让小孩入学，一般的人达到 120 分，根本不可能的。入学的话，首先大人要交养老保险，没有买房子上的学校要差很多，心理落差也比较大，小孩在市区读公办学校成绩比较好，来这之后小孩在民办成绩比较差。我的小儿子上的是民办农民工子弟学校，公立小学门槛太高了，可是民办的教学质量又很差，学习环境也不好。大儿子因为不能在这里参加中考，就只能回老家读书，等到小儿子到了五年级我也把他送回老家上学，真是难啊。

您希望政府出台什么政策解决这些问题呢？

我也不懂国家政策问题呀，我说了也不算数啊，就是小孩入学这方面希望国家能够放低一点公办小学门槛吧，或者为那些私立的小学多点资金支撑，然后异地中考、高考制度改一改，主要是孩子呀，这可是我们这一辈全部的希望啊！（吴叔叔长叹了一口气）

• 访谈者后记

在这个大都市里，有人穿着礼服，涂着精致的妆容在巨大的玻璃幕墙内享受着上层社会的华丽生活；有人挤在几平方米的棚户里，每日透支着自己的体力，在城市的边缘缓慢上升，虽有一丝失望却仍对未来充满希望。这就是新生代农民工群体，他们为城市建设作出了巨大的贡献，却始终走不出固化的阶层。如果不是因为这次访谈，我也许可能永远无法真正体会到他们的心理感受吧。

在访谈中,吴叔叔也表示他最忧心的还是子女教育问题。也许日复一日单调且超大工作量的工作不能给他们带来希望,他们最大的希望应该就是下一代吧。现在吴叔叔的孩子在一家将要倒闭的民办农民工子弟学校上学,笔者也曾去过那所学校做志愿者,孩子们的教育资源占有率无法和城市子女相比,他们往往读完初中就离开父母返还家乡了。

我国始终是以工人阶级为领导,以工农联盟为基础的人民民主专政的国家。农民工群体是由农业转移到工业的群体,兼有农民和工人的特征,我们应该发现他们在发展过程中遇到的问题并解决。

位卑未敢忘忧国。

美人痣姐姐的双重视角

受访者基本情况

性　　别：女

年　　龄：37 岁

籍　　贯：江苏

婚姻状况：已婚

文化程度：初中

打工时间：2002 年

打工地点：上海市青浦区

打工类型：某服饰公司套口工人

• 前记

这位访谈对象的身份是最为与众不同的，至于为什么不同，待您阅读主体内容时，便可发现。这位姐姐给我印象最深刻的地方就是她右嘴角的那颗美人痣，可能这也是让我记住她身份不同的一个外貌特征吧，所以我叫她“美人痣姐姐”。美人痣姐姐的性格十分腼腆，但是身着花裙子又给人一种朝气蓬勃的感觉，让人感觉她是一位很好交往的人。实际上，由于她内向的性格，在访谈过程中需要我引导她去说，去表达她在生活中的感悟。

我随便问您几个问题，您别紧张，回答就好。您是哪里人？

我是从江苏省嫁到这边来的。

您在这里多久了？

在这个厂里待了10年了。

您是哪一年出生的，您今年多大了？

我1980年出生的。

您是上了初中还是上了高中？

初中。上完初中就来上海这边打工了。

当时为什么会选择来上海呢？

因为老家的人都到上海来打工，我们江苏省的到上海打工的多。

您最开始在上海做什么呢？

我一来就是做这一行，一直做这一行，都没改过。

您在这里主要是做什么的？

套口。就是这个衣服嘛，它需要把机器织下来的片子合起来，就是像你这件衣服要把它的片子一块一块合起来，领子什么的一个一个转下去。

是自己学的吗？

厂子里有师傅教的，以前刚学的时候跟着别人学。

您最开始是在这个公司吗？

最开始不是，后来有人介绍就过来了，这边的待遇比之前的厂子高，效益也好一些。而且我丈夫是青浦人，在附近做电工。

您当时作为外地人来上海这边的时候，有没有受过什么不公平的待遇呢？不只是在这一家公司，还有在社会上？

好像也没有吧，我们小姑娘出来打工就是比较幸运一点，小姑娘总是有人家照顾一点，也没有人欺负，感觉还好。

总体而言，在上海觉得过得怎么样？

就是这么平平淡淡的，感觉和家里一样的。

您觉得上海这个城市有什么和家乡不一样的地方吗,为什么那么多人选择来上海?

你说上海大都市多好,肯定比我们乡村要好。

您在这边大概一个月工资多少?

一般的情况下,我 5 000 块钱不到一点。

您和您丈夫一个月加起来的收入一共是多少?

应该有 10 000 多块吧。

每月生活支出又有多少?

这个我还没仔细算过,一个月我估计也要 2 000 块钱吧。

其实还好。您夫妻俩不存在租房子的问题是吗?

不用租的,丈夫是上海人,家里有房子的。

您觉得有压力吗?

我觉得还好吧,没什么压力,主要压力是孩子的学习状况,因为现在孩子读书好一点,所以也没有什么。

如果用几个词形容您在上海的感受,您会用哪几个词来形容?

我就觉得平平淡淡,在上海这边还算蛮幸福的,就是觉得家庭很美满,工作也很顺利。

您从一个旁观者的角度说也可以,或者结合您周边朋友的经历也可以,就是在上海针对外地人而言有没有什么不太公平的事情呢?

我觉得现在还好。原来有一点吧,我记得以前的劳动法没有那么完善,像我们刚来的时候,有的要押钱、身份证什么的,现在这些都没有,我感觉比我们刚刚出来打工的时候公平多了。

对本地人会有这些要求吗?

不会的,我们外地人之前要押点押金,现在都还好。进这个厂就不需要交押金了。

您是哪一年来这个厂?

好像是 2002 年来的。

接下来一直打算在这边干到退休吗?

应该是的。

您对工作环境很满意吗?

对，我也不是有什么野心想怎么样怎么样，所以我觉得应该是的，我只需要平平淡淡就好了，有吃有穿有房子住，收入也还好。

您觉得您的付出和回报成正比吗？

人家拿高工资或者是有高的学历，或者是技术更高的，你付出得多就拿得多。

总体而言，您觉得上海是公平的？

我觉得还好，在这个厂里面觉得还好吧。

您来上海这么多年，平时交往对象都是？

厂里的，老公的一些朋友。

就是外地人本地人都有？

对。相处得蛮愉快的。

休息的时间一般都会做一些什么呢？

休息有的时候也会出去旅游一下，比如说像我们晚上的时候，周日就在家里面做做家务，家里毕竟还有很多家务要做的。

你们一般选择去哪些地方呢？

我们也不喜欢去远的地方，就是近的地方走一走。

您平常有回老家吗？

有回的。

大概频率是？

一年可能也会回去两三次吧。

我想问一个，就是我挺好奇的问题，在您没结婚之前，您有想过在上海定居吗？

没有，我真没有想过，毕竟我也是在厂里认识我老公的，我刚到了上海的厂子，那时候我和我老公是在那里认识的。

如果说他不是上海人的话，有没有想过说，您一定会留在上海？

没有想过，那时候就是抱着打工的心态，因为小姑娘嘛，就是毕竟以后看嫁到哪里，我们出来的时候就一直想着回老家嫁人的，因为家里的人沟通得好一点，没想到嫁到这里，这个也是缘分。

出来打工，其实小姑娘还是想回老家的？

对，在哪里长大，总归还是想着哪里的，每个人都是这样，对从小长大的地方是有感情的。

现在后悔吗？

不后悔。因为现在交通方便，我们以前出来的时候交通没有那么方便，现在交通方便回家也没有多久的。

觉得您和家里儿时的同学相比，您现在的生活怎么样？

我觉得家里的同学，不好相比，因为有的人，人家发展得很好的，在家里面种地的也有，在外面当老板的也有，怎么比。我的性格可能是不善于争抢，只要我生活过得安逸就好。

我大概懂了，抛开这个厂，问一个最核心的问题吧，您自己觉得上海这个城市公平吗？

我现在看着应该还算公平的，因为我没遇到什么不公平的事。

身边的外地人也没有说有什么不太公平的事情？

我们交往的范围也小，没遇到过这种事情，个个都像我一样，我交往的对象都是像我一样，都是平平淡淡的，也没有什么感觉公平不公平的。

好，那我大概了解了，谢谢。

• 访谈员后记

美人痣姐姐与之前访谈的对象最大的不同点在于，她是一个嫁入上海的新生代农民工。当谈及她的家庭时，可以看出来，她像一位妙龄少女，脸颊微微红润，觉得和自己的先生、孩子生活得很开心。她相信工作中只要付出汗水和努力，自己的收入和付出是成正比的。加之，不存在子女教育问题的不公平，对自己的收入较为满意，生活压力较小，介于上海人和新生代农民工之间的她，在上海的生活是很幸福的。

安静的人更需要安慰

受访者基本情况

性　　别：女

年　　龄：35 岁

籍　　贯：四川

婚姻状况：已婚

文化程度：小学

打工时间：2005 年来到上海市

打工地点：上海市奉贤区海湾镇

打工类型：某餐饮店保洁工人

- **前记**

她穿着一件粉色的羽绒服，衣服显得很肥大，袖口的地方有着程度不一的油渍。凌乱的头发上戴着一顶并不适合她的帽子，看起来是食堂统一发的那种样式，一个人静静地坐在二楼走廊外的餐桌前，低着头，一直在按手机键。她的打扮和行为引起了我的注意，便不由得坐在了一个距离她一个桌的地方。走近了一看，才发现她仍在用着七八年前那样的老式手机，只能打电话和发短信。但她仍然在反复地按那手机的按键，不知道正在做着什么。我想看清她的样貌,但她却始终没有抬起头,直到我开口跟她说话。

请问,您是哪里人呢?

老家是四川省的。

我们的老家离得挺近的,我家在贵州。云贵川三省是挨着,家乡话都挺相似的,听到您说话还觉得挺亲切的。

对的,这几个地方的方言几乎都听得懂。

您是什么时候来的上海呢?

我们来了有10多年了,好像是2004年、2005年来的,记不太清了。

您是自己一个人到上海来是吗?

我老公和我一起来的。

你们是在这边开了店吗?

不,我们都是来这边打工的。

你们是通过什么样的途径进来的呢?是通过亲戚朋友介绍的吗?

嗯,就是老家亲戚那边相互联系,然后就来上海了。

除了您和您老公还有其他的亲戚朋友也在这边吧?

是的,姐姐妹妹们我们这一辈的人都来上海好几年了。

你们这是全家出动啊!

可以这么说。

这样啊,您从一开始从四川过来就是在这边做这个工作吗?

我们一开始是在工地上干,我们是那种老实人,也不会做其他那些投机取巧的事情。刚来的时候在工地上工作过一段时间,然后就转业了。(从样貌来看,她的确是那种老实巴交的农村人。)

您是什么时候来我们学校餐厅工作的呢?

在这个餐厅也已经做了5年了,从2011年开始做这个的。

您工作的这五年当中,会不会觉得有什么不公平的地方呢?

也没有觉得什么不公平,反正老板也蛮好的。我们也不是单单只给一个老板做,今年帮这个,明年可能帮那个。哪里待遇不好一点,就去帮其他待遇好一点的老板。

意思就是谁给的待遇好一点,你们就去帮谁干活是吧?

对的。

是什么原因是让您从四川来到上海的呢?

因为家里穷嘛,我们四川省经济发展得不太好。在老家那边我们也没什么技能,我们的工资水平是很低的,所以就想着早点出来打工。(从手机上看了她老家的样子,感到她确实没什么选择。)

嗯,西南地区经济发展还不太好。

不过我看你挺厉害的,还可以从贵州考到上海,你是多少分考进学校的?

嗯,500 多分嘛,比我们学校录取线高一点点。不过在云贵川三个省份想高考考到上海的确是挺难考的。那您自己的学历水平是怎么样的?

我没有学历的,小学都没有上完,还说什么学历呀!

您是小学毕业是吗?

不,小学都没毕业,数学验算倒是学了几天。嗯,我们都是那种老实巴交的人。你做的是记者还是什么?我们这是要用来做什么的?(她的语气有些焦急)

我们是要做关于外来务工人员公平感的一个研究,通过对这个群体的访谈,了解一下他们的心里面的想法。这不会透露您任何私人信息的,就是想了解一下大家心里面的一些想法。

哦,这样啊。

方便透露一下您每个月平均收入大概有多少吗?

只是我一个人的话,一个月就 3 000 块的工资。

这个工资水平还满意吗?

还不够理想,在上海消费是很高的。

您老公的工资也是和你的一样吗?

他没有在这边做餐饮清洁。他在工地上干活,也会做一些零散的活。一天下来也是只有 200 块钱,除了生活费也就没有多少了,平时想起来觉得蛮辛苦的。

的确是蛮辛苦的了。

孩子还要读书,要送两个小孩读书。(脸上哀愁布满)

对,这边的大学消费真的是挺高。

是的呀,过去我们比现在还要辛苦的。

真的很辛苦,你老公的工资还具有不稳定性,气候稍不好就会影响上工时间,遇到雨季工资还会比平时低。

的确是不稳定,我老公的工资怎么算的呢。就说工地上有时候下雨、停电、缺材料什么的都不能开工,天气好的时候每个月能干二十天活。

嗯,真的是。最近快要入冬了,如果天气不理想又要削减收入了。

我们是从大山里走出来的,没办法嘛,只能比别人更辛苦一些了。

我知道,因为我家也是贵州的一个中小城市。很多农民工都没有什么太强的技能,收入可能比这边更要不稳定。

县城里面还好一点,有的农村里面你都想象不了的。不过现在国家也在开发你们贵州省了,以后应该会好很多的。

嗯,最近两年才开始加快建设的,不过开发的效果挺明显。有时候在外面上一年大学再回去你可能有的路都不认识了。不过虽然开发的快但有的方面是一时半会儿改不了的,我自己从贵州过来都感受到和自己其他同学比起来有些不太一样的地方。可能有的显性方面比他们稍稍弱一点。

你还好,还能考到这么好的学校,读书出来就好了。你们专业读出来是干哪一行的?

我们吗?我们这个出来可能是考公务员会比较多一些,不过也有很多同学是去干别的职业,只不过我们专业比较占国考的优势吧!您觉得自己的经济状况在未来五年内会变得越来越好吗?就是自己的经济方面、压力方面等。

要怎么说呢?当初选择让两个小孩读书,就决定了我们在老家建不起新房。我们现在房子都没有,肯定还要5年,或者10年可能才有钱回家去。

您现在和您老公是租房住在哪里呢?

我们很多人都住在附近的村子。那个村子就在这边过去一点点。

每个月房租贵吗?一个月房租大概多少钱啊?

房租150元,加上水电费这些就差不多200元了。

您租房的地方环境怎么样?

房东还可以,对我们都还挺好的。环境方面来说也没什么可说的,因为大家住的都一样,也没什么可比较的。

还不错吧?

怎么说呢,每个月按时给他房租他也没什么可说的。

您每个月最主要的花销是在哪个方面?除去自己的基本的生活必需,还有什么特别的支出?

经济花销方面主要就生活费这边,不过家里还有三个老人,我公公90多岁了。每个月要打一些钱回老家给父母用的。你们写的这些会上报吗?

不会的,您不用担心。我们是做研究用,您就像是当一个你们这个群体的代表一样说说自己的切身感受就可以。

说实话,我们活的这辈子,真是很苦的。那个时候我们的孩子还很小,我们自己连饭都吃不饱,看着小孩子上学的成绩还可以,老师也会夸奖小孩子。才想到出来打工挣钱供小孩子上学,但是我们什么技能都不会,就只能做苦力嘛。家里还有三个老人,大部分的经济来源就靠我们在这边挣钱,所以我们还要往老家给父母寄钱。他们三个老人在家里,没有在老家赡养他们,肯定要挣钱往家里面寄过去。(说着这些话的时候,她的声音越发哽咽,眼角也有些泛光了。)

您每月会给家里寄多少钱呢?三个老人应该是需要蛮多的。

每个月也寄不了多少,1 000多块钱左右就可以。

您和您老公一个月收入加起来大概6 000多元,然后每个月需要寄1 000多块给老家供父母,那除去生活开销应该还有所剩余的吗?

还得生活呀,在上海这个地方消费水平是很高的,即使能剩也剩不了多少钱。

对的,我们每个月在学校光吃饭就要一笔钱。您主要的心理压力是来自哪个方面的呢?

压力最主要还是经济方面!家里有一共有三个老人,因为以前在老家送小孩念书的时候欠别人账,欠了有七八万元的账,也不知道什么时候才可以把这些钱还上。在这个情况下压力真的大,每个月也剩不下多少钱。我们是老实人,就下点苦力干活。现在就慢慢还了。还没有房子,什么都没有。

(短暂的沉默)是的,你们从抚养孩子上学就欠了很多钱,您和老公的收入加起来也就6 000多块,而且还要往家里面寄1 000多块。那你们一个月就只剩4 000多块,还要除去生活费、房租费,你们一个月能剩多少钱?

就剩个两三千块吧,两三千块钱都是生活紧一点的情况。

您有想过要回去四川吗?

想啊!做梦都想!想回家,可是回去家里房子什么都没有,回去干什么?

什么都没有?那三个老人是住在哪里?

我娘家的爸妈就是两个老人,我爸妈现在还住在以前那种土墙的房子里,我想你应该是知道的。

对,我知道那种土墙房子。每到清明节我们都会回到老家,老家那边有的老人住的房子还是您说的那种土墙房子,常年不维修是很危险的。

我爸妈住的那种土墙房子都快裂成危房了。还有我公公这边有他们弟兄四个,他们在老家没有出来打工,因为我们没在家里照顾老人那我们就只能出钱赡养老人。心里很想回去,上海这边都没有亲戚,但是回去连个家都没有。

对,就是想回去,但回去也没有落脚点。

像是我们这种情况,你们可以写文章反映上去吗?

嗯,我们会对情况特殊的外来务工人员,反映他们的真实情况。因为外来务工人员的特殊情况太多,都是因为各种不得已的原因来到上海,选择来打工,但其实背后都很辛苦,有着很多不为人知且让人感到难过的地方。

心酸!反正就是。我们想起就心酸。没有房子,还有三个老人要赡养,又欠着七八万块的账,真是心酸。就靠我和老公两个人省吃俭用一年又一年地度过。

您在这里工作,和同事之间的关系都还挺好的?

还可以,和大家相处都挺融洽的。

平时除了工作时间,还有什么时候可以放松一下?

除去工作时间,那就是等到放暑假的时候才可以短期休息一下。我身体也不好,放暑假就在家里休养,也不出去,最多也就是在附近散散步。

会选择和老公出去玩一下吗?

没有,我们从来都没出去玩过,出去玩要花钱。我哪里都没去过,他们说的东方明珠、外滩什么的我都没去过。

没有去过,那就在奉贤周围逛一逛。

奉贤周围也没去,就在家里,没事就待在家里。

您和您老公来上海5年了,周围都没去过吗?

哪里才5年呐,我们都到上海这里11年了。哪里都没有去过。

说实在的,我从来没有想象过在一个地方待了十几年但是却还是很陌生的情形。您对上海这个地方还是很陌生是吧?

是很陌生的,我们是农村来的嘛,也没什么钱,也不敢随便去哪个地方玩。又还欠着账,就更不想出去熟悉了。

您还计划以后仍然要在上海待下去吗?

不可能,很想家的!很想念老家的,一般亲人都在老家嘛,有时候睡到半夜睡不着了,就坐起来想他们。想着已经在外面漂了那么久了,很想有那种家的感觉。

准备什么时候回去呢?

我们也想现在就回去,但首先是没有房子,又欠七八万元的账。想把这些账慢慢还了就回去嘛。你回去一是没有钱,欠人家的钱,人家问你什么时候还,你听着也不舒服。

一个月剩余2 000块,五个月就是10 000块。一年到头辛苦工作可以存下20 000块钱,的确是还需要几年的时间。

20 000块是最多的了,很多时候就只能还一两万的账。

至少还要在上海待五六年才可以回四川老家。

嗯,再待个几年。现在手上有一点钱,等钱筹得差不多了就回去随便盖一个茅草房,够我们夫妻俩住就可以了。真的很累,我们真的累得不得了。

其实我还不怎么挂念公公,他还有三个儿子在家里,我老公的哥哥弟弟没有计划让小孩读书,所以每个人都把房子造好了。只有我们,我们就想让两个小孩读书,我们就是一直都辛苦得不得了。我的公公有三个儿子在家里,我也挺放心的。就是我老爸老妈那边，他们现在住的还是危房。我们是真的很挂念他们！

• 访谈员后记

不知道是不是因为她的老家四川和我的老家同样是在西南，还是因为她的经历让我感到很难受，她的声音与神情始终映在我的脑海中，难以忘怀。“我们都是老实人，过的日子真的很苦。”她不断通过那沙哑的语调重复着这句话。但仅仅一句话哪里又能体现到她辛苦的万分之一呢？一开始，为了抚养自己的两个孩子上学，夫妻借债离开四川来到上海打工，但是两个人却又都没有什么生存的技能，只能靠自己的劳力来换取金钱。而没有考虑让自己子女继续读书的亲戚都在老家用钱早早盖好了房子养老。“想回家，却又不能回家。”这是最让我触动的话语，每个月他们夫妇两个挣的钱加起来不过 6 000 元，要生活，要缴子女的学费，要还账，这些都一直都压在他们的头上快 13 年。“我真的很想我的父母，还有我公公我也是很想他们的。”我从来没有想过会有一个素不相识的陌生人向我倾诉她内心温柔的情感，我很感激她对我的信任，但我能对她做的却十分有限，这是让我很难受的地方。我很早就知道西南地区穷，但是我从没能够想象到像她一样情况的人，直到现在我还深深地埋怨自己不能为她去做些什么，所以我拼命地去关注他们，表达着他们的情感，希望能对他们有所帮助。来到上海十余年，她始终对周围一切感到陌生，她从来不曾去也不敢去周围很远的地方。因为她知道她在上海这个大都市出去就意味着花钱，她的身上还背负着多少东西。她说：“等子女都结婚了，我们的担子也没那么重了，再工作五六年，能把账还清，回去和老伴盖个茅草房就凑合过就行了。”听到这里，我却找不到话语去应对。

其实，安静的人，才是最需要安慰的人。

干练的“女强人”

受访者基本情况

性　　别：女

年　　龄：37 岁

籍　　贯：江苏

婚姻状况：已婚

文化程度：初中

打工时间：2006 年

打工地点：上海市青浦区

打工类型：在某服饰有限公司分管质量

• 前记

“还要录像吗？等我打扮一下。”在访谈前，一位年轻的女子在梳妆打扮自己。她拿着自己的小化妆镜，像位正在恋爱中的少女一般整理自己的一头清爽的短发，看看自己的装束是否整洁。她很爱笑，单眼皮的她笑起来很暖，给人治愈的感觉。“我好啦，可以开始了吗？”她语速较快地问道。起初我以为她是因为期待接受访谈，语速变得很快，后来访谈中发现，原来她就是这样一个爽朗的人。

您是哪里人？

我是江苏盐城人。

您方便说一下今年多大了吗？

37 岁。

您是初中还是高中毕业的？

初中。

初中毕业直接就学了这项技术吗？

初中就出来打工了，之后就进了这个厂子，慢慢培训出来的，之前没学过相关的技能，进了这个单位以后才慢慢学起来的。

您是怎么进这个单位的？

朋友介绍。朋友在里面上班，听说这里招聘就来了。

当时为什么会选择出来呢？

在老家也没啥发展，看到别人都出来了，这个打工潮也是一代一代形成的。

您当时选择上海这个城市，是因为工资高还是其他原因？

我到上海还是跟着我姐来的，因为我姐一开始就到这里来，如果我去另外一个城市，人生地不熟的，生活就没照应了。

您姐姐现在也在这个工厂吗？

不在，我姐只是在这个城市。

在上海生活得还舒服吗？

节奏有点快，比较忙碌，而且现在交通有一点堵。

家里有车吗？

现在有。

在上海买的？

我是嫁到上海的。

您和您丈夫是怎么认识的？

我姐夫他们的亲戚介绍的，我姐姐也是嫁到这里的。

您在这个工厂主要负责什么？

我现在管着产品质量，还有每一道程序的做法和流程。

质量一般怎么检查呢？

检查质量要看每一道程序的，要按照每一道程序的做法来检查，检查电脑计算的问题，制片的问题，站到套口就要检查套口的问题。

大概工作时间是怎么样的？

工作时间就是星期天休息，单休，工作日是早上一般7点半到下午5点。

一个月工资大概是多少？

就是我们这个职位上面的工资？

大概是多少？

不太方便说了吧。

你们一家每个月最后能剩下多少钱呢？

差不多剩下一个人的工资吧，孩子也大了，小的时候还可以左右他，现在慢慢开始左右不了他了。

孩子一个月消费多少钱？

说不准，他现在上学，课本、衣服、零食花费挺大的。

整体而言，您觉得过得幸福吗？

我觉得还可以的。可能是这几年比前几年好很多。前几年污水沟都是臭烘烘的，这几年开始慢慢清理河道，环境慢慢在改变。

在精神上，就是说家庭也好，工作也好，或者说其他方面，您的压力大吗？

我觉得家庭上面没什么压力，工作肯定是有一定压力的。像我们管产品质量的，多多少少，总归有一点压力的。

如果质量不过关，责任是挺大的？

对，这个工作肯定是有压力的。因为人比较多，不是像人家纯机器的很好控制，这种都是手工活，每个人都是手工活，挺累的。

可能工作上还是有点压力，经济上是没有什么压力的？

经济上就是多拿多用。你的收入跟你的支出要成正比，你不能拿6 000块，你用7 000块。

您觉得收入和付出成正比吗？

还可以，只要在这里做，肯定成正比。

就上海这个环境而言，您觉得上海整个社会是公平的吗？

那怎么说呢。感觉社会上有些关系的人门路多一点，没人帮你一把总归门路少一点。哪里都是这样，国外都是这样的。

有没有听到过周边朋友发生了不公平的事情？

社会上这个方面肯定是这样子的，身边也有朋友，要进这个单位，有个人总归好一点，有个事情找一个人，就像去医院看病找个人都不用排队，不用说别的了。

看病要花钱，送红包这种吗？

那个是属于重大事项的，看医生如果花了很多钱和精力，医生就能给你尽心尽力了，如果有的人态度不好，医生肯定态度也就不一样了，对吧？

对于您周围朋友而言，可能会觉得上海人会区别对待本地人、外地人或者是不同阶层人，对吗？

有一次我一个朋友说小孩子读书方面的问题，要落户积分才能升学之类的。他们就觉得我在这个城市上班，为什么不让小孩在这里高考？可是你换个角度想，又不一样了。因为政府压力也大，积分够的话就会安排。我还一直跟他们开玩笑，我倒不考虑小孩的读书问题。因为我嫁到上海，其实也算是本地人了。

从本地人的角度看，您怎么看外地学生在上海读书这个问题呢？

我觉得作为本地人来讲，学生越多对上海人来说越不公平，因为这样的话竞争越大。按照外地小孩子心里想的话，人家父母在这面打工一年见到一次，这个我也很纠结的，因为我也是外地打工过来的，我也是一年回家一趟，也是见识过这样子的。

您来这么多年，您觉得您已经能融入上海了吗？

差不多了，肯定融入了，不融入也待不了这么长时间。

您平时的交往对象都是？

我在家里面大家都是上海人，进了单位，在单位里面本地人也挺多的，本地人、外地人大家一起工作。

您觉得从一开始您还没有嫁人的时候，和本地人交往的时候有什么不太适应的地

方吗？

不太适应。就像我们现在这个心态，我虽然现在嫁给本地人了，但是大家都是这么过来的，大家都是凭着交流逐步相处的。

其实就是分人？

对，这肯定是分人的，有的人就会说外地人怎么不行的，遇到这样的人我就会说上海如果没有外地人也建设不到这样子。

他们一般为什么会对外地人指指点点呢？

有些人的素质不好，有些人的素质是很好的，不能把外地人一概而论，在上海有些人的素质不行的。就像村庄里面三个人并排走路，人家后面电瓶车鸣笛，他们理也不理的，这就是个人的素质问题，不能一概而论。不过有些外地人听到这些话容易和他们打起来，所以上海郊区的本地人是不敢跟外地人斗的。

最后一个问题，就总体而言，您觉得上海是公平的，是吗？

公平的，有能力者多得。

• 访谈员后记

访谈过后，发现她和美人痣姐姐的身份一样，是具有双重感受的人。从个人而言，她是从农村走出来的新生代农民工。从家庭而言，她是一位新上海人。在此种情况下，如何看待在上海的生存，对上海生活的感受便是从多个不同的角度来看待和体悟的。但对于公平的问题而言，这位姐姐认为在工作的地点还是比较公平的。

懂得知足对我们很重要

受访者基本情况

性　　别：男

年　　龄：37 岁

籍　　贯：山东

婚姻状况：已婚

文化程度：高中

打工时间：2017 年初

打工地点：上海市徐汇区

打工类型：建筑工人

• 前记

“他的是炸弹，应该是两个棋都一起没有了。”

“哈哈，你这样当裁判会让对方知道我的炸弹已经没有了。”

“啊？没想到下军旗当裁判不是那么简单的事情呀？”

今天下雨，所以采访对象并没有去上工，而是在社区的军棋桌上下起了军棋。一开始我只是在边上看，但到后来我却变成了他们下棋的裁判。时间过去了两三个小时，他们

“杀”得酣畅淋漓，到了后面我也更加熟悉游戏规则，没犯什么错误。好不容易有了扮演裁判的机会，这种体验对于我来说是不可多得的，这样在不知不觉中就过去了三四个小时。

老李头戴着一顶普通的黄色安全帽，帽子遮住了他的眼睛，可以看到的是那挺立的鼻梁和薄薄的嘴唇，整个面庞轮廓看起来确实有些许英气。他说话的声音有些许沙哑，是那种在岁月中铸成的沙哑，让人印象很深刻。一些人生哲理的句子会时不时地从他的嘴巴里面说出来，看得出来，老李对待生活的态度是细腻的。这让我对他的兴趣更加浓厚，待他下完棋后便提出和他聊聊的想法，他答应得很爽快。

您好，我就是了解下你们在这边的一些情况。您应该不是本地人吧？

山东来的，我就是来这边打工的，出来就是赚钱的。

顺便问下您的年龄？

1980 年。

您是什么时候过来的？

高中毕业以后，不过，我来到这边两三年了吧。

您结婚了吗？

结婚两年了。

他们住在哪？老家吗？

对，在老家。

您觉得在这边有没有生活压力？

一般吧，反正来上海的赚钱途径多一点，就是天天干活挣钱。其实也不能说没有一点压力，要是一天不干活，家里老婆孩子都在等着吃穿呢。在这赚一个月够家里吃两三个月。

也就说在家里一个月消费一两千块钱，对不对？

是的，在农村差不多就足够了。

方便问下您的工资吗？

一天 200 多块吧。下雨天就可以不用干活了，可以有些娱乐的。但不下雨了，又得干活了，其实挺不想干的。可是不干咋吃饭呢，上海的消费水平也高，一天光吃的就差不多

30块。

是的，我们在学校吃差不多也得30块。您来上海也两三年了，会有一些压力吗？

心理方面倒没有，就是在工作上有些压力的。有很多事，烦心的。不干活不行，必须得干，很不自由。

不下雨的时候都得干活吗？

对，只要不下雨就得干活。会有考核的，一天上没上班老板都知道。没有老板会说，今天你可以休息，我还给你发工资。下雨天都是没钱的。

您觉得在沟通方面和上海人有差异吗？

这个没有，我们根本就接触不到上海人。

是这样吗？

我们和上海人不接触。在马路边也天天都能看得见上海人，但什么事也谈不上，利益关系、事业关系都没有。

会有一些不公平的地方吗？

不知道该怎样说，就是感觉有一点小小的差异化。这也没什么关系，他们上海人又不会跟我们抢工作。

您在上海这边生活上有什么感觉不一样的地方？

就是感觉和上海人交流起来不是很顺利。上海人福利比较好，哪个人没有公积金呢？而我们就没有。我们只有保险，但是保险就是花我们的钱。现在这个保障已经到了极限了，除了一个保险我们啥都没有。现在进工地，必须有意外险的，农民工发生意外了，有意外险，这样老板就可以少掏钱。农民工除了意外险，啥都没有的。现在农民工没有意外险，进不了工地。就像交强险一样。他还是为了自己，就是为了自己的利益。厂里边有要求，没有五十万元以上的保额，不让进厂的。上海的五险一金，像我们这些农民工怎么可能享受得到呢？五险，也就享受了一险。我们就没有住房公积金，人家是上海人嘛！

还有什么其他感觉不公平的地方吗？

什么公平不公平了，对我们而言，干一天给我们一天的钱就可以了。可能住房公积金有的单位会提供的。但是，我们就没有这个要求。就像你们问我们和上海人的差距在哪里，其实他们的一套房子就够我们干一辈子了。

在接下来,希望有哪些福利方面的改进呢?

人的欲望是无止境的。这些都没用,很多也不可能实现的。

您现在最迫切实现的是什么?

这个呀!想不到的。就像中彩票一样,基本上是不可能的。最多就是,今天多干些活,老板多发点工资,多涨些工资。

对,这也是现在迫切需要解决的一个问题了。

就像你现在特别饿,你就不会想着吃什么了。当你在一个前不着村后不着店的地方,你就不会想着什么牛排海鲜了。对我们而言,能够吃饱就可以了,顶多想着吃好一点,有点肉吃。感觉在上海这边,一个月能挣到六七千块就是很不错的了。

您在这边打算待多久呢?

我一天也不会多待。在这里,我每天拿到200块就可以了。哪天没有活干了,我就离开了。

您会想着回老家吗?

对,会的,只要有一点机会,我就会选择回去的。但是在这里的每一天,想其他的也没用的,想着填饱肚子就可以了。现在不仅想着自己可以填饱肚子,自己的家人也可以填饱肚子。顶多想想怎么出的力少一点,挣的钱多一些。一个人一个月拿6 000块,如果现在给他10 000块,他肯定还是不满足的。肯定会想着要更多的。人的欲望是无止境的。但是,如果让你背着包,一天走三十公里,给你一个馒头,你可能会去走。但是慢慢地说走三十公里再加一块红烧肉,你就可能会想着干一天歇一天。有的时候,人会想着不仅要有钱挣,还可以一家人在一起团聚。好多人就算在上海,还是会想着回到家乡去的。每年的春运就可以看出来的。那么多人,也是被逼无奈的。都是被逼无奈来到这个城市挣钱的。

如果有机会,您会想多了解这个城市吗?

怎么了解呢?已经很了解了,房价那么高,买都买不起,就算中彩票,也不一定能买得起。怎么了解呢?其实慢慢地你就会知道你在这个城市的位置了。上海这个城市,最不缺的就是农民工,太多了。

不是说好多都离开了?

这个怎么说呢!其实不是说落叶归根,干不动了,自然就回去了。就算回去了,也会想着再找其他工作。我现在就被欲望控制。一开始羡慕日出而作日落而息的生活。后来就想着多挣些钱，买买车了，买买房了，还是被物质迷惑。农民要是不被物质迷惑，就没有农民工了。农民在家里，就那些承包地就可以吃饱了。

对！

人都是被物质迷惑，谁也无法逃脱的。你有十万块，你还会想着三十万块。我现在有一百万块，我会想着买套房，买辆车。人的欲望是没有边界的。但是在家里盖个房子，住着也挺好的，比这边舒服多了。没有车，其实慢慢也会习惯的。人呀，还是没有想开。一直想不开，一直想着，等老了，干不动了，就想开了。有的人，不想媳妇想儿子，不想儿子想媳妇。每天路过那里，看着他们都是几百万的、几千万的身价喝着咖啡。这就是差距，这就是感受。你没在上海过年的时候待过吗？

没有。

过年的时候，你在上海待一次就知道了。百分之六七十都是外来的。都挤着来上海这里，你会深刻地体会到的。事实上就是这样，这里遍地都是钱，就会用呀！你回到家就不一样了，就业机会自然也不多了。就是这么一个道理呀！在老家，一天 10 块钱，随便停车。这边，一个小时 15 块，停得起吗？

说得也是。谢谢您接受采访。

• 访谈员后记

“如果说我希望老板给我涨工资，老板今天给我涨了，那我后面肯定会更想涨工资，人就是这个样子，欲望就是无穷无尽的，所以人懂得知足对我们来说是很重要的。”老李这样的回答我也曾听到其他民工对我说过，但是从老李的口中说出来还是令人震撼的。是呀，老李只是希望老板每天可以把工资按时结到自己手中便已经很满意了，也没有指望可以获得更多的经济条件，在上海这个地方打工的工资比在老家高出不是零星半点，在这里能做一天就多做一天，等做不动了就回家过日子就是老李真实的想法。

“我对这个城市也没有什么过多的期待，虽然来这里几年，但是我根本就不了解这个地方，我也管不着。”每当我试图问老李希望从哪一些方面去改善他们的生存状况时，他的回答总是这句话,即使想说些什么,但都会在前面加一句“说了又如何,还不是一样”。他就是这样内心怀揣着些关于改善现状的希望,但是却也会用让自己容易满足的说辞来应对自己内心那些微弱的希望。怎么说呢?在和老李的对话中总会感受到些许哲学意味,用他自己的一句话来说就是——人就是要不断修行,你才可以理解很多东西。老李跟我说了一些他过去的经历,那些经历对我来说可能还有些许深刻,但的确是吸引人的,我很感激老李对我的坦诚相待。

美籍华人为什么排第一

受访者基本情况

性　　别：女

年　　龄：27岁

籍　　贯：江西

婚姻状况：已婚

文化程度：高中

打工时间：2011年来到上海市

打工地点：上海市奉贤区海湾镇

打工类型：餐饮店铺

- **前记**

在上海师范大学的东门外，有一条小街，开的全是小吃店，学生们都喜欢去那里光顾。上海的夏天格外热，火热的天气也带火了一家卖炒酸奶的店家，门口总是有着络绎不绝的学生。我去的时候大概是下午两三点，学生们大多在上课，店铺还不是高峰期。走进贴满炒酸奶壁纸的店铺，可以看到一位穿着红色衣服的女性坐在收银台后面，我向她要了一杯炒酸奶，聊了几句，随口向她提了下我访谈的事，没想到她欣然同意了，就让我在旁边等她做完我这份炒酸奶就开始我们的访谈。

我找了个凳子坐下，四周打量了下店面后望了望老板娘，老板娘看起来年纪不大，一身便装，脚上慵懒地穿着一双凉鞋，熟练地打开两罐安慕希，撒上果仁，一气呵成。视线再转向收银台，说是收银台，其实是一个平常不过的桌子放在那里，稍微向后瞥一眼可以看到有一个小桌子上面有蜡笔图画的痕迹，还散放着一些小孩用的画本之类的东西。

大约过了几分钟，老板娘和我说已经做好了，问我什么时候吃。我说一会儿带走的。老板娘就好心地把做好的炒酸奶放进冰箱，在收银台后面坐了下来，对我说一句“好了，开始吧”。

能介绍一下您的基本情况吗？

我来自江西，大概在上海待了五六年了，一直在这边做。

您当时是出于怎样的想法来到上海的呢？

没来过上海的人就觉得上海是大都市嘛，感觉发展空间比较大，或者是包括以后小孩的一些教育方面的，感觉比老家更有优势。没来之前，反正就是总体印象很好。那来了之后的话，感觉差别很大，主要就是小孩子的教育，就是没自己想得那么简单。

能具体说下不简单在哪里吗？

就是对外来小孩子教育的要求，社保需要满几年这种要求。然后像我们家是这样子的，我们之前小孩子上小班的时候，在她没上小班之前条件不高，就感觉差不多就能上的。但是后面就改政策了，社保要满两三年。我们没交社保，我们之前一直上，然后小班后就没能接着上。后面就零零散散地在上私立之类的学校。反正读过几个学期嘛，中班因为我们那时候是社保刚开始交没多久，所以两年肯定没达到。后面到大班的时候就差不多到两年了，谁知道插班插不进去，一直插不进去。然后他们每次公立学校都说是有名额的。比如说，按积分排，排在我们前面的都是条件很好的。特别是什么……我记得印象很深的一次，就是在幼儿园官网上有一个美籍华人，我就觉得很莫名其妙。为什么这个一定要排第一名，对不对，这什么意思啊？它就类似积分靠前面的，你知道吧？就感觉好像有点带有歧视的。然后就是类似，类似积分排的嘛。包括它有一些条件，比如你父母开工厂的，开大公司，年收入交税满多少的，可以加多少分。这些都是另外加分的。基本的就是说你社保一定要满，然后还有上海市居住证。对的，然后还有其他个人的加分，就是有点排外的意思嘛。还有就是什么特殊职业的不大记得了，具体的一些我不太确定。包括学历，也有加分的。

您觉得日常生活方面，类似支出收入的方面怎么样？

收入的话，不是太满意。现在光靠这个店的收入没法应付我生活方面的支出。我家在奉贤区这边买了房子，一个月生活方面的支出就要 10 000 多块。我们这种开店的，利润也要看时间段的。比如说我们店今年还可以，明年就不行了。那总体来说，如果这个店做得还可以的话，那肯定是比上海平均工资好一点的，对不对？开店肯定比上班工资多，如果按 4 000、5 000 块的工资来算的话，肯定会比这个好一点。

您买房子了，是希望一直在上海这边长久待下去喽？

有这个打算。孩子现在上幼儿园，接下来我们做生意也不可能跑来跑去，暂时肯定住在这边。她既然在这边上幼儿园，上一年级，如果说一年级突然中途转学……或者说就算一年级上完，初中转回老家，影响肯定都是很大的，包括她课本这一块都衔接不上的。

说说现在您孩子教育方面怎么样？有想过小孩教育方面的问题吗？比如只能回老家高考之类？

我现在也不太清楚在这边高考的话，需要什么条件。好像外地也可以，但是它有条件，具体我不太确定。这方面也没有太关注，好像它也是根据积分的。印象中好像是你达到 120 分就可以在这边高考。现在小孩子的话，刚开始因为这边公立的学校上不了，只能上私立的学校。想上公立幼儿园有要求，就好多条件。正好赶上她上幼儿园的那一年，又要到 120 积分。等到上大学本科，又要好多。就是还要社保，就是社保没交就只能上私立的。今年刚去上私立的，一个月幼儿园就要 2 000 多块。

能大概讲一下您现在的工作时间和休息时间，还有现在主要的心理压力来源吗？

主要就是小孩教育方面和经济方面吧，经济方面就是包括像现在开店都不好开，然后感觉自己找工作也不太好找。工作方面，因为我现在自己开店，早上九点钟来，晚上我会早点回去，大概七八点钟就会和小孩回去，奶奶会在这边待到大概九十点钟。休息时间的话，差不多……在店里也算休息啦。反正我们是肯定没有周末的。但是，自己开店嘛，而且这是我喜欢做的，我觉得还可以。我们店原来做的是中国联通营业厅，也维修手机、电脑。直到上学期才开始做这个(炒酸奶)。

您来上海之后有没有感受到什么不太公平的待遇呢？哪一个最影响您对社会公平感的判断呢？

我觉得不太公平最主要体现的就是教育方面。

您觉得相比上海人差距在哪里呢？您觉得要怎样缩小呢？

户口呗,其他的我感觉没什么了,但是他们待遇肯定比我们好的咯。(办证方面,边上的阿婆插了一句话。)就是办营业执照,那你就说我们外地人,比如说我们开店去办证,毕竟你是外来人口,都是用普通话说的吧,然后可能就没有本地人去办那么顺。人家一开口就是上海话,对吧？一下子就聊起来了,可能相对来说会容易一点吧。然后办证这方面就是阻拦什么的也挺多的……其实很表面化的。我们之前那个店里办营业执照嘛,就像那个水池,水池规定的要三四个,然后其实根本没必要那么多个。就是很形式化,只有再搬一个过来。为了办个证,特地要搬个没有用的水池过来摆在那里。教育都是国家性,又不是私人性质的。比如,就像外地人的小孩在这里受到教育,受到好的教育,也还是为自己国家在培养？所以这一点我想不通。父母长期在这边居住的,小孩肯定会带在身边的,现在不是留守儿童的问题很严重吗？其实我觉得和这些都有关系。像我们这边很多人都回去了。像她哥哥上小学,他们班级如果有不符合条件的,初中不能在这边上的,就劝他们回去了。如果你父母还在这边做生意,上班打工,为了生活,父母肯定不可能说回去就回去了,大部分都还在这边。

您觉得现在上海算是一个家还是暂住地？

算是一个家。我要求比较低,大家在一起就是一个家。在这边毕竟也时间长了,反正这一块基本上现在都是很熟的了,就有一种熟悉感吧。但是,因为平常都在店里,所以很少出去。娱乐方式就是上网,将来还是想留在上海,转来转去太麻烦了。

您现在最大的需求是什么呢？

我现在的话,可能就是小孩子上学方面。工资的话,要看自己的努力了,经济上面谁都一样,都有需要的。

您觉得这个社会是公平还是不公平的呢？

一般吧。

谢谢您接受采访,十分感谢。

• 访谈员后记

2011年,老板娘一家来到了上海,在上海这个繁华的城市买了房子,交了社保,一个可爱的孩子也在上海读幼儿园,以至于当我问老板娘"您觉得上海现在对您来说,是属于一个打工地,还是一个家"时,老板娘不假思索地回答"算是一个家"。老板娘把上海当成家,是因为老板娘认为有家人在的地方就是家,但是又因为她"非本地人"的身份给她带来了许多不美好的回忆和无奈,让她在"一个家"前面加上了"算是"两个字。

老板娘坦言没来上海之前对上海有着很大的憧憬,觉得上海是一个国际化大都市,发展空间大,同时在小孩的教育方面也比较有优势,然而没想到的是在教育这方面就给他们一家来了一个下马威。因为前几年社保没有交满的原因,家里的孩子一直辗转于各所学校。终于社保年限交满了,觉得小孩上学这块石头终于安稳地落下了,然而事实证明老板娘还是高兴得太早了。下一个叫作"排队"的拦路虎挡在一家人面前,但是比较开明的老板娘一家虽然着急无奈,却也表示可以理解。但是当他们看到一位"美籍华人"的孩子排在第一位时,委屈、不公的感觉充斥着他们的心。作为一个非当事人的我都可以从老板娘的语气、表情感受到她的愤怨,"你知道吧,就感觉好像有点被歧视的那种(感觉)"。

除此之外,老板娘还提到了本地人好办事的情况,对于"非本地人",有关部门总是卡着最严标准,一副公事公办的样子。

只是衷心希望所有的农民工孩子都可以公正地享受到教育资源,相信上海这个城市一定不会让他们失望。

明智的选择：为了孩子过得更好

受访者基本情况

性　　别：男

年　　龄：22岁

籍　　贯：安徽

婚姻状况：已婚

文化程度：高中

打工时间：2016年3月来到上海市

打工地点：上海市奉贤区海湾镇

打工类型：保安公司

- **前记**

在访谈之前，通过一位熟人介绍，自己侧面了解了一下王先生的情况，同时也为这次访谈打下基础。不过这次冒昧闯入他的值班室，总感觉有些尴尬。我来到他公司的时候，他正要出门执勤，我非常不好意思地道明来意之后，他和我说："我们边走边聊吧。"说罢，他便戴上执勤袖章，拿上一串钥匙在前面将我领出了值班室。他边走边说："不好意思，这时候我要执勤，看来你要陪我走一圈了。" 我表示没关系，十分感谢他能抽出时间来接受我的采访。

王先生看起来成熟很多，高高壮壮的，身体微胖，声音很有磁性，说起话来很利索，笑起来声音很大，因此开始先称他为“先生”。后来聊天时，他说道：“我和你们年龄差不多大，真是羡慕你们能安心学习，不用考虑生计啊！”我不知该如何回答，总感觉气氛有些尴尬，因为现实生活是矛盾的，我们每一个人也都是矛盾的，生活有时会逼迫我们做出取舍的选择，毕竟鱼与熊掌不可兼得。后来自己也恍然大悟，原来他的年龄和我是一样大的，所以就开始改口称他为小王。他是一位十分外向的男生，一路上和我说说笑笑，访谈的同时我们还聊了许多。

您来上海几年了呢？

一年不到吧，我是去年才来上海的。

为什么会选择来上海工作呢？

当然是希望自己来大城市锻炼锻炼，毕竟自己刚进入社会。

能问下您是通过什么途径找到这份工作的？

别人帮我介绍的。然后找到了中介公司，觉得工作还挺轻松的，所以就说好，就在这边先锻炼锻炼自己吧。

他们这里要求有什么呀？

没什么要求的。

请问您今年多大啊？

我 1995 年的，自己长得有点着急了吧！（哈哈）

噢，天哪，和我一样大。您老家是哪里的？

安徽。

来上海之后对月收入还满意吗？

还行吧。现在大概就 4 000 块左右。但是这些钱在上海生活的话，肯定不行，无法支撑生活的。并且我家现在刚刚有了宝宝，还要给宝宝花。所以每个月收入大约刚刚够花，很紧的。

宝宝？那您的生活压力真的很大。（他如此年轻的年龄竟有了宝宝，自己内心有些惊

讦)那来上海后有没有什么心理压力、生活压力呢?

生活上没什么的,都还不错。就是钱可能紧一点。对工作时间什么的,不存在满意不满意一说。即使不满意能怎么样呢,无非就是不做了。所以工作嘛,要么干要么不干,不存在满意不满意的。

来上海之前是在上学是吧?

不是上学,我之前是在别的地方,也是在外面打工,在尚德。

这两个地方有什么不同吗?

那有啥差别呢?没啥差别吧,就是工作不一样。原来在那边是纺织,工作性质不同。

来上海后有没有什么受到不公平的待遇呢?

多了,比如说,本地户口就决定了差距,其他的就没了。

就是户口?那为什么觉得这个差异大?影响到什么了吗?

影响到小孩上学啊。户口是一个最根本的东西。其他的暂时想不到了。在很多城市,做事情都要本地户口的。

除了户口,别的还好是吧?

有啥?没啥了。要么干,要么不干,公司制度就是这样,有啥不公平的。

您想在上海继续留下去吗?

那是不会了。我下个月就走了。

下月就走?为什么?

因为我不可能一辈子都干保安啊,毕竟年纪还小,还是应该多尝试尝试,多挣些钱。

接下来想去什么样的城市?

先回家吧。

您想离开就是因为不想一直干保安这个职业,是吗?

也不是。这个原因吧,怎么说呢……主要就是做保安没有办法给小孩创造好的条件。

工资的问题?

对。因为我一个月的工资仅仅够花,没有任何结余什么的。并且当父母的都希望给孩子最好的,在这边开销太大了。考虑将来,孩子上学也是一个问题啊。

为了缩小和当地人的差距,您希望有什么样的政策呢?

没有啥，主要就是上学方面吧。

您是觉得上学方面不公平？

上学方面太不公平了！就是上学不方便吧。外地人来上海上学要有户口、有房产证啊，规定很多的。没有这个证是不能上公立学校的，但是可以上私立学校。就像我刚刚说的，我的收入刚好一家人一个月过，很紧张。一方面上私立学校很贵的，另一方面教学质量肯定没有公立学校好，作为父母还是想让孩子受到好的教育。

您当时来这里有想过这方面的问题吗？

其实我当时来上海的时候，就没准备留多久，因为觉得待长久是不现实的。

您现在是把上海当作一个打工地呢？还是一个家？

那肯定家还是老家啊，这里只是打工的地方。毕竟心底的感觉还是不同的。

对上海，您熟悉和陌生的地方都有哪些？

没有具体的熟悉和陌生的地方。

您觉得和上海人比，哪里差距很大？

除了上面提到的工资、教育、户口，再就是保险问题，社会保障方面。其实这些的根源还是户口。有本地户口了，这些问题几乎，不能说全部，几乎都能解决了。

您现在最大的需求是什么啊？

我现在最大的需求是想让小孩好一点，主要为了小孩吧。当初出来工作的时候，工作的目的就是为了孩子。因为有了孩子后，就不是说挣钱为了自己了。要不然的话，自己肯定就在家里待着了。

现在您的孩子到上学的年级了吗？

没有啊。这要是到了，就要急死了。这种事情要提前的，要提前准备的。所以说为了孩子我现在在上海的工资不够多。

有想过在上海找其他工作吗？

这没想过。自己觉得有难度的，尤其像我们这种“三无”人员。

三无？

无经验，无学历，还有一个忘了。

您当时有没有觉得这份工作工资很低？

当时因为一些事情,再低也得过来。

谢谢配合。

• 访谈员后记

自己开始对小王有孩子的事情十分惊讶,因为没有想到如此年轻便会有孩子,也许在农村这是很常见的事情。在我看来,这既是幸福的事情,也是严肃的事情。因为就像访谈中他说的"为了让孩子过得更好一点",小小年纪便要承担起一个家庭的责任,他的生活压力应该十分大。

但是好在小王的心态一直很好,即使面临着巨大的生活压力,在他乡照顾自己的同时还需照顾自己的妻与子的环境下,依旧没有对社会有太多的抱怨。但是就他所提及的工资、教育、社会保障问题,都是现今农民工面临的巨大问题。

将自己比作"三无"人员的他,为了给孩子好的未来,接下来便选择背起行囊,走向远方,却没有选择继续留在这里。我们每个人都会有灵光一现的时刻,有着这样或者那样的一些想法。但是在原路无法前行的时候,有些人将这些未能满足的愿望视为他们心中挥之不去的遗憾,因此要继续固执地追求,结果却被折磨得欲行不成、欲罢不能。小王的选择开辟了新的路径。与其抱怨生活的节奏太快,社会不公,不如停下自己匆匆的脚步,仔细地留意身边的那些风景,总结和思考生活、工作的真正意义。其实我们无须抱怨,没有什么人在后面拿着鞭子赶着我们前行,只不过是我们自己不愿意放缓你追我赶的步伐而已。

访谈后自己想到这样一句话,"与其说是生活节奏太快倒不如说是我们追赶生活的脚步太急,不是生活在赶着我们前行,而是我们在追着生活狂奔"。小王则选择了另一条路,既不放弃自己的理想,又懂得自己真正想要的是什么。

最难忘的访谈

受访者基本情况

性　　别：女

年　　龄：36岁

籍　　贯：安徽

婚姻状况：已婚

文化程度：初中毕业

打工时间：2010年来到上海市

打工地点：上海市奉贤区

打工类型：个体经营

• 前记

俗话说，万事开头难。第一次访谈，自己压力很大，对于如何进行访谈也很生疏。第一次的访谈地点，自己选择了一个离学校很近的餐饮街。为了避开高峰期，晚上十点，自己穿着粉色的T恤，白色的百褶裙，忐忐忑忑地走向自己的访谈地点。起初，一圈、两圈地在街中漫步，在外人看来，我可能在寻找自己的食物，可是实际上我正在寻找自己的“猎物”。到最后，自己下定决心，选择了自己平时经常光顾的那一家。“阿姨，晚上好，来份关东煮吧。”买了份关东煮后，趁着阿姨给我煮菜的时候，赶紧说：“阿姨，我现在在做一个访谈，您有兴趣接受我的访谈吗？不用紧张的，我们就是闲聊，可以吗？”“我说不来的呀”，阿姨很害羞地说。“没事，阿姨，我们就闲聊，聊聊天就好，不会涉及您的隐私。”再一次尝试劝说阿姨的我用真挚的目光看向阿姨。“行，那我试试吧。”顿时好像有一股甜滋滋清凉凉的风掠过我的心头。就这样，开始了我的第一次访谈。

先介绍下您自己吧。您来自哪里呀？年龄呢？

我来自安徽芜湖。今年 36 岁了。

您当时来上海是基于什么原因呢？

那时就是出来打工。

您来这边大概多久了？

我们来这里有 6 年了。去年来这条街的。

您来黑街之前，是做什么的呢？就是在这份工作之前，您在上海找过其他性质的工作吗？

之前在模具厂上班的。就在纪王那边。最早来是在厂里边，后来，我们在闵行区做麻辣烫，自己开的店。

厂里是临时性的，还是有合同的？

是有合同的。

后来为什么不做麻辣烫了？

那边拆迁了，违章的嘛。

您现在对你自己的生活状况满意吗？

不怎么满意。就像现在月收入两个人大概六七千块吧。在上海，原来在那边一个月两个人一万多块钱。

您现在在上海，就这样一个收入，心里肯定有压力和负担吧！

对，肯定有的。上海这边房租这么贵，物价这么贵。

您住在这边吗？

嗯。

这边房租大概一个月多少钱?

500 块,不包水电费。

您在这边一个月基本消费大概是多少呢?

我们两个人大概 1 000 多吧,将近 2 000 块。孩子在老家,还要寄生活费。

男孩还是女孩呀?

大的是女孩子。

两个孩子现在都在上学,是吧?

对的。

没有把两个孩子带到上海上学吗?

没有。当时是考虑到异地高考,并且在厂里上班,带不了孩子。

他们是跟着爷爷奶奶还是外公外婆?

外公外婆。

您现在工作时间大概是怎样呢?

现在在这里,从早上忙到晚上,一天要忙一二十个小时。从早上七点多钟忙到晚上十点多钟,回家洗洗,就忙到一两点钟了。你算下,早上七点钟到晚上七点钟是十二个小时,晚上七点钟到夜里两点钟,加起来有二十个小时了。是吧?不说二十个小时,也有十八九个小时了。

那么久?您七点钟就过来摆摊吗?

买菜,你还要洗的呀。我们七点钟起来,开始忙,一直要忙到夜里两点钟才开始睡觉。

您一般几点钟过来摆摊呢?

摆摊,一般要到十点半了。因为那个时候你们要放学了,如果再晚就来不及了。

晚上 12 点钟再撤摊吗?

12 点钟。

您一天的休息时间不到五个小时!那身体吃得消吗?

身体吃不消怎么办?为了赚钱呀!所以说,上海这个地方是低收入高消费。现在外边的菜也比较贵,我们在这边总想赚一点。不然我们来这里干吗?你说是不是?

您对现在的工作环境满意吗?

这里不好，环境太差了……弄不好的话，你们学生吃了得病，好像是我们的责任。

您这边摊位要收费吗？

对，要收的。

一年多少钱？

我们自己就租这么大的一块地皮，一年 7 000 块，没水没电的。

水电还要自己付？

你看，（手指着桌子下边）这是电瓶，水是自己从家里背过来的。这不都是自己付的吗？

那多辛苦呀！那这个是交给上海市政府，还是私人呢？

交给私人的。

整个这一片，是私人的呀？

哪里呀！地是政府的，钱交到私人手里。

这样子呀……那您在上海有没有受到不公平的待遇呢？

以前我们在厂里边感觉不公平。他们上海人，有个伤风感冒的，都跟工伤似的。我们外地人，在这里，真正有工伤，也没有上海人那种待遇。

您的意思是，就像生病了，有医疗保险，像你们可能就没有这样的？

对。就像有的上海人，那些化工厂有毒嘛，就会买一个大病保险。我们外地人，就会买一个综合保险。

厂里边的人给他们买大病保险，给你们买综合保险？

对，是的。同在一个厂里边，上海人就可以有大病保险，我们外地的人就不行。

在一个工厂工资有差别吗？

也有的。差别大得很。

就本地人工资高，外地人低？

对，而且本地人工作 8 个小时，外地人是 12 个小时。做牛做马的，12 个小时，还没有本地人坐在那里工资高。他们工作时间少，而且挣的钱还多。

这样子呀。您觉得这个社会影响不公平的因素多吗？最重要的一个是什么呢？

比方说，男女平等，为什么有的地方女孩子还是不行的？在家里找工作，还不是一样的吗？务工人员的小孩子，可以在这里上学，可是能上学为什么不能参加高考，这一个是最大的问题，和上海的孩子不一样。

我听说，只有上海的孩子可以去那种公立学校，外地人就不行，是吗？

对，外地人只能在那些被教育局已经合并的还是外地人开的学校就读。既然把孩子带到这里上学，进个学校，还要找人，还要去送礼。不送礼，礼送不到位，还进不去。把小孩送到这里上学，还要一个上海人作担保。能找到上海人担保，我何必呢？对，这是最不公平的。还有一个，在这边，我们为什么必须要办暂住证？

暂住证？

要的，也要花钱的。

一年多少钱？

这个也忘了，最早的时候，一个月好像要25块钱。现在也要办。小孩子要上学，有暂住证，要方便一些。

您觉得月工资，在这边合理吗？居住条件呢？

都不合理，房子就那么一点，偏僻的地方，要几百块。我们在这边还算可以，像我们以前在那边，房子就11个平方米，700块钱一个月。

是那种很旧的房子吗？

嗯。里边也没有洗手间，没有什么的。自己要拎一个马桶。这边还好一点。

您觉得这个社会分配公平吗？

也不公平的。富的太富了，穷的太穷了。

您觉得这个社会公平吗？

还是蛮不公平的。

非常不公平，还是比较不公平？

比较不公平吧。比如我们农村有承包地补助钱，真正到我们农民手里，又有几个钱？反正真正到我们农民手里，就没几个钱了。

您觉得现在像就业问题、居住问题，都公平吗？

不公平。像子女受教育问题，社会保障也不公平。

您觉得外貌对工作影响大吗？

影响很大的。在我们厂里,能说会道的,就会干轻松的,不会拍马屁的就只能往死里干活。还拿着低工资,还朝死里干。所以说,这个社会就是这个样子。

您平时除了和亲人联系交往,还会和其他什么人交往吗?老乡?

老乡也很少的。平时也没有什么娱乐时间,那么忙,哪里有时间交往。

您当时就和丈夫两个人来到这边的?

对。

那您觉得上海市政府有没有对于您说的这些不公平的事情给予您什么帮助呢?

暂时不清楚。像我们之前每天工作12个小时的,从来没有休息时间,而且工资也很低的,不按国家规定给钱的。

私人开的厂子?

对。每天都是12个小时嘛,加班不是按国家规定给的。他说直接计件带计时。像这你算也算不出来的。这就是很不公平的。

像您生活压力这么大,您还继续在这边工作吗?

我们现在这样,还是比较自由的。可是,回家的话,收入就低了,是吧?可能没有这边高,所以就没有想回去。

有没有想过通过一些方式,比如像向政府反映一下意见,来改变现状呢?

就是想象这种地方,为什么不盖成房子呢?但是我们在这里人生地不熟的,找谁反映呢?

遇到不公平的事情,是找朋友,还是一个人面对呢?

我们就这样吧,有的时候,能忍就忍吧。

有的时候,您的父母想你们了呢,你们会回去吗?

他们也想让我们回去,但是回去,又能干什么呢?

回去也可以开这样的店呀。

你回去,家里面其他人也已经开这样的店了,你也挤不进去呀。

对,这个也是一个问题。如果说,现在有一个渠道,您可以向政府提出问题,解决现在的问题,您现在有什么建议?

没有的。像我们来自外地的,也不想去惹是生非。

但是我觉得,您刚才那个提议挺好的呀。

是挺好的,但是我们说了有什么用呢?像我们外地人,在这边做个吃的,一个门面又那么贵,谁能租得起呢?

大概要多少钱?

当时这边南门转租要十六万块呢。您看我们这种小生意,有时候,几年都挣回不来的。我们刚来的时候去找的。当时就想着,找一个店,舒服一点。没有门面店,这样很累的。

对,我看到叔叔来回跑。那从家到这边,有多远呀?

骑车要十来分钟吧。

自行车?

电瓶车。一天无数次地跑。如果有一个门店,有冰箱,我们把蔬菜什么的放在里边,就不怕坏了。

再问问您其他方面吧。您认为和上海本地居民差距最大的有哪几个方面呢?比如说收入、住房、工作时间、休息时间、子女受教育等。

我们从农村来,小孩子要上学,还有这证那证的,是不是呀?要这证那证的,高考还不让考,还得要回家,那不就没意思了。

您对上海有没有一种熟悉的感觉?

感觉上海这城市节奏挺快的,没有家乡那种熟悉的感觉。

您把这个城市当作一个归属地,还是一个打工地呢?

就是一个打工地。你把它当家,这边的房子你能买得起吗?

哈哈,对。

是吧。经济收入又低,消费又高。能买得起吗?所以就不能当作家。

我们放假了,你们也回家了吗?

对,你们放假,我们就回家了。休息下倒挺好,但是这两个月要吃老本的。

您对上海熟悉和陌生的地方都在哪里?

来上海十多年了,就在附近转过,那些好玩的地方得花钱。像东方明珠都没去。在外边,就是要节约点,家里小孩要上学,都要用的,是吧?年龄大了,出来找工作,也不怎么好找。所以,我们出来做小吃生意,但是做起来,又不是那么理想。

生意挺好的了。您在上海,有没有遇到过难事,当地的人有没有帮助过您呢?

我那个时候,在厂里上班,突然有点不适,去检查,是宫颈癌。后来我去厂里找领导请假,你知道领导怎么说呀?他说就你这个病,还不如辞职,在家里等着吧。当时,你叔叔差点和他打起来。

肯定不能再留在那个厂里了。

我在那个厂里这么久了,现在生病了,你让我辞工。我进来时,人是好好的呀!所以说,后来我们去医院了。我们说外地的,能不能算大病报销?他说,不可以,一分都报不了。单位里没有买大病保险,只是意外保险。

您当时在工厂里,没有买什么失业保险,就五险一金的?

没有的。就是三险:意外保险、养老保险、医疗保险,企业只付了这三个呀。

后来呢?

后来我们就自己花的。我每个月把单子寄过去,他每个月给我 1 000 块钱。

现在也给吗?

嗯,我有医院的病假单子。我把复印件寄过去,我留着原件。当时,我有找过律师,他要是把我工资停了,我就找他打官司。

所以,您就把这边当作一个打工地,遇到困难也没有找当地的邻居或其他人帮忙?

没有的,像我们厂里,有的家里有后台的,出了事,把厂里的人筹集起来,每个人都支援一下吧。像我们这样没有后台的,谁也不帮你。

您在上海这边有什么需求吗?

我的小孩现在不能在这边读书,既然我们在这边打工,政府就应该放宽政策,让他们可以在这边高考。这是最高的要求了。你买房买车,那需要靠你自己了。但是孩子既然带出来,你就应该让人家高考,上完初中,还要回去。这两边的书本也不一样。还有一个就是,他回去了,在外边待习惯了,一回去,一个同学也不认识。你说是不是?唉……反正,再有两年,我们就回去了。

除了这方面,您生活上还有哪方面的需求?

上海房价能不能低一点,租房能便宜一点。我们租那个房子,房东要收我们一块多一度电。别人白天只要六毛多,晚上只要三毛多。我们在这边打工也不容易。反正,上海总的来说,就是这样。

在上海这么多问题,您还在这边生活?

那能怎么办呢? 习惯了。我们总是说,再干两年年龄大了,就回家了。在这边为了挣钱给家里补贴,都忍了吧。

阿姨,您挺辛苦的。

那也没办法了。年龄大了,回去再找,也没意思了。再干几年,差不多就回去了。

没事,阿姨态度好,同学都喜欢,所以阿姨生意一定会很好的。

真的吗? 那希望你们帮阿姨带点同学过来。

好,谢谢阿姨!

• 访谈员后记

说实话,这一次可能是自我上大学以来第一次走出校园去了解民生,了解一个外来农民工内心的想法。第一次听到异地高考的政策,第一次听到暂住证的问题,第一次……抬头望望天空,发现此时已经深夜了,一片宁静随着银雾般的月光洒在大地上。这个夜晚注定是一个不平静的夜晚。

访谈下来,感觉阿姨把我当成了一位倾诉的对象,将她自己的不满全部说给我听,让我了解到许多自己从未接触过的社会政策和感受。虽然访谈的过程中,我一直表现得很平静,但是我的内心真的就像波涛汹涌的大海一般。有时候人就是如此的矛盾,明明觉得这个城市压力十分大,觉得生活不是那么轻松,但还是毅然地留在北上广,仅仅就因为挣钱多。自己也思考过这个问题,钱真的那么重要吗? 也许自己现在还不需要支撑一个家庭,所以没有体悟到他们的感受吧。不管怎样,我还是希望这个社会是一个有人情味的社会,给予彼此帮助与温暖。

不卑不亢　知足常乐

受访者基本情况

性　　别：男

年　　龄：20岁

籍　　贯：安徽

婚姻状况：已婚

文化程度：高中未毕业

打工时间：2016 年 8 月

打工地点：上海市奉贤区海湾旅游区上海师范大学斜对面

打工类型：某餐饮店员工

• 前记

2016 年 9 月 5 日，上海下着小雨。

下完课以后，和学姐商量着到上海师范大学对面去做访谈，但是考虑到晚上五点到九点正值饭店的高峰期。于是，我们决定等到八点半以后到店里去吃顿饭，顺便做访谈。华东理工大学到上海师范大学东门，大概有两公里的路程。进了店铺，就一间门面，大概有二十多平方米。因为学姐经常来吃饭，我们上去直接向老板说明来意，我们希望做访谈，就是问一些基本的问题，顺便让他们看了我们的推荐信。我们坐了下来，点了两份米线，准备吃完后开始访谈。

中途吃饭的时候看了看周围的环境，这个二十多平方米的店铺里放了六七张桌子，一个柜台，后面有个外接的厨房。整个店面一共就四个人，除了老板和老板娘之外，还有一个二十多岁和一个五十岁左右的男服务员。老板一直坐在柜台前，老板娘在后厨，年轻服务员端菜，年长的服务员送外卖。饭后，我们直接就开始了访谈，我负责访谈年轻的服务员。

想和您交流一下。您是哪里人呀？

我是安徽宿州的。

我也认识不少安徽芜湖、安庆那边的同学呢！您来上海多久了？

我到这边一个多月。

才一个多月！新来的吧！感觉上海这个城市怎么样呀？

刚来，以前感觉上海挺大的。不过感觉有的区交通不是太方便。坐公交车需要很长的时间，应该这是区太大的原因吧。我之前在南京，出门就可以坐地铁，感觉好方便呀！

上海这边还是不太习惯，是吧？

对，到这边就是不太习惯。人家都说上海很发达，可是这个区到那个区感觉坐车什么的，都不怎么方便。

哦！现在工作一天，一般几个小时？您早上一般几点起来呢？

看什么行业了，我一般是十二三个小时。八点多钟来上班，到晚上八九点钟才下班。这是我表哥家开的，自家人的生意，晚一点倒无所谓。

您是住在哪里呢？

我们就在旁边的小区里，租房子还是比较便宜的，这一点还是不得不承认的。这里什么都没有的，就一个空房子，一个月 200 多块。我在老家没待过，我不知道。但是，我知道在老家，空调、冰箱、卫生间都有的，一个月要 400 多块。这个稍微差一点，差是差一点，现在刚开始打工嘛！也不需要太好的，也没有那么多的讲究。

之前，您是在南京吗？

是的，那边要贵一点。但是间数多一点，一般一小套像两室一厅就要1 000多块。靠市中心一点，要2 000多块呢！一般像空调、洗澡间都是必备的。不过电费是另计的。我以前在嘉兴那边，像空调、房子、电费都是厂里的。

对，那还好一点，您以前是做什么的？您感觉上海和南京、嘉兴有什么不同的地方？

我以前是做服装的。反正，我来得比较晚，具体也没有去转转。总体来讲，就是上海太大了，坐公交太不方便了。从虹桥过来，地铁也不方便。你说到南桥吧，最起码要有个地铁吧！这个挺不方便的，坐车总是需要两三个小时。别的嘛！我也没感觉到。因为我们打工的一般也不出去的。

您到这边，也没有出去转一转，看一看？

没有的，也就到海边看一看。感觉这边没什么建筑，也没什么好看的。感觉镇上也不怎么样，就也没有去过。干这一行都是忙忙碌碌的，特别是学校旁边。一天到晚，晚上回去睡觉早上就又来了。不过，过得挺充实的。

以前在厂里打工，过得很无聊。在这边，感觉过得挺快，挺充实的。

您一般一个月收入有多少？

以前我在厂里，一个月就4 000多块。这个毕竟是餐饮业，稍微低一点。不过，餐饮业包吃包住，一个月3 000多块。比起以前还是可以的，这个基本上是净赚的。以前一个月4 000多块，还要吃要喝的，主要是有玩的时间。像我在这边，吃老板的，住老板的，就是没时间玩。

对，差不多一样。以前在服装厂有没有遇到不公平的待遇？

厂里嘛！肯定有的了。如果脑子转得慢，处事不圆滑，肯定没有那些往上边爬的人工资高。

以前，比如在南京、嘉兴有没有遇到过一些不公平、心里不愉快的事情？

那肯定是有的，比如说在一个厂里，有的新来的看到你在这里做了很多年的，比他多拿几百块钱，心里就是不公平。这个嘛！我感觉吧，厂里潜规则吧！我们出来打工也有八九年了，像厂里也就是那回事。在厂里，太活跃的、太不给人面子容易打架的，这个多的是。像我嘛！还好一点，身边的朋友很多。就看个人的性格了。我个人还好一些。

您几岁了？结婚了？

我 20 岁，结过婚了。

哦，那您多久回一次家？

我嘛，像以前，一般一年一次。我去年结婚，现在回家就比较多了，一般一个月一次，没有正常工作过的。一般进厂里吧，三个月、五个月，厂里也不大愿意。就是老员工也不行的。现在结婚后两个人了，就不太容易协调。餐饮业比较随便的，你说不干，就可以不干的。

哦，她在哪里上班呢？

我老婆现在没上班。

您在这边也肯定见过不少上海人吧？您感觉他们和你们老家那边的人有什么区别吗？

在这边吧，都不认识，就算是邻居也不说话的。不认识的，走到对面也不会说什么的。每天就是对面走着，你看看他，他看看你，又不会说话，这是真的。

有的人不太想在上海这边，您是怎么想的？

这个我倒没想，现在结过婚了像我们没有多大的要求。以前，喜欢跑一跑。现在嘛，多挣一点，就是一点。就不想跑，只要能多挣一点，在哪里都是一样的。我感觉，在上海这边，就没有多大的压力。我在我表哥这边根本就没有压力，比起厂里，简直是天壤之别，这是真的。每天也没有什么活，基本上没有什么技术活。

您一般在这边主要是做什么的？

我在这边就是上上菜，没人了，我就收一收、擦一擦，晚上就回去了。第二天来，就准备下饭菜。

做菜的时候会需要您帮忙吗？

不用，我就是会的做，不会的就不用做，很轻松的感觉。嗯，不过那得看跟的老板了。老板好的话，我就会认真地干。不然的话，只要干到标准工资我就会走，干这一行压力大了，就没意思。

哦，这么说，您感觉是要到什么尺度，感觉压力大、不公平就不会干了？

对，只要不签合同，那就无所谓的。

之前，您有这种经历吗？

有的。之前我们在厂里,领导只会说说你,不会过分要求你什么。同样一个工作,有的拿的工资高,有的拿的低。只要能干,都无所谓的。现在的人,只要不受闷气,到哪里都一样。只是钱多钱少的问题,只要不签合同,不需要赔违约金什么的。我遇到的都是,不想干就不干了。遇到不公平的待遇,不想干直接就不干了。你在一个地方,主要不是工资多少的问题,主要是心情的问题。如果每天主管都过来找碴,那多不舒服,对不对?

嗯,您以前跳过槽吗?或者说遇到的老板怎样?

嗯,有的,以前我们在一个厂里,一个月两三千。后来到另一个厂里,一般三千多块,有的时候多的话五千多块。现在就没有那么高的,但是在那个厂里,老板还可以,老板娘就天天说这个做不好,那个做不好的。这样的话,我们就跟她不是一条心,顶多弄弄,干到过年,然后就不去了,就不干了。这个我们肯定就不干了,一天到晚见到我们,就说这个说那个,哪有心情干活是吧!说实话,我现在就没拿那么多。但是现在心情比较好,他就算给我 10 000 块钱一个月我也不会去干的。现在好多人都是这样的,不是我一个人是这样的,我身边的人都是这样的。

对,确实是这样的。

嗯,我身边就有这样的。结了婚,买了房,有了车,有房贷,有压力了嘛!两个人,在一个厂里干的时间长了,说累也不累,就是感觉很空虚,很无聊了嘛!我好多朋友就是,说是今年干完就不干了。但是,有房贷了嘛,毕竟这边工资要高一点,所以就再干干。像我现在还没有小孩就不担心。

对,压力不大。

嗯,压力不大。所以就不做这个,要不然也是能忍的。

以后您还会在这边吗?

看情况,如果可以的话我还会在这边,不行的话我还会去找别的活干。

您刚来上海这边,是吧?

对,没有在这边工作过,以前在嘉兴市做服装。

您几岁就开始做了?

十六七岁,那时还算是童工。

对,还算是童工的。有的厂还不收,是吧?

对的,也就是在一些小私厂,一个月才几百块钱。

刚出来的时候,会遇到不公平的现象吗?

那个嘛!说有也有,有的厂会遇到这种现象的。在我们刚开始进入的一个厂,没到一年就倒闭了,钱要了很长时间才要下来,还很少。

哦,没有完全给完?

对,给得很少。

最后怎么办呢?没想过找劳动局什么的把钱要回来?

没给就没给,那能怎么办?找劳动局,把那些钱给你,也没有多大的用处。以前找过的。

后来怎么办呢?

政府出面,他们就按原来的发给我们了。

政府出面,他们就解决问题了?

对的,解决了。

这么多年,你们只遇到过这一次?

年龄大的服务员:遇到是遇到过的。就像我们在一个厂里,两三年时间,拖了一段时间,最后由政府出面,拖了一段时间才发。

是你们主动找的吗?

那个厂子倒闭了,老板没有钱找了劳动局发。然后,就该走的走,该散伙的就散伙。

欠了你们多少钱呀?

那个我也忘了。就是不能维持了,然后就不干了。过了两个多星期,劳动局出面,然后就发了。这个嘛肯定就解决了。人多嘛!所以就解决了。厂里多少会给的,但是没有那么大的力度,给的就少了。这个也是遇到过的。

也就是,个人去的话,相关部门就不会那么尽心的。

对的,个人的话,不会有那么大的影响,发的也就少一点了。倒闭了,人数要是少一点,肯定就没有那么大的力度了。我都遇到过的,反正别的都是这样的。像红利什么的,跟领导闹别扭的,老板就不给你了,顶多把工资给你,这些补贴的就不给你。

自己肯定不高兴了吧?

肯定了，福利就不给了，这又没有明文规定的。老板愿意，就发给你，这个没法讲的。现在，像有的年轻老板会发，有的就不发了。但是少，这两年就少了。

您身边有朋友在这边吗？

我同学就在这边的。

他们主要是做什么的？

主要是做家具组装的，听说工资挺高的。但是，也有抱怨的，一个厂里有工资高的，也有工资低的。还是一句话，你混得没别人好，工资就没别人高，一样的道理。我有同学，发微信说有的拿上万块的，我才拿几千块。但是没办法呀！还会在那里干的，毕竟那里比别的要高一点的。也没办法呀！像我不干这个，只会服装，工地上也没去过，想拿工资高也不行的。发个100多块钱也不行，嫌低了。工地上，会下雨，也不一定有那么多。现在换行业也不容易换，除非没有多大压力的人。

您现在有压力吗？

压力也是有的。

对，已成家，压力就慢慢有了。

对的，我也有难言之隐。我现在是借亲戚朋友钱用的。

借朋友钱用的？

嗯，但是那没关系的，我一年就可以还上，三万五万块钱我一年就还上了。年轻嘛！年轻就是资本嘛！

对，年轻就是资本。

借个三万五万块钱，就不是个事。但家里老人就不行，借个三万五万就愁呀！我们年轻就没感觉。对于我来，给我一年时间，整个三万块呀五万块呀还是可以的。静下心来，还是有压力的，你看我像有压力的人吗？

感觉不像！

其实，我还是有压力的。静下心来还是有压力的，毕竟和你同龄的人有房有车了，还是有压力的。老家的小伙伴们、亲戚们已经买房买车了，自己还是有压力的。自己啥都没有，还欠了账，这样想还是有压力的。

您这样想，以后这种情况会越来越好的。

对的。你像年轻人，以后有个宝宝了，两人挣钱也是很快的。这个社会，只要你想挣钱，人家挣个两三万块了，那是人家的本事。你本事就这么大，只能挣这么多。你看我，现在看人家一年挣个十来万块，我只能三四万块，已经满足了。像我们这没手艺的，不管是打工的还是在店里，一年三四万块也已经差不多了。

比如说，别人挣个十几万块，我们才三四万块有没有感觉不公平的呢？

这个倒没有，这个嘛！人的技能不一样。有的暑假想借个车，你周围都没有车的。考个驾照也没用呀！借不到车辆呀！这个要看家庭背景的。

有道理。

现在的人，要看家庭背景的。

您的其他朋友在做什么呢？

有在做家具的，有在捕鱼的。

在船上的吗？

他在船舶公司上班，然后还出国了。像我认识的做服装的多了去了，一年两个人买辆十来万的车，借的钱后面也就还清了。他们一年最起码有七八万块的纯收入，可以挣到七八万块。所以，我现在有个小孩，我也会到厂里去，两年加起来也有十来万块。买房也行，买车也行。两年的时间，感觉过得很快的。

对的。

出来一年，再差三四个月就快过年了，感觉时间都不够用的。

对的，家里有没有哥哥姐姐？

有的，像我的家里是单亲家庭。我有一个姐姐结婚了，他们两个一年也就十来万块，在我们那边也是不错的。现在嘛，两个人只要肯干还是可以挣钱的。身边好多例子，像我亲戚会手艺的，一年起码可以挣十来万块。像我们那里的不出去长期打工，会让我们在他们那里帮忙的。刚结婚还没压力的，时间长了就有了。有时候，如果你不努力，有压力也没用的，你想的太多了。现在只是在想，以后也可以在家买房子。房子首付几十万块，车要是也首付买就好了。我们也没有想着在大城市买房子。

就是在这边打工是吧！

是的，工资这么低，不像人家铁饭碗，以后还不知道干什么呢？我们就是多挣点钱。

以后回家把生活改善好，家里老人吃得好穿得好就可以了。

您父亲多大岁数？

四十多岁。

他现在做什么？

他身体不太好。

您需要给他寄钱吗？

没有，我们家现在有地。

农村是吧？

收入有一点，过节给一点就可以了。

您觉得努力就有回报吗？

是呀！有的人思想比较平庸。我觉得嘛，人不干活就没有收入，人家过的是人家的，你不需要关注人家。我现在就觉得，一家人过得和谐就可以了。

您觉得这个社会是公平还是不公平呢？

这个怎么说呢？人家头脑好，我们成绩那么差，现在给你个二三十万块的工作，你干不来的是吧！人家会的，你不会，那说什么公平不公平的。像我们家里，大伯家的一个侄女，人家大学毕业，一个月万把块钱的工资，人家毕竟是上大学的。我们说实话连初中也没毕业，有什么好说的。好多内容都忘了，五年级的题目拿出来，不一定能做的。这是个很正常的，没有什么好抱怨的。

您平时闲的时候有什么娱乐活动吗？

我这个人不喜欢玩，不喜欢四处跑，偶尔看电子书。

电子书，你不上网？

不上网的，我看人家上网的，我不喜欢，身边也有好多上网的。

您一般都没有参加这类活动吗？

没有的，我自己有电脑也不玩的。

自己闲的时候呢？

偶尔玩玩手机，看小说、新闻，玩微信啥的。

哦，玩微信。

别的也没什么了。反正我不喜欢玩电脑的。

您的交往对象有哪些呢？

就是跟厂里的朋友玩一玩，村里的小伙伴玩一玩。说实话，不跑动的话是交不到朋友的，在一个地方时间长了，是没有朋友的。一年换几个地方，不说多了，一个地方认识一个，时间长了就认识几个。像我在一个地方，有的人见面就知道他是哪个省的，有的就不知道他是哪里的，这个很正常的。

对。

现在都是这个样子的。

比如说，现在遇到不公平的事情，您会怎么办呢？

我肯定会找的，现在这个社会，要是你要的话他会给你的。这个不是你一个人在一个陌生的城市，就会有点危险。都有朋友的，不会把你怎么样的，厂里顶多会把你的工资发得少一点。给是要给的，这是要看你的力度大不大。一般，你要是闹得大了肯定会给。

一般要是几百块的话？

发工资少个几百块的话，那就无所谓的。像以前我被压了十几天的工资，加我老婆的一起有 3 000 多块，不去的话只发 2 000 多块。要是去的话，最起码要发 3 000 块的。这个我能接受，这也是厂里的一种潜规则。

潜规则？

都是这样的，一般的厂都是这样的。像我们厂里，要提前一个月申请辞职的，如果不申请你就走的话，一分钱都要不到的。

要不到的话，那怎么办呢？

那就算了呗。

那就算了？

这厂里有明文规定的，也没办法的。

不给的话，有人会不会反过来要呢？

有的人会要的，要不要得到就不一定了，反正我老婆的就没要。

是不要了？

要了也不一定能要到，没办法了。

身边的人都是这样？

不知道，反正我是的，以前有例子，多的是了。你不干了，就不给了。

我的天呀！听听心里还挺难受的，血汗钱呀！

这个只有亲身经历过才知道的，那也没办法。厂里嘛，是有潜规则的，这都很正常。

比如说，打辞职报告，到期就立刻结账吗？

好说话的会给你，有的会拖欠的，也有的直接给但是少给的。

您遇到过拖欠的吗？

遇到过的。我们厂里有人辞职，隔一个月才给的。

这是拖欠吗？

就是，直接给个卡号，反正厂里有熟人的。

会不会有少给的？

少给肯定是会有的。

天呀！又是潜规则。

是的。

我第一次听说。

没经历过是不知道的。就还是我工资的事，就是我朋友帮我的。厂里的，是你来的话另外算，不来也另外算。这个很正常，也能接受，不可能斤斤计较的。你一个人力度小，再怎么找，在远方打工，加上来回的车费根本就不划算。少个几百块钱，现在也很多的。现在，像他们这种行业说好的给你，干得不好干个一两天，三五天，说了一个月给你，没一个月不给你，你也没办法的。

就没办法，要不来了？

跟你说了，你也答应了呀！如果你遇到不好的，他就不给你啦。这个很正常。也有老板，你不干了工钱也给你。打工嘛，工资有高低的，这也看个人。老板有很大的原因，但是你干活的能力，也是很大的原因。同样一个工作，不同的工资，这是不好说的。

您以前的工作是怎么找的？

有亲戚，问他们条件好不好，好的话可以去试一试。如果有朋友在可以去试一试，都是这样找的。

没有自己去找的?

像我的工作都是亲戚朋友介绍的。我听人说苏州那边上班,要交几百块保证金!那种我也不太清楚,没有干过。我这个工作就是亲戚介绍的,我在厂里也干好几年了,认识的朋友也很多,没事的话也聊聊天。收入吧也差不多,像我们在厂里,时间长就感觉很寂寞,很无聊。男孩子都喜欢下班玩电脑。到上班了,就听音乐、听小说。

听小说?

对的。那种听书软件很多的。没事可以打发无聊的时光。现在我已经删了,已经不用了。打发时间,看一会儿,就睡觉了。

嗯,今天的访谈大概就到这里了。谢谢您啦!

行,没事的。

• 访谈员后记

这位小哥和我一般年纪,一个月 3 000 多块,管吃管住,他就很知足,先后在南京、嘉兴打工,也经历了不同的岗位,各种各样的苦难,例如拖欠工资,员工之间矛盾等。这些经历也培养了他包容的性格,对他而言,还上结婚欠下的债务就知足了。在他看来,人只要踏踏实实、好好努力都会达到想要的目标。不去和他人攀比,做好自己的事情,对未来充满了希望。和他的聊天,既经历了工厂里的心酸,也看到他对现在工作的满足与开心。可能初来乍到,对上海还不够熟悉吧,不过,我相信小哥可以开开心心地生活着。

不同的访谈对象,经历不同,自身的体会也是不一样的。没有结婚的人,刚结婚的人,更多的希望是有个稳定的工作,有可观的收入。工作在底层的人可以明显地感到上海只是一个打工地。之所以留在这里,还是希望能让远方的家人生活得更美好。他觉得没有公平不公平,努力就有回报。

不卑不亢,知足常乐。

希望水费、电费、教育不再"打折"

受访者基本情况

性　　别：女

年　　龄：32岁

籍　　贯：安徽

婚姻状况：已婚

文化程度：高中

打工时间：2013年11月来到上海市

打工地点：上海市奉贤区海湾镇

打工类型：个体经营

• 前记

九月的上海直到七八点才缓缓进入黑夜，到了夜里十点，街边上也只剩下了星星点点的灯光和不远处上海师范大学的宿舍楼交相辉映。一天的忙碌工作结束了，老板娘收拾着碗筷，向店里最后几位顾客说着再见，我坐在店铺的一个角落，没有打扰老板娘工作。店铺很干净，红桌黑椅，厨房里虽然东西很多却放得很整齐，前不久才换了新桌子，加上了玻璃桌面，据老板娘说这样桌子就不怕被烫着了。大约等了10分钟，老板娘从厨房走了出来，将手上的水擦了擦，在我面前找了个凳子坐下来。

仔细打量了一下老板娘，中等身材，一身便装，30来岁的年纪，却总还是可以看出岁月和劳作在脸上留下的印记。脸上不时有着服务行业标志性的微笑，但也很难掩饰工作一天后的疲惫。

在这之前，我来这里吃过好多次，自煮式的独特方式，无限加米线的大胃王福利再加上老板娘爽朗的笑声，都是让这小小的店铺与众不同的地方。因为是老顾客，加上有好几次来店和老板娘闲谈过一些生活琐事，跟老板娘混得倒还挺熟，听说我要做这个采访，老板娘十分爽快地答应了。

阿姨您好！您先大概介绍下您自己吧。

我住在上海大概快三年了，2013年11月份来上海，然后就开了这个店。全家都来了上海，我妈带着我儿子，在金山区我小妹那边上学。

您住在哪里啊？工作和居住的环境怎么样呢？

爷爷和叔叔住在这边，小妹住在金山区。金山那边租的房子，两室一厅，大概90平方米，1 800块一个月，水费、电费另付。这边的房子，一年34 000块，大概50平方米。

费用还蛮高的，您收入怎么样啊？经济压力大吗？

还行吧！毕竟我们不是上海人。至于压力，肯定是有的。像我家小孩，想要上学，那就必须要交社保，一个月1 500块，算到我老公这边。

能具体聊聊孩子的教育问题吗？

我们家小孩上学，一学期学费1 000多块，一年就2 000多块。如果说我们小孩在这里上学，那就需要社保交满一年，才可以上学，之后每年上学都需要交。除此之外还需要暂住证等。但是就算这样，我们家小孩还是没办法异地高考。我是这样想的，我们家小孩现在上二年级，等他上到五六年级，我们就回老家上，交给爷爷奶奶带了。

您觉得这个教育和社保公平吗？

异地高考太不公平了！为了小孩上学，我们交社保，一年一万多块呢！1 500块一个月，一年18 000块了。如果上到六年级，最起码要交七年的保险。七年的话，十多万块了。但是这样小孩回去上的话，(之前的社保)就白交了。如果，我们继续交(社保)的话，以后还是不能享受上海的待遇,太不公平了。虽然上海人的社保也不便宜,但是他们退休后能享受上海的福利,享受上海的基本工资。比如说以后(老了),领两三千块多一点。我们呢?交一样多的社保,但是等我们老了,只能享受老家的待遇,老家的水平肯定比不过上海呀!

您小孩觉得待在哪里好一点?或者等老了,您准备留在哪里呢?

小孩子还太小。他感觉吧,外边还是好一点的吧。至于老了,肯定是想在外边了,但是计划赶不上变化的,老家经济是赶不上外边的。也许他将来考到上海,也是挺不错的。我们在这边做餐饮,也是挺不错的,比打工好一点(之前在新疆打工)。在老家的话,工资、消费要低一点。

您觉得在生活上有没有什么心理压力?

压力大了,像需要买房、买车的,都需要你自己挣来的。买车摇号的话,我们也不打算上那些沪 A 的,或是沪 C 的。不打算在这边办牌照。我们老家的话,基本上不花钱,就可以办的。五百一个沪 C 的牌照,但是进不了市区,一个沪 A 的牌照,要十几万块钱。

您能说一下现在的收入情况、工作情况吗?

收入目前还可以。工作的话,我们一般早上七点钟起床,到这里八点钟。早上起来洗漱后,就上街买个东西。我们回去早的话,十点多;晚的话,晚上十一点。睡觉的时间,这就不一定。高兴的话,玩会手机,十一二点睡觉都有。

您平常有什么娱乐活动吗?

就休息时玩手机、买衣服之类的。我就逛淘宝,我原来就是在新疆开服装店的,平时都没有时间出去的,平时白天太忙。

在学校附近,听说租金特别贵,是这样子吗?

对呀!就五十多个平方米一年三四万块,以后可能还会涨。房东说三年涨一次,但他还不跟你签合同。至于水费六块,电费一度一块一。像我们外地人,是不会有那种好像晚上比白天便宜的优惠的。

您觉得这个社会公平吗?或者有没有哪些方面让您觉得不公平呢?

比较不公平吧!怎么说呢?一家人在外边,还是感觉不公平的。主要是不能在上海参加高考(的原因),我们小孩只能上私立的学校,公立的和私立的(学费)是不一样的,私立的(学费)高。再比如说,本地人和外地人的工资是不一样的,像我们这边的服务员,工作时间是从早上八点到晚上九点,工资 2 700 多块,包吃但是不包住。

您对这些不公平有什么建议?或者说您希望政府怎样做呀?

希望外地人和本地人享有一样的待遇。比如说高考,我听他们说,本地人 300 多分就可以上一个大学。外地人,就需要 600 多分。就是我针对自身经历,对孩子的教育方面感觉不公平。

您现在对上海这个城市,是把它当作打工地,还是家?为什么?

没有,就打工地。这边一套房子几百万块,肯定不会在这边买了。太动荡了,没有那么稳定。我们就希望趁着年轻在上海挣钱,老了就回去。但是,希望孩子最后还是留在上海,这边毕竟比家里好一点。我就是觉得这边有点陌生,像我们的亲戚朋友,都在家里。未来政策不知道啥样,说不定有变化,会留在这边。

您觉得外地人与上海人相比有什么不公平的待遇吗?

他们有房,我们没有。他们都在吃房租,我们为他们打工。比如像我们这一排的房子,房租都几万块钱。这边从 KTV 到网吧,都是一个老板,人家什么也不干,整天就开着豪车。还比如说,有时候在路上遇到什么事,本地人对本地人还好处理,像我们就不行的。本地人怎么说呢?瞧不起外地的。然后,就说话大大咧咧的。比如撞到车了,他们一个电话就搞定了,外地人就很麻烦,需要兜圈子。事情是可以办好,就是麻烦。他们本地人是对本地人有照顾的。

您觉得能融入上海这个城市吗?愿意融入上海这个城市吗?

跟外界接触得很少,融不进去。再说,语言不通的,跟他们聊不进去。加上我们做这个行业,很少出去。我接触的大部分只是学生,现在都是讲普通话。但是,有的饭店比较清闲,像隔壁做黄焖鸡的那家就不一样,人家比较闲,可能空闲的时间比较多,可以和朋友聊聊天的。行业不一样,说不定可以融入。那如果有机会让我能够融入上海的话,我还是很愿意的。

我了解到了好多,谢谢阿姨!

• 访谈员后记

2011年,老板娘一家带着对上海美好的憧憬来到了上海,攥着十几万块的积蓄,孤注一掷租下了这个店面,靠着勤奋和一些创意撑起了这个店面,生活也渐渐地有了一些改善,但是沉重的生活负担、子女的教育问题,以及个别本地人对待非本地居民的不友好让老板娘一家始终没有感受到家的感觉,上海在他们的字典里面始终只有一个注释:一个繁华的现代化的打工地,仅此而已。

在访谈中,因为非本地人受到的区别对待让老板娘感到有些不忿,但更多的是无可奈何。很多时候可能因为一些其他原因,在我问完一个问题之后,老板娘会想很久,似乎在回忆一些什么。像是要倾诉,但最后却只说了一句"还行吧"。只有等我继续追问下去才发现这个"还行吧",原来不止这么简单。生活压力"还行吧",十多万块的店面转让费,每年几万块的店面租金,享受六块一吨的用水费用,不享受晚间电费优惠,一旦讲到这里,老板娘的情绪就开始波动,似乎有不浅的怨愤,但语气之中的无奈谁都可以听出来,时常说着一句"来做生意,愿意就做,不愿意,就直接走人"。用阿Q精神安慰着自己。

除了这些,老板娘还略微遮掩地表示着自己的不满,对于子女的教育问题方面,老板娘则是不假思索说出"不公平"三个字,甚至有好多次在访谈中都会在前面加上"特别"两个字。交着比老家贵上四五倍的社保,孩子才能上学,老板娘一家也还只是咬咬牙说着"一切为了孩子"。但是交了社保却还是不能留在上海高考的现状让他们倍感无奈和怨愤:"不能高考,上到五六年级,我们就回老家上。"但是孩子回去之后的事也让这一家不能理解,交着上海社保的作用是为了孩子上学,因为就算你之后再交,交多久,也不能享受上海的待遇。"唉……"每每讲到这里,老板娘的叹息出现的次数就逐渐增多,我也就只能岔开另找话题。

曾经听过这样一句话,"如果你爱一个人,就让他去纽约吧;如果你恨一个人,让他去纽约吧"。在这个时代,这句话放在上海这个城市也是极为贴切的,新生代农民工怀揣着梦想不断涌入上海,生活的压力,不断消耗着他们的青春。但是最后,他们还是渴望融入上海这个"魔都",我们只能希望上海不负它"海纳百川"的城市文化。

挣一个月可以在老家花好几个月

受访者基本情况

性　　别：男

年　　龄：26 岁

籍　　贯：河南

婚姻状况：已婚

文化程度：高中

打工时间：2007 年

打工地点：上海市徐汇区

打工类型：建筑工人

• 前记

“哐咚……哐咚……”，车厢与车厢间的摩擦发出这样的声音。

没经历过上海早高峰，可能你真的不知道那是怎么样一种体验，形形色色的人们为了赶地铁上班都起得很早，特别在是早上七点到八点这一时段，每一个地铁通道都挤满了人。在过道中你很难停下，因为稍不留神后面的人就涌着你向前冲去，丝毫没有驻足的机会。临近安检的地方时，安检已经超出了最大负载。

找到一个不会阻挡行人的角落里站着，看着进站口的门反复地开闭。随即想到三年后毕业的我又会在哪里，是回到家乡找一个安身立命之地度过余生，还是会像他们一样行色匆匆地穿梭在各个地下通道，以后的事情还是交给时间去决定吧。想着今天将要见到的农民工兄弟们现在可能也已经在上工了，不知道来自五湖四海的他们当初第一次看到魔都的早高峰时是什么样的感受。

我问他，他回答道："和我们没太大关系。"

尽管戴着黄色的安全帽，还是能看出他消瘦的轮廓，甚至整个人的身材也并不让人觉得硬朗。待他摘下了帽子才发现他瞳孔的颜色并不是同一种颜色，这让我印象很深刻。在一旁看着他与工友下棋，看得出他很擅长推测对方的下棋路数，并且很多次都成功猜中对方的攻势，这让他在工友面前显得有些得意。我也时不时会称赞他的棋艺，他似乎很高兴，从下棋的事开始和我聊起家常。

我就先采访您，感觉您比那位叔叔年轻一些。

他比我胖一点，哈哈！

您是哪里人呀？

河南。

你们是一起的吗？

对的。

您是哪一年出生的呀？

1991年的。

为什么来到这里呢？

这个也不一定。比如你有朋友在上海，你就过来了。突然有一天，你的一个朋友在北京，一天300块，你就又去北京了。这个也不好说。就和你报学校一样，你当时为什么报上海呢？肯定你也在选择，在学校之间做比较。

您来上海多久了？

很久了，很早就来了。

您喜欢这边的生活，还是喜欢日出而作、日落而息的生活？

还行吧，在老家结完婚，就来这边了。已经习惯了这样的生活了。我 2007 年过来的，已经来了快 10 年了。

您觉得上海有哪些优秀的和不足的地方呢？

哪里都一样，都有好的一面，也有不足的一面。这个都不好说，让我说的话，也说不上来的。

有没有在上海遇到一些让自己心里感觉不平衡的事情？

这个当然遇到了，就是和老板的事情。比如说，说好了 15 号发工资，就会有拖欠工资的情况，会拖欠工资很久。这个时候就会让人感觉不爽的。其实，其他事情自己还是可以忍受的。老板也不是上海人，平时接触多的是老板，和上海人接触得不多。我们也不需要交税啥的。和政府部门的接触也不多，也没有什么公平不公平的。

您有没有想过什么时候回家呢？

也没有想过。回家的话，其实你随时都可以回去的。回家有两种可能，一种是自己实在不想在这边待下去了，特别想回去，就是不想挣这个钱了，然后就回家了。另一种是有新的目标，这个比较优越，然后就回去了。这和上学不一样的，不管怎样，都要把它上完的。

您有没有什么其他的压力呢？

也没有什么的，家里也不会逼你。我们都是出门在外边，干的是力气活，挣几个钱也不容易的。

有没有什么期待？比如希望我们农民工五年之后过得更好一些。

我们就是一个在这边打工的。就那么点工资也买不起房子。作为农民工也没有什么期望的。我们又不是老板，期望着房价跌是不可能的。作为一个农民工，有没有什么福利待遇，都无所谓的。我们也不在乎。如果有一天，承受不下去了，也就回家了。或者想着在家做个什么生意。

您家有没有什么压力的？

这个倒是没有的，出来做，挣得多，就多花；挣得少，就少花。虽是农民工但家里房子也有，承包地也有，存款其实每家多少都是会有一点的。出来打工，无非就是想着更好一点，让家里的条件更好一点。现在这边，一天挣 300 块钱，你会想着挣 400 块钱的。希望越来越多，人的欲望就是这样的。每个人的欲望不一样，求的东西也不一样。

大家的情况都差不多。但是，我们学校附近，那些开店面的人，他们的情况就有点不一样，更多的是关注子女的教育问题。

那肯定了，那些人开店，他们的子女来了，自然要考虑这些问题。他们想着自己做点生意，把孩子接过来，受教育问题需要解决。然后，慢慢地挣了点钱，就会想着买房子的问题。之后就会想着他在上海的福利待遇问题了。他们做生意，就会想着把子女带过来，子女入学时就会遇到一些不公平的待遇。

对。

在老家，想入学还要学区房呢！对吧！所以说，北京、上海这边，我们是外来的，也不容易的。所以北京人、上海人考清华大学、北京大学会容易一些呢！这又怎么解释呢？

我觉得您分析问题分析得挺好的，对问题的看法也不一样。

这很正常了，如果在这边打工，可以把家属接过来，然后小孩子上学问题自然就出现了。比如，两个小孩要上学，一个月 5 000 块钱的收入，够吗？肯定不够了呀！就像那些做生意的，他在这边还会有难处，会想着房价下降，能够买房子。人的欲望是不一样的。就像给你 6 000 块钱，你满足了。过几天，10 000 块也难以满足你。这些问题解决了，你就会待在家里了，种着一亩三分地的。

您对上海的印象是怎样的呢？

印象的话，其实都差不多。哪里都一样，具体说，就是物价高一点，比家里的消费高一些。像我们在外边待久了，都习惯了。时间久了，都疲劳了。在家里工资低，消费水平也低，在外边挣得多，消费也高。感觉就是干一天，也不会饿死人。

嗯，就这么多了，谢谢您啦！

• 访谈员后记

前不久看新闻，听说"复兴号"实现 350 公里时速运营，比前一代提速很多，其他基础设施也更完备了。"比起老家那边，上海这边工资要高得多了，在这里打工一个月赚的钱放在老家农村可以花好几个月的。"他说的工资提高不由得让我想起了"复兴号"提速的消息。

高工资是他留在上海打工最主要的原因了，在上海也待了许多年头。但他仍然对这个地方很陌生，觉得这个城市和自己没有多大的关系，内心总有一种东西隔阂着自己对周围环境的熟悉，他处于一种很被动的状态。朋友聚会是他唯一离开工地走进这个城市最主要的途径。总是能感觉到他内心是希望对这个城市有着更熟悉的愿望，但是那种难以具象的隔阂感始终把我们的对话限制在了对这个城市的陌生当中，我很想听听他对上海更加积极的评价和感受，尽管我不知道那到底是否真实存在，但是我愿意去相信我的直觉。

不知道三年后，他是否还生活在这个地方。也不知道三年后的我何去何从，如果我们还能够再次相遇在这个城市，在我们共同的努力下，我希望我能够去印证我的那种直觉，即使我们都被这个城市吸引。

就这样了，也就这样了

受访者基本情况

性　　别：女

年　　龄：33岁

籍　　贯：江西

婚姻状况：已婚

文化程度：初中

打工时间：2005年来到上海市

打工地点：上海市奉贤区海湾镇

打工类型：个体经营

• 前记

菜场旁边的这条街是海湾镇最繁华的地方，每天人来人往。行人匆匆地从门口走过，一阵阵香味窜入鼻中。向边上一望，是一家名字叫麦香园的蛋糕店，店内灯光温暖，干净整齐的货架上摆放着造型精致的小蛋糕和散称糕点，这就是今天我访谈的地点。刚进门，一个有些胖胖的老板娘坐在收银台后面，通过透明的橱窗可以看到蛋糕操作间里面的情况，看样子可能是老板娘的女儿在里面安静地做着糕点。

我打量了一下店铺就向老板娘表明了来意，老板娘有点腼腆，看看我不好意思地笑，我连忙说没什么的，就是一个简单的访谈，之后就再买了一些糕点。

在我的争取下，老板娘终于同意了。仔细打量了一下老板娘，她稍稍圆润的身材，围着围裙，没有化妆。我坐到收银台里面的凳子上，就开始了此次的访谈。

能介绍一下您的情况吗？

我们从云南老家来，大概在上海待十一二年了。刚来的时候没在这边，在青浦那边开的店铺工作，自己找的店铺。

自己找，那应该好累的，那您感觉开这种店铺的收入与您生活支出相比，压力大不大？

怎么说呢，刚来也赚不了什么钱。反正现在也赚不了多少钱，生活支出主要指哪方面的呢？

就比如像租房子什么的。

租房子呀，我们这个房子是租的呀。这个店铺也是租的，大概就是这样了。

您有没有觉得这些有什么不太合理或者不太公平的地方？

总的来说，我也不知道怎么说。就比如说小孩子上学，居住证、社保什么的，我们都没交，有很多问题的。

能具体说一下吗？您的居住问题、子女问题有什么不公平，可以具体说一下吗？

刚不是说了嘛，就是孩子上学呀，我们外地人的子女在上海这边不能上学。现在孩子全部都回家去了，原来在青浦区那边上，然后在这上不了。上不了就不上，全部都回家上了。

您和您丈夫在这边工作，是吧？

对。还有办居住证，很麻烦，办不到的。

办不到？为什么办不到？

不是说要房东的房产证嘛，以前的房东也愿意给房产证。现在的房东不给，这边就办不到。

您的孩子是上几年级的时候回去的呀？

小孩之前在这边上幼儿园，上一年级就回去了，待在这里上不了。四五年了，在这里读不上书，要找熟人，这里找那里找，还要在上海居住多少年，没办法。

像租房子，房东有没有给您什么不公平的待遇呀？

还可以吧，有的房东不好讲，我这个还可以。总的来说一般般，也不能说人家不好，也不能说人家太好，只能算中间。

您对月收入还满意吗？有没有什么压力啊？

就混个饭吃，挣不了多少钱。压力怎么讲呢？赚不了钱，手上没钱。

能说一下您的工作时间吗？

时间很长，从早上 5:30 到晚上 11:30。

跟上海人比的话，差距大不大？

肯定大。

您现在对您的工作环境还满意吗？来上海之后有没有受到过什么不公平的待遇呢？

环境就这样，也就这样了。不公平的待遇倒还没有。

一般和您打交道的都是谁啊？

就朋友，朋友不好讲的，划得来就在一起，划不来嘛就分开。基本没有在上海和哪些人在一起聊天、玩之类的。平常也没有娱乐时间，就是干活、吃饭、睡觉，我们开店的没时间出去，不像上班的人有时间。

您觉得外地人跟本地人比差距大吗？有哪些差距呢？

我觉得上海人看不起外地人。

有什么具体例子嘛？

没有什么具体的。

您怎么感觉他们看不起外地人？

都是这样讲的呀，我们也看得到的，我们在外面十几年了，这个还是看得清的。

您是怎么感觉到的呢？

我也不好讲，反正接触的人都是这样的。上海人，讲话讲不到一起。

您感觉就和这些人比，哪些差距会比较大一点？

日常消费、工作时间。休息时间少，娱乐时间少，家人团聚时间也少。

您有没有想过回老家呢？

在外面时间长了也就习惯了,一大家子要吃饭,是吧?

您将来还是要留在上海,对吧?

没这样的想法,如果今年在上海待不住,我还会往别的地方去。但还是不会回家,去别的地方打工。上海不能让小孩子上学,上海的人越来越少,奉贤区几万外地人都走掉了。厂矿搬掉了呀,不许这边开厂呀。关了好多,具体的我也不知道。人少了就没生意,生意也难做,人特别少。这边除了做学生的生意,就没什么生意可做了。

如果要缩小外地人和本地人差距,您认为可以从哪几个方面改善呢?

这个不好说。

您对上海有没有熟悉的感觉,是把它当成打工地还是家呢?

就跟家一样的嘛,这么多年在外面早就习惯了。

您在上海幸福吗?

就这样了,也就这样了。

好的。谢谢您接受我的采访。十分感谢。

• 访谈员后记

来到上海十多年了,老板娘一家也算是上海的常住人口了。今天和老板娘聊天,虽然老板娘抱怨了许多上海的问题,但是从老板娘的语气来看,她还是比较乐观的一个人。对上海的生活虽然谈不上多大的赞美,但也没有那么多的失望,她也提出了很多的问题。

首先,就是子女异地的教育问题,从老板娘的谈话可以看出,此问题对她的家庭影响比较大。因为上海出台的这些政策,老板娘只能将孩子送回老家读书,导致夫妻二人和孩子身处两地。每当谈到这里,老板娘的表情总是露出些许遗憾,再加上些许对孩子的想念,总是摆摆手,也不想多谈这些。

此外,自己外地打工者的身份带来了一些不必要的麻烦,让老板娘一家很是苦恼。就比如,问起对农民工的歧视问题的时候,老板娘几乎是不假思索,直接喊出来:“那肯定是有歧视的。”但是当我问,这种歧视从哪方面可以看出来时,老板娘却一句话说不上来,一开始我还感觉有些奇怪,为什么说不上来呢?直到老板娘说,这种歧视有时候就是渗透在普通的一言一行之中的,就是让人感觉不舒服,可能只是一个小动作,一句简单的话。虽然简单,但是都是歧视的一种,而且可能比那种显而易见的歧视更为可怕,因为可能施加歧视的人自己都没有意识到其实自己在对他人造成伤害。

但是,在老板娘看来,上海虽然有许多的问题,当被问到上海是一个家还是打工地的时候,老板娘还是选择了家。她说:"就跟家一样的嘛,这么多年在外面,习惯了。"最后老板娘的总结也是:"就这样了,也就这样了。"在我的理解中,这句带一丝敷衍的话,包含了老板娘对上海诸多问题的不满,但最终只能无奈接受的情绪。但同时也可以看出她对现在生活怀有着的一些乐观,对未来的些许希冀。毕竟老板娘的笑,还时常挂在脸上。

很多人愿意待在老家，所以会出现“用工荒”

受访者基本情况

性　　别：女

年　　龄：35岁

籍　　贯：福建

婚姻状况：已婚

文化程度：初中

打工时间：2011年来到上海市

打工地点：上海市奉贤区海湾镇

打工类型：宾馆经理

• 前记

都说大学城是个好地方，有学校的地方就有人，有人的地方就有生意，小宾馆就如同雨后春笋一般在大学城的边上拔地而起，“心之港湾”就是其中之一。我一路沿着上海师范大学边上的街道向下走，不多时间它显眼的招牌映入了我的眼帘，怀揣着一份忐忑和好奇我推开了大门。“要住房吗？”我尴尬地笑了笑，我是想……

我表明了我的来意，果不其然，店员没有了之前的笑容，有一点要赶我走的迹象，但还是把目光投向边上一位玩手机的女士。这大概是他们的领班，我立马再次向她介绍了一下这个项目，她抬头看了我一眼，问道："大学生？"

"就算了解了我们农民工的情况，你又能做些什么呢？"

我一时不知道怎么回答她，心里不停地思考这个问题。她看到我窘迫的样子，一直带着戒备的脸上有了一丝不忍的表情。大概是我的执着打动了她，她接受了我的访谈。

她从柜台后面站了起来，一身职业的装扮，脚下踩着一双凉高跟鞋，脸上略带怀疑与不耐，走向了边上的沙发。"心之港湾"大概是上海师范大学旁边装修最好的宾馆，透明的天花板，超大的电视机，几个别致的花瓶在沙发旁边摆放着。坐上沙发，看到外面的天也将要进入夜色，我们的访谈就这样开始了。

请您先介绍一下您的基本情况吧。

我现在在这边给人打工，从福建来上海 5 年了，来上海之后就直接在这边找的工作，在南桥镇开了一家便利店。

您当时为什么想来上海这边的呢？觉得上海和老家比怎么样？

为了生存挣钱。从进入社会以后也是东奔西跑的，没感觉说上海特别好。其实我不喜欢上海，当时不想来上海。但是我老公要来上海，就跟着呗，现在是全家都在上海这边。

收入怎么样？压力大吗？

收入的话，大概 3 000 多块吧。我们的工作和老板都没有固定的合同，老板是亲戚，不一样的。在这边收入的话……反正差不多吧。压力肯定大呀。小孩子都准备明年送回老家上学去了，上海今年的社保比例也调高了很多。

社保能具体说下吗？还有您的支出情况怎么样呢？

我们是自已交的(社保)，因为你想想看，并不是每个企业都帮你交的。每个企业的员工被扣除社保、工资后，其实也没多少钱。而且你在这边工作有保险金，那离职以后保险金怎么算就不知道了，有可能拿不出来。上海找工作不难，只要你肯干。但是上海的物价太高，每个月挣的钱都会花掉。像南桥镇那边租房，一个月 1 000 多块。小孩子现在上学也吃不消了，压力太大。

小孩上学怎么压力大了？能具体说一下吗？

我们家小孩子现在上小学五年级，主要的开支都是围绕小孩子，像九年制义务教育在上海是享受不到的。打个比方说，我们家住在南桥镇那边，南桥镇有公办、民办还有私立的学校。公办的学校就进不了，进不去的，外地人只能进民办的和私立的学校。民办的属于民工子弟小学，你肯定不愿意把你的孩子送到那里去。所以只能送私立的学校，私立的学校学费高。小孩子明年上六年级，大概一年学费就要16 000块，半个学期是8 000块。现在那个学校进去一年级时是7 000块。伙食费因为他们是吃两餐，不包住宿费，早饭和住宿费不算。因为我们是走读，一个月伙食费才400多块，一餐才10元钱，就这样算。现在在上海，小孩子如果和父母住在一起。这两年的政策是最起码前两年是父母的居住证满两年，社保至少满半年，才能在上海上学。这还是说不管是民办还是私立的第一个先决条件。以前是父母在这边，小孩子就能够上学，现在是父母的居住证满两年，社保至少满半年，孩子才有机会在上海上学。你没感觉上海今年外来农民工少了很多？

是的。

第一个就是小孩子上学的费用，第二个就是物价太高了，租房太贵。房东就水涨船高，房租就是一直往上涨。很多打工的在外面住的年限够，但是暂住证办不下来，居住证办不了。一套房子里面只允许办几个人，超过人数就办不了。现在不是不能够群居群住吗？像我们那边只能办六个人。超出六个人就办不了。

您之前说来沪农民工少了很多，这是有什么原因吗？

很多方面造成的吧。现在社保比例也高。像我们同样的人回到老家，去买一套几十万的房，一个月供2 000多块钱，也不辛苦，是不？所以说现在都往回跑，就是这个原因。还有就是教育，最主要的从这方面来“卡”。你的孩子在这边上不了学，特别是到初中嘛，哪怕是你的社保交够，然后你照样上不了初三，它是积分嘛。像你们有大学文凭的话，120分对你们来说就很简单，像我们本身的文凭就不够的。文凭积分至少占60分，大专好像是50分吧。然后是年龄，上了40岁之后还要每年往下减积分。你的孩子只要想中考，就必须满足。比如说你家有孩子上学，你又是犯过事情的，或者你家有超生的，哪怕你所有的条件都达标，你也不能上。这个已经实行三四年了，没有一个能达标的。

社保、居住证积分、年龄积分、学历积分、技术积分、技工这些都是设卡的。还有比如说你是税务大企业的，每年交多少税的，然后达到的话，小孩才能在这边。就说你有钱有到那个地步，小孩子不一定上学非要在上海上。上海的房租有多贵啊，你看上海这两年房价涨的，房租也贵了。所以教育这一块往外赶了很多人，你说回不回去？上几年小学也上不起。如果说这边区域没有私立的学校，小孩可以去公办学校。我小姨她们，在上海的那边上的是公办。我们在这边上的就是私立的，幼儿园你也上不了，上海上学很贵的。还生二胎？生不起，压力太大了。小学也贵，好一点的小学更贵。所以上海现在为什么那么多人走，拆那个违建房又拆得那么厉害，所以今年都在走，全在走。

您现在有没有离开上海的想法？

我们有这个想法。因为首先还是先把孩子学习安顿好了再说。有可能的话，我们一家都会回去，有这个想法。

能说下您的工作时间、工作环境、职责吗？

我在这边工作时间是比较长的，早晨八九点到晚上十一二点，他们上班的时间是早晨九点到第二天九点，做一休一。每个人岗位不一样，上班时间也不一样，他们都归我管。我是觉得环境还可以，心里比较容易满足，知足者常乐。

您觉得您来上海之后遭受过什么不公平的事情吗？

你说什么叫公平？像我们那边店里，人家货车停在门口卸货，就那么一会儿，都要给他们贴一个罚单。你说什么叫公平？在门口卸货，卸完货就走了，都要给他贴一张 200 元罚单。你看现在网上说的不也是很正确的吗？走路也要罚钱，不是以教育为目的，而是以罚款为目的。比如，骑电瓶车，现在有多少人的条件能去买私家车，或者说买私家车不是会增加道路压力吗？骑电瓶车不允许载人，那买电瓶车干吗？比如说你离我这边又不远，我要去接你，我坐什么车？没有公交车，乘出租车划不来。有电瓶车又不能用。而且以前自行车造出来就是为了载一个人，现在连自行车载人都不能载。你觉得公平吗？还有接小朋友都不让用电瓶车，小朋友自己过马路，就在南桥镇。我们家两辆车被贴了五张罚单，明明是能停的。我们家有一辆货车，他说这儿不是货车停的地方，那的停车位不是货车的停车位，是轿车的停车位。况且那个货车又不是很大的，就是那种小型的货车。他说了就有理，然后让我跟他到派出所去，就这样。

这些会给您很大的经济压力，是吧？

这个罚单的钱也没有公布出来啊，到底是多少钱，用在哪里啊？这肯定是要透明化的，取之于民用之于民。但是它没有，上海真的每年租房的钱太高，生活成本太高。赚钱难，花钱容易，赚的不够花的。所以现在很多人宁愿待在家里也不愿意出来，所以会出现“用工荒”。

您觉得和上海本地人比差距在哪里呢？

从学生的上学录取分数线来看就知道了。如果你是上海本地人，在上海找工作，肯定拿到的工资比外地人拿到的工资高。你看看我们南桥镇那边，在外面扫马路的阿姨，但是她们后面不是已经加了工资吗，她们才拿的稍微高一点，要不然的话，也都没那个工资水平的。有很多业务员都是嫁到上海的。像她(指了指边上的一个服务员)是外来的，嫁到上海来了，她们自己都必须出去工作的。不管做什么，哪怕是个打扫卫生的，都能够养活自己的。但是说压力，开支太大了。说实话，包括这边生活成本也很大。至于公平方面，最重要就是教育了。既然我们出来求生活，赚钱啊，为了生活嘛，谁都是为了下一代嘛。如果我的孩子能在这边上初中，一直上高中不用换学校，哪怕我们两个人的钱加在一起只供他一个，哪怕是回家在家里干活，我们都不会埋怨，只是为了他能够好好上学。但首先这个愿望就达不到，对不对？其他方面的话，我们现在也不需要用到求人的地方，真正有用到求人的地方，才能够感觉到不公平吧。这里面都还好吧，政策发布下来，相对都还好，不再像以前一样办一件事情那么难。

您觉得现在上海是一个打工地还是家？能融入进去吗？

打工地吧，上海的房价太高了，不是我们能买的。虽然我家里人现在都在这里，但是我们总归要回去的。想留在上海的话肯定要在这边买住房，但是这边的房价太高了。在这边购置不起房，只能是一个打工地，融入不了这个圈子。不能在这边购置房，这是一方面，小孩上学是另一方面，这边生活成本和压力这么大，谁能承担得起？我们在这边就是只要不努力，就得饿死。我们和他们不一样，他们能直接享受社保、医保什么的，我们没有。

您希望政府有什么政策呢？

我觉得社保这方面也不公平，房租降低一点，小孩子能上学。并且限外牌也不公平，上高架桥之类的。你光以罚款为目的，现在包括上海本地人上一个牌照也是问题。并且现在在上海学车，我现在也在学车，学车不是要预约的吗？不像以前那么方便了。而且房东不愿意和你签一个长久的合同，不想租给你就不租给你了，或者有人出一个更高的价格，你就没有一个保障了。差不多就是这样了。

谢谢您接受我的访谈。

• 访谈员后记

2011年本不愿来上海的受访者跟着老公到了上海。然而，子女沉重的学费，不断爬升的房价、物价，以至于社保都让她有些招架不住，向我透露了有回家的意思，上海对受访者来说不是家，仅仅是打工地。

和我采访的很多新生代农民工一样，每说到孩子的教育问题时，受访者总是激动到不能自已。因为没有交满社保的原因，受访者的孩子没有办法上公立的学校，生活收入一般的他们，始终面临着子女一学年16 000元人民币的高额教育支出，给受访者一家带来了巨大的生活压力，让他们几乎无力支撑。除此之外，受访者还反映有许多不人性化的罚款增加了他们的经济压力，比如她老公因为将货车停在私家车才能停的车位上导致罚款等。在受访者看来，因为以上的种种政策，导致新生代农民工们承受不住在上海生活的压力只能选择返回家乡，从而导致上海产生了新一轮的“用工荒”。

但是在笔者看来，这些罚款事项虽有不太人性化的地方，但总归是有理可寻，无可争议，规则毕竟是规则。但是与此同时，受访者提到的问题确实需要相关政府部门思考，大量新生代农民工流出城市，必定伴随着城市一些功能性的缺失，比如建筑行业、家政行业，那么这个时候需要做些什么来保障城市功能的完整性呢？这给我们的研究提了一个醒，在我们这次研究中，仔细思考了这个问题。

总之，这一次访谈让我更加贴近了新生代农民工内心最真实的想法，我对他们的生活生存情况，和对社会的看法有了更深一层的了解。

移根换叶　谈何容易

受访者基本情况

性　　别：女

年　　龄：35岁

籍　　贯：江苏

婚姻状况：已婚

文化程度：高中

打工时间：2000年来到上海市

打工地点：上海市徐汇区菜市场

打工类型：个体经营

• 前记

可能是知道我和我的小组今天要准备去往徐汇校区寻找下一个访谈对象的缘故吧，上海的天气持续阴沉了很久之后，今天意外地放晴了。坐在校车上，不由得开始思索最近有关小组项目所遇到的种种艰辛，不过好在也算是一一克服了。在不断摇晃着的座位上我们都有说有笑，但还是掩盖不了我们经历种种艰辛后稍显疲惫的状态。我们都用这种"有说有笑"来鼓励对方，因为我们始终知道我们不是一个人在战斗！透过车窗望向窗外那些不断穿梭在城市中的车辆，一张张熟悉的人脸仿佛在窗上慢慢浮现，脑海中也浮现出他们曾经和我交谈的情景，还是那么清晰可辨。和每一次出访时的习惯一样，我总是忍不住去想象今天我会遇见谁，谁又会向我倾诉什么？怀着这样的念头，我闭上了眼……

汽车快要到达目的地的时候我也如同有预感一般睁开眼。经过大约三十分钟的步行，便到达了我们今天的访谈地点。经过仔细的观察，我将此次访谈的目标锁定在了肉铺前的中年妇女身上，因为很多人走进菜场便朝着她的肉铺子走去，生意十分火爆。等着市民们买菜的高峰期一过，我便径直朝她走去。说明我的来意后，她思虑了一瞬看着高峰期已过便答应了。经过后来的了解才知道她为别人打工而已，但是看她叫卖的模样实在太过于娴熟，所以我还是称呼她为老板娘吧！

能简单介绍一下您的基本情况吗？老家、年龄、来上海这个城市的原因这些方面。

嗯，从江苏省盐城老家那边过来，在上海也断断续续待十几年了，刚来上海的那个时候也估摸着和你差不多大，就是高中毕业就过来了。时间过得很快的，现在我都 35 岁了。(边说着边开心地笑了)

那个时候因为刚刚高中毕业，不想继续读书了。亲戚就介绍我来这边工作，看着家乡那边人的生活，当初也挺庆幸能过来这边的。(骄傲的语气)

一开始过来的原因就是因为有亲戚在这边，是吗？

嗯，亲戚在这边嘛。距离近一些很多事可以帮忙。

您的这个铺子来买肉的人都挺多的，一个月大约能挣多少钱呀？

你是问挣多少钱，是吧？这些都是我们帮公司做的，也就是拿底薪加提成。(看着她的打扮，工资相对来说应该是挺高的)

您一天工作多长时间啊？

因为是卖菜的行当，不像其他坐办公室的那种行当，我得从早晨六点多一直到晚上七点多，有时候可能会更晚一点。

您刚来上海就做这一行吗？

没有，以前我是在厂里面做的。后来亲戚让来这边跟着公司看铺子了，这个比厂子里面更自由一点，时间安排没有那么紧凑，所以就直接过来了。

您觉得这里卖菜的环境和您之前待的工厂比起来，怎么样啊？

这个是两码事。环境是不一样，不过跟以前单位比起来，这里干净一点。（看样子在思索着过去的环境）

您在上海这边主要的心理压力会是哪些？

这边的住房贵，开销大。因为我有两个小孩，大的一个孩子已经上初中了，不过他们都没有在这边读书，两个孩子都在盐城老家那边上学。

大的孩子住校的，因为他读的是私立学校。就在我们盐城市。因为上海上学用的教材和我们老家那边不一样。所以小孩在这边读书不方便，有很多限制的，也不可以在这里参加高考。而且小学、初中、高中的教材不一样。我们中途回老家都跟不上的，还不如一直在老家好一些。

会希望孩子考上一个好一些的大学，从老家那边考到上海，是吧？

嗯，在这边就是读农民工子弟的学校吧，也没有上海本地人小孩读书的环境好。质量不一样的。（看起来阿姨有一些为这个政策不平）

我之前也去很多农民工子弟小学做过志愿者，觉得教育资源不是太公平。

对呀，我们家小的孩子上幼儿园大班，在老家那边还可以有学区房。在那里上学总比在这里强。在这里上学不方便的，我们天天在这里做，又没人带小孩子学一些课外技能，例如围棋什么的。

因为我们没时间接送。在老家，孩子学了围棋、跆拳道、毛笔字，也都比我们带着好。

您来上海这边10多年了，融入上海会不会有什么问题，会有什么让您觉得亲切熟悉并且一直准备在这里生活下去这样的想法？

暂时可能不会发生什么变化，我们在这边也做了很长时间了，对我们周围什么都挺熟悉了。一方面就是朋友什么的都已经习惯了，以后怎么样以后再说吧。还暂时是在这边。

您有遇到过什么不公平的待遇吗？

这怎么说呢，这是肯定有的。外地人与本地人之间肯定有很多这样的情况，总归是有个地区保护的意识。在一个单位上班，流水线上面本地人总归是要占一点优势。以前在工厂里面发福利的时候，上海户口的发得多一些。就是同工不同酬嘛，肯定会有的。

他们会有社保吗？您自己有社保吗？

现在我是自己交的。

跟本地人交的钱是一样的吗?

不太清楚。外地人交的肯定就是一样的,他们上海人交的就不知道了。

您来这边之后交往圈子有发生变化吗?是继续跟老乡联系还是与本地人联系比较多一点?

现在是差不多的情况,不管是哪里的人我都有交往。来上海这么长时间了,朋友总归是有的。

相处得还不错吧?

嗯,应该都还可以吧!反正我身边的人都没有很让人失望的那种,在我身边没什么,反正都还可以,我觉得挺好的。

您之前不是亲戚介绍来这边的嘛,您是否得到了他们的一些帮助?

对呀,那肯定的。刚开始对这边有点不熟悉,后来慢慢熟悉,找到工作以后各方面都挺好的。刚开始肯定有帮助对吧,后面自己熟悉了就好很多。

让您感觉熟悉和陌生的地方都有哪些?

陌生就是在这边没有家的感觉,只是在这边生活、挣钱。以后等我们老了就回老家去,在外面总感觉是漂着的,根不在这里。

我也是感觉在这里上学,以后还是要回去的。

对,就是根不在这里。家里的亲戚、老人、父母都不在这边生活。做这个工作,不能经常回家,那也不行啊!(阿姨的脸因为说了一连串的话而涨得有些发红)

为了缩小农民工与上海本地人的差距,在提高融入感方面,您希望政府出台一些什么样的政策?

这个怎么说呢?我就感觉外来农民工和上海本地人差距还是蛮大的。但是对我们来说还是比较远的。就是在这里就业啊什么的,我们在老家就会挺方便的。不管干什么都挺方便的,在这边不管干什么都要等很长时间。要是在老家,大家都很熟悉,不管做什么事都很快。

继续说着,又有人前来肉铺买肉了……

• 访谈员后记

2000年,因为亲戚早些年就迁居上海的缘故,年轻的老板娘也通过亲戚的介绍来到这个大城市独自打拼,那个时候她的年纪也只是如我现在一般。靠着自己一步一个脚印的努力,她慢慢地“扎根”在这个城市,每天过着令自己满意的生活。尽管是在如花般的年纪就来到这个城市,至今已过去十几个年头,她也说着过去很多人对我说过的话“在这我们是没有根的”。无论是中国人的乡土情结,还是这个城市,都没有足够用心去让他们感受温暖。唯一肯定的是他们也曾试图几十年如一日地去拥抱这个城市,然而这个城市给予了不同的人不同的答案。

十几年的朝夕相处让老板娘和街坊邻居的关系都不错,从说话的语气也能看出老板娘是一个热情的人,她给人的感觉就是满满的善意,许是因为肉铺生意好吧。我问她会有什么心理压力积郁在心中,或者是一些觉得让自己不舒心的事。我本以为会听到满腹苦水,而事实却不尽我想得那般。她的回答更像是如溪流般潺潺流淌,在她说出她心中一些小小的不快后,她总是会加上一句“我觉得都还挺好的!”“我有两个孩子,他们都在我的老家江苏盐城上学。那是因为在这边我们只能上农民工子弟学校,教学资源没有老家那边好,所以孩子在老家上学我还挺放心的。”说着说着,她就笑了起来。

“陌生就是在这边没有家的感觉,只是在这边生活、挣钱。以后等我们老了就回老家去,在外面总感觉是漂着的,你的根不在这里。”这或许就是阿姨对上海最真实的感受吧。尽管已然在上海生活了十几年,见证了不少的新青年在这个城市的成长,但还是无法让她在这个城市探寻到她所谓的根,无论是漂着的,还是扎根的。经过一天的了解,我只能认为她是快乐的。或许在内心深处有着我们更不为人知的故事,但我已然不会继续深挖,因为看起来她很好,这就足够了。

我交的钱就是给上海人养老的

受访者基本情况

性　　别：男

年　　龄：36 岁

籍　　贯：江苏

婚姻状况：已婚

文化程度：高中

打工时间：2006 年来到上海市

打工地点：上海市奉贤区海湾镇

打工类型：餐饮店铺

• 前记

盛夏的晚上是最好的时光，在夜色之下晃来晃去的灯，一张简单的桌子，扔满了竹签的桌上放着几瓶啤酒，最妙的就是一群“狐朋狗友”放肆地大块吃肉，放声欢笑。我们今天所采访的主角，天天目睹着这样的画面，他便是这个欢乐之地的老板。每到夜晚，这里便格外热闹，他则是忙得不亦乐乎，不时还和熟客打趣一番。

我去的时候天色已经不早，老板已经摆好桌椅等待着客人的光临。老板躺在一张躺椅上，吹着微风，和他的夫人一起在手机上看着电视剧，孩子在边上自顾自地玩耍。我上前表明了自己的来意，一开始先是询问的老板娘，老板娘羞涩地笑笑指向老板，示意老板比较擅长这方面。我便走向老板说明了来意，老板大方地接受了我的采访。就这样，访谈便开始了。

您可以先简单介绍一下基本情况吗？

我来自江苏，来上海有差不多 10 年了吧。来上海刚开始是在一个外资企业上班的，大概做了六年，老板是韩国人。

那个企业里面有本地人吗？老板对待本地人和外地人有差别吗？

最简单的一点就是社保。他们给外地人交保险，给本地人交社保。保险就是交到一定年数后领钱，一年交 1 000 多块钱，1 000 多块钱他给我们交满了会有一张单子。然后我们到了退休年龄，拿着单子去银行，可以把那个 1 000 多块钱提取出来。按照那个时候的标准，社保给他们本地人是扣掉两三百块工资，公司给他们本地人交到四五百、七八百块钱。等于一个月要给本地人，光社保就要给一个人花掉这么多钱，给外地人一年才花掉 1 000 多块，也就是一个月才 100 多块钱。

除了这一点，在那边还有什么不公平的地方吗？

像现在我小孩要过来读书，之前就是我们做烧烤的时候他还小，我们带着就能读幼儿班了，就想在这边读。因为我们待的时间长了，不想让他做留守儿童，想把他带着，就是找来找去，那个时候他正好能读育儿班，本来就有很多外地人开幼儿园，但是那一年刚好全部取消，不让进了。然后联防队在那边守着，不让你去的，赶你去公立幼儿园。那公立幼儿园我们去问了，必须要有社保。我们这种做生意的人，根本没办法弄社保，就连营业执照也不好办。

营业执照对外地人有什么不公平的吗？

不是，营业执照不好办，第一个原因就是我们做烧烤的，本来有油烟污染的，办不到。第二个原因就是房子是商品房，这边的房子属于民房改的，所以不行。

房租怎样？

一年 30 000 多块，门面转让费什么的，因为我是第一个租的，我租的时候是没有的，租了大概五年了。第一年摆摊,第二年开始租的。水费电费什么的,一年差不多 10 000 块吧。

您对教育这块感触很多,能具体说说吗?

我们办营业执照办不到,小孩读书要社保,所以说我们现在没办法。没办法怎么弄,你看上海人办社保,他们可以凭自己的身份证到社保部门办一张卡,就是和还那个房贷一样嘛,存几千块钱进去,可以每个月自己交。本地人可以在银行开个户,每个月直接扣钱,但是我们没有地方交。

没有地方交?

对,怎么办呢,我们就要自己想办法,挂在别人认识的工厂名下,让他帮我们交。但是工厂有一个什么呢?工厂必须交公积金。如果说像他们上海本地人,他们不需要的。这个公积金一个月就要两三百块钱。所以说,我们现在要交 1 800 多块。为了小孩读书就得这样。但如果是本地人的话,一个人就 1 500 多块钱。这个就很不公平啊,但是我们现在为了小孩读书,说实话不知道能不能交满五年。这个是要交满五年以后,才可以让拿退休金的。但是我们交不到五年,它规定的就是全部没用了。如果中间断了,前面交的也没用了。我感觉这一点就是很不公平。一定要卡住我们的社保,我想社保和教育也没多大关系的,那个连在一起我想就是,你小孩要在这边读书,我交的社保就是我要给上海人养老啊。

您一个月的收入和生活支出相比,压力大吗?

小孩在这边读书,压力蛮大的。一个月社保就要 1 800 多块。房租、店面、水电费,一个月……这个房租要 3 000 块不止,加上水电费一个月最低 3 500 块,在外面租的房子加水费电费 900 块,再加上生活开销,手机话费就是……既然要算,什么都要算进去,一个月没有 8 000 块钱,一家子在这边,连小孩子读书,弄不下来。一个月收入差不多 10 000 块多一点吧,就这样算下来我们一年也赚不了多少钱,但是为了小孩读书,把小孩带着的话,多花了很多冤枉钱。

您当时来上海的目的是什么呢?赚钱还是为了孩子的教育?

第一个就是工资高一点,赚点钱。但是等到小孩能读书的时候,就把小孩带到这边来,如果我们现在回家,家里面很萧条的。就是平时人都在外面,回家工资也不高,做个小生意,人都没有,做什么呢?

能说说您现在的工作情况吗?

我现在小孩在这边,育儿班三年我把他放在老家读的,那个时候没办法,来不及了。我现在把他弄到这边来读一年级了,七点半要送到学校的,我们六点四十要起来,然后起来做饭给他吃,七点半把他送走,八点钟回来我们再睡觉,睡到十二点多起来,买蔬菜和肉串。这里很多肉类自已要切洗,腌制然后串上,做到四点钟,开始收拾,然后出摊。三点到四点接他,马上烧点饭吃,这是我们第一顿饭,午饭我们在睡觉,他中午在学校吃。等他回来了,我们吃第一顿饭,和他一起吃。等到八点多,把他送回去睡觉,就住在这附近嘛,我们干到凌晨两点钟收,然后吃过饭差不多……因为我们下午吃一顿,收摊了吃一顿,一天两顿,吃过饭差不多三点钟,洗个澡就三点半,六点四十又要起来。我们两个必须要起来一个,对不对?每天都是这样。孩子在星期天也是一样,因为他睡到那时候醒了,要吃早饭,我们还是要醒来,把他安排在某个地方玩,然后我们再睡觉。

那真的是很累啊,有没有想过不在上海待着了啊?

想过。但是说实话,现在已经为他读书花了几万块钱了,因为这个要提前一年交社保,房子住得不达标还不行。住房光交了社保还不行,还要有房子。还有一个不公平的就是比如说,我们小孩要在这边读书了,社保你交了,你住在哪个上海人家租的房子,他家如果有违建房,你去办那个居住证就办不出来。他不去找房东说那个违建房,就卡在我们身上。你住在他家的,他家有违建房,你这个居住证不可以办的。所以这个找房子啊,交社保,加在一起已经花了几万块了。因为必须提前一年交,满半年才可以办居住证,居住证办了又要搬房子什么的,所以一弄下来,就是一年的时间了。所以说这一年我已经花了两万多块了,既然已经弄了,就想一直在这边。回去又能做什么呢?为了小孩,干脆在这边也算好一点。

您有听过异地高考的事情吧?有没有想过未来?

嗯,我听过。至于未来,我想过,他现在才刚刚一年级,等到他初中毕业还有八九年的时间。希望政策会变吧,如果不行,到时候只有回家了。

如果不行,您会和孩子一起回家吗?

到他初中毕业了,家里老人肯定管不住了,说不定我们和他一起回家,或者我在外面,他妈妈带着他在家读书。到高中的时候正是叛逆期,老人肯定管不住的。

您现在对工作环境还满意吗?

可能自己开店,自由时间会比较多,就是累。我们其实有的时候担心城管来,不让烤了怎么办。

您觉得现在生活压力主要来源都有哪些呢?

父母老了、病了,我们每年要在经济上面给予支持。但是说实话,叫他们出来和我们一起生活,他们也不习惯,所以说在老家嘛,要给钱的。小孩在外面读书,包括精神上,压力很大的。这边小孩读书,不像我们老家。孩子现在读书就是,明天要上的课,今天我们家长就要教,教会,都是这样的。

那他上课学什么呢?

我不知道呀。他这么小他怎么知道呢。但是老师留作业,今天复习第几课第几课,明天要上什么课就预习,等于全部东西都要我们家长前一天晚上教,然后第二天再去上课。他第二天学的是我们头一天教的。我发现这个应试教育很重,包括小学生刚刚上一年级,就要背许多东西……这些我搞不懂了,就要求家长教学生背好,我很郁闷啊。不是这么大的孩子,他的理解能力,他本身连书本上很多的东西都学不好的。因为他刚刚上学,育儿班和一年级不一样的。刚刚上来,很多东西都还不适应啊,这些是增加他的课外负担,课本东西他都完不成的。特别是我小孩在读的幼儿园,不适应,也不认识同学,第一天上学校还哭了。因为很陌生,如果是在老家,最起码有几个认识的同学,是从育儿班升上来的呀。

除了社保、教育,您还觉得哪些方面不公平呢?

我现在就接触了这么多吧。说实话,我们知道上海人和我们外地人不一样,他们每个月在村里面,每个月发的米面,他们应该得的,我们能理解。但是现在最想不通的就是房东的房子违建了,叫我们来承担。我们为了小孩读书,不让小孩做留守儿童,想把他带在身边就要付出代价,一年几万块,就是这样,对不对?

除了这些,您身边的人对此有什么想法吗?

其他的倒没有什么了。

这些不公平问题对您的心理和行为方面有什么影响吗?比如融不进去之类的。

肯定是融不进去的。本地人歧视外地人，虽然没有发生特别明显的行为，但是在这边和本地人打交道，从他的言行举止就能表现出来。他感觉你是外地人，没钱的，混穷的，在他那边是无所谓的态度，就是说话做事表现出来的这种……他们很有钱，就一个农村人在上海，随便哪一家都是有个几百万块的。不要说现金那么多，就说家产谁家没有几百万块啊，对不对？所以说，他们很看不起外地人。说实话，我本来以前还想过在这边买房子的，但是我想，人家上海人社保什么的都有，我在这边等于背井离乡的，而且上海人和外地人……可能也是地域原因，不像我们家乡人那么热情，喜欢帮助人什么的，都这样了那我自己孤苦伶仃的在这边干吗？而且各方面不如他们，那何必呢？我有这些钱，回去买房子，还是要回去的。

感觉这边比较冷漠是吧？

对。

您把上海当作家还是打工地啊？

就是打工地。至于为什么，就是不公平的原因。上海人有钱、有社保，什么都有。我们为了小孩读点书，一个月花一两千块，一年花几万块。平时我们是在这边生活赚钱，但是比如说我们一年赚十万块，等我回去的时候，我口袋里只有四万块。剩下的六万块钱我都花在上海这边了，等于我也为上海作贡献了，对不对？这很简单的。所以说最郁闷的就是小孩读书这方面，而且很多人都是闹过吵过，都没用。在上海这边读书就是要交社保，其他的都好说。说白了什么是社保？就是你每个月必须掏钱。

如果缩小外地人和本地人差距，您有哪些好的意见呢？

就是待遇方面的，他们本地小孩读书，他们不愿意在这边读，我们还要花几万块才能去读，他们本地的都要送到南桥镇去读。还有就是和上海人没办法比，比如村里补助、发钱什么的，从整体政策来说，就比不过人家。外地人什么都没有，等于赤手空拳了。人家是什么都有保障，最起码生活有保障。

上海本地人具体都有什么补助？

我听说的，他们本来以前也是农村的，比如他们的土地被村里征用了，盖了上海师范大学这所学校。这个村里面的土地可能大家都有一点。之前就讲好了，土地统一征了，到时候一年给多少钱，那个时候可能一个月给几十块钱，四十年后可能一个月一两千块，他们自己再上上班,本地人本来就交社保,然后村里人每个月都是到村委会领米面油的。你说他家里还有房子对外出租,这根本没办法比的啊,他都不知道把钱往哪里花,对不对?包括以前老年人坐公交车有老年卡,不要钱的卡,对不对?

您现在最大的需求是什么呢?

小孩子读书不要跟社保挂钩,哪怕是之前交的一年的钱断了,再补交上能够继续上学也是可以的。比如说卖小吃,国家统一下来办手续。以前讲我做饭产生的油烟问题,我买了一个净化炉,花费一万多块。如果说他们要想好好整治,下来就问这个店面是做什么的,健康证办了没有。能整改的就整改,然后大家统一发个证,这才叫安居乐业嘛,能稳定下来。如果这个房子是违章的就赶紧拆,不违章的就赶紧下来办。就不要让我们倒过去找他,烦得很啊,而且跑了几天一件事情都没办成,因为什么?搞不清楚啊!有的时候让你跑到南桥镇,有的时候让你跑星火镇,你不知道怎么弄呀,对不对?如果说叫你过来,登记一下,先把什么什么弄好,过几天,然后大概多长时间,再来弄另外一个。一步一步弄好了以后,最后看差不多了,哦,可以了。发个营业执照吧,或者就是营业许可证也行,对不对?其实这很不公平啊,现在国家一再管,因为烧烤本来就是晚上,然后他们饭店的证有的是商品房,可以办到的。现在去网站上看,上面很多烧烤是没有的。有的有是有,不公平也是在这里,有一家烧烤店就在上海应用技术大学西南门,那本来是一个饭店叫东北饭店,它转下来了,转下来以后,就用原来那个营业执照和卫生许可证上网站。因为地址是对的,然后用那个上,这也是不公平,对不对?它不是说它办的是烧烤的营业,而是以前饭店留下来的,它是去转让的。还有我看到很多小姑娘,嫁到上海,感觉上海有钱就嫁到上海,但是真正没有几个过得下去的。最后过得好的,要么离婚啊,要么就怎么怎么的。都说有歧视,很多都是这样说的,公公婆婆都看你不顺眼,知道吧?这个就是歧视啊。

嗯,谢谢您接受我的采访。

• 访谈员后记

2006 年,烤肉店老板一家来到了上海这个充满魔力的地方,心中怀着一个梦想,希望在这里出人头地,赚钱后风风光光地回家。

一开始老板进了一家韩国人开的外资企业,上了几年班,也受了几年不公平的待遇,本地上海人的社保和外地人的保险有些不同始终让老板耿耿于怀。

现在老板开着烤肉店,但是烦恼并没有随之减少,劳累的工作,时不时还要防范城管,加上现在孩子上学,必须要交社保,因为很多方面的原因,老板甚至一度面临着有钱没处交的地步,只能挂在朋友那里,每个月交 1 800 块的社保,据老板说,就算这么交钱,也没法享受这里的社保待遇,就是为了小孩上学,老板的控诉让我陷入沉思。

问他觉得上海是打工地还是家时,他回答是打工地也就不甚奇怪了。再询问老板想政府在哪些方面做出改变,老板再次提到了教育。除此之外,还有一点让我印象很深,就是有些政府部门的办事手续之繁杂,让他们很难接受。办营业执照时,老板一家忙上忙下跑了好多次。

但是我还是衷心地希望老板一家可以在上海这个充满魔力的地方找到乐趣,找到属于自己的魔力,坚信生活会越来越好。

再多的委屈也自己忍着

受访者基本情况

性　　别：男

年　　龄：34岁

籍　　贯：河南

婚姻状况：已婚

文化程度：初中

打工时间：2015年10月来到上海市

打工地点：上海市闵行区虹桥新地中心

打工类型：保安

- **前记**

2016年8月16日下午，天下着蒙蒙细雨，经老乡介绍，来到上海市闵行区虹桥新地中心的建筑工地做采访。乘坐地铁2号线到虹桥火车站下车，出站后往西边走大概1公里，远远望去，全是正在施工的工地。在工地的大门口处遇到了我要采访的对象——虹桥新地中心的工地保安。他穿着黑色的保安服，戴着鸭舌帽，坐在岗亭里边。走上前，先打了声招呼，然后告诉他我的来意——做一个社会公平感的访谈。一开始他是拒绝的。经过几番说服，他最终答应了。

我想问您几个问题？

好，你问吧！

您现在在虹桥这边主要做什么工作啊？

我在虹桥新地中心这个工地上做保安。现在就是我们的上班时间。

你们现在大概一个月收入是多少？

我们的基本工资是 3 500 块，上够了五个班加 100 块钱，这 100 块是满勤奖。总的算起来也就 3 600 块钱。

那一天工作多长时间呢？

工作是 12 个小时。其实，说的是 12 个小时，实际上不止 12 个小时。基本上每天都超过这个时间，不会少于 12 个小时。

哦，12 个小时啊，那你们基本上是几点上班呢？

我们是早上六点到晚上六点。分白班和晚班，白班就是早上六点到晚上六点，晚班是晚上六点到早上六点。所有在这里上班的保安都会被分为两班。但是吧，它存在个问题，上晚班就必须一直上晚班，上白班，必须一直上白班。白天的还好，晚上的就不行了，时间长了，人的生物钟就被打乱了。对人的身体，肯定没好处的。

哦，时间挺长的。对这个工作有什么看法吗？

哎，这工作嘛！感觉就是时间太长了，有时受不了，感觉发困。其实，白天还好，困的时候，站起来走走，和其他人说说话，慢慢就好了。但是，晚上就不行了。晚上本来就是睡觉的时间。所以，到了后半夜，人就经常犯困。

时间太长了，但是有没有向领导反映过这种情况呢？

这些？打工的跟人家说啥呢？说不成，上海都是这个样子，基本上保安都要工作 10 多个小时。再说了，你是给人家打工的，人家给你发工资了，当然是让你多上班了。哪能会让你睡觉，让你闲着呢？上海这边的保安基本上都工作 12 个小时的。

您现在来上海这边有多久了？

我是去年十月份来的，应该是 2015 年 10 月底，将近八九个月了。当时老家刚种上小麦。然后，在家也闲着没事干，就经过熟人介绍，来到这里上班了。

哦，那你们过年回家了没有？

过年没有回家。就一直在这边值班的，过年，讲道理应该是双倍工资的。但是，我们就补贴了 500 块钱。不仅我没有回家，还有很多的人都没有回去。特别是放假这种情况，工地更不能没有保安。工地上看上去破破烂烂的，但是很多东西都是很值钱的。所以，就只能一直都在这边啦。

你是怎么找到这个工作的？

我是听老乡介绍的。我老乡在浦东的一个工地上当班长，我当时就是联系的他，然后他把我推荐到这里了。

这边这种工作都是老乡介绍的吗？

那也不一定，有的是老乡介绍的，有的是在网上看到的，有的是通过中介介绍的。不过吧，感觉这种工作多是亲戚关系。反正，在我身边，多数人都是这样子的。都是亲戚连着亲戚。

中介介绍的？中介介绍的怎么样啊？

中介怎么说呢？中介只能给你安排工作。还得交钱啊！介绍一个工作 300 块钱。他们就是靠这个来挣钱的。不管给你介绍得如何，反正只要介绍了工作，就必须交钱。哎！这个社会，离开钱，什么事都干不成的。

有没有遇到什么不公平的事情？

哎呀！不公平的多了。像我们上班一样的，反正人不能打盹，如果让领导看见你在打盹，逮着你，就一次性扣除 100 块钱。如果下次再逮着你，就扣 200 块钱。再一个就是，怎么说呢，反正打工嘛，说不清。没理由，人家领导说啥就是啥。出来挣钱不容易，都需要听上级领导的安排。

如果遇到这种情况，您是怎么解决的呢？

遇到不公平的时候，就是发发牢骚之类的。还不能让领导听见，听见人家不愿意。有的脾气好的，不说你，有的脾气坏的，立马叫你打包走人。所以，大多时候自己只能忍气吞声了。毕竟“忍一时风平浪静，退一步海阔天空”嘛！

存在拖欠工资的问题吗？

拖欠工资！本身这个保安工资就是，押一个月，等于上两个月的班，结一个月的，这一次不知怎么搞的，他说税务局的一个政策，账被封住了，下个月再给我们结，上三个月才给我们结两个月的工资。反正，他们就是喜欢拖欠着工资不发。出来打工，受人家的剥削也很正常。

您老家是哪里的呀？和上海有差距吗？就是比较起来的时候存在的差距。

比较起来，基本上没有什么差距，就是在工地上，人家说普通话，基本上能听懂。如果人家说家乡话一句也听不懂。基本上都是普通话，语言上基本上没什么障碍。我们听不懂他们说当地的方言。主要咱也不会跟人家多打交道，沟通还可以的。

对上海这个城市有什么感觉吗？或者说有什么看法吗？

对上海这个地方，感觉是怪好(挺好的)，就是，咱打工的，咋说吧！到这个地方，消费高嘛！咱肯定在这边，比如说租不起房，如果交房租，再加上生活费，一个月就没剩什么了。所以说像租房子是不可能的。保安这个岗位，他们不管吃只管住，吃的话也花不了多少钱。工资吧，稍微有点低。这一点我不是特别满意。

一个月生活费大概多少？

生活费，我不吸烟，不喝酒，一个月最低得 600 块钱。

这样的话，一个月收入下来也就 3 000 块了，是吧？

3 000 块剩不到，也就 2 000 多块。

和上海本地人相比较起来的话，觉得有什么差距没有？比如收入、待遇、日常消费方式、娱乐方式之类的。

当然有了。人家本地人本身就对情况都熟悉。有 60 多岁的人，50 多岁的人，人家在这边当经理，上班都是八九点、十点多来了，人家下班的话，有的提前就走了。咱们打工的不一样，一天最少是十来个小时，也不能早走，也不能晚来。早走，对人家来说是可以的。对我们而言，那是不可能，天天在这拍照。跟上海本地人比较起来，是不如人家的。

你们上班时间会出现超过 12 个小时的情况吗？就是延迟下班。

初期是有的，大多情况，工地上有什么情况，需要保安来帮忙的话，会延长 1 个小时或者半个小时。有时领导来开会，加班开会，会推迟 1 个多小时下班。这个时候是不能提前下班的。除非胆大包天，不准备在这边上班了。

哦，这种情况的话会给你们加班工资吗？

加什么薪呀！人家凭什么给加薪？就是你上一天算一天，你不上，就没工资。绝对不会说，因为多上一个小时就给你加薪的，这种情况是不会存在的。

哦，好的，大概就是这些吧！谢谢您啦。

好，再见。

• 访谈员后记

第一次走到这样的建筑工地里，简简单单的活动板房里就是他们上班的地方。我去的当天是雨天，如果是烈日当头又应该是怎样的呢？虹桥火车站往西一公里，走进这个铁大门，感觉就是脏、乱、空气质量差、噪声大，地面上满是水坑和泥浆。进去采访，感觉就需要跳着走。他大概有34岁左右，也许是在工地当保安的缘故，被晒得黝黑黝黑的。他第一次接受访谈，有些不健谈。刚来到这个城市，为了让家里的生活过得更好，只能忍受各种不愉快的事情。找工作难，工作时间长，工资低，与周围存在交往困难。大概就存在这些问题吧！城市化不断推进，城市里一栋栋高楼拔地而起，他们是这个城市的建设者。楼越来越多，可这些都不属于他们，他们来到这里只是为了养家糊口。40℃以上的高温，脏乱差的工作环境，这些他们都没有去计较过。整个访谈中，他们提到的只有收入、尊重。他们为城市的建设立下了汗马功劳，可是收入就那么一点点，而且经常被其他人看不起。每次在地铁上看到戴着安全帽，满脸灰土的工人，他们都是站着或者蹲着，周围的人都是抱着嗤之以鼻的态度。

"衙斋卧听萧萧竹，疑是民间疾苦声。些小吾曹州县吏，一枝一叶总关情。"希望人们可以对农民工群体多一些关注，多一些尊重。2010年上海世博会的口号是"城市，让生活更美好"，我们是否想过美好背后的功臣呢？第一次走进这样的地方，虽然新鞋子变脏了，最后满脸灰尘，但是，我不会后悔来到这里。这里的人们，值得我们尊敬！

乐不思蜀：台湾便当的幸福配方

受访者基本情况

性　　别：男

年　　龄：20 岁

籍　　贯：江苏

婚姻状况：未婚

文化程度：高中

打工时间：2016 年来到上海市

打工地点：上海市奉贤区海湾镇

打工类型：餐饮店铺管理

• 前记

记得刚进入学校的时候就在校园各处留下了自己忙碌的身影，每次活动完后都会去教工食堂里的台湾便当店吃饭，不仅仅是那里的饭菜可口，更多是老板的服务让人感到亲切。还记得第一次去台湾便当店吃饭的时候，他们少刷了一份饭钱，吃完饭后便去说明了回去补钱的缘由。为此，他还用大大咧咧具有一种大男孩模样的声音邀请我再来吃卤肉饭，说请我喝酸奶。但因为第二天晚上有些忙，便点了外卖随便应付过去了。一直都对这个和我一般年纪的大男孩印象深刻,他说话率直不拐弯,一言一句中都体现了他的单纯想法,不加一丝的修饰。

您是哪一年出生的呢?

你都采访别人采访过很多次了,那你看我这样像哪年出生的?

您是90后还是80后?

你猜一下吧。

1990年? 1993年? 我是1997年出生的。

其实你猜得还差不多,我也是1997年出生的。

您是高中毕业嘛?

是高中毕业的呀,我去年才高中毕业的。

您老家是哪里? 是从哪里过来上海这边的呀?

江苏省。

离上海很近呀,那是什么原因让您从江苏来到上海的呢?

我父母都在这边,已经都在这边定居了,高中毕业我父母就让我过来上海发展了。

您小时候是在江苏吧? 为什么小时候和父母分开了呢?

小时候是在江苏的,那个时候家庭条件不好就和父母分开了,后来家庭条件好一些了,就过来这边了。

姐姐是您亲戚吗? 就是那个来自我国台湾的姐姐是您表姐?

对,差不多可以说是我表姐吧。感觉挺亲的,我爸妈也认识他们的。

你们在这边工作生活多久了呢?

在这边呀……在这边差不多生活半年了吧。

您是和我一起进校的。

不过我肯定比你熟悉这边,我很早之前就过来这附近做餐饮了。

能方便透露一下月均收入吗?

你指的就是这份工作吗? 不包括别的什么项目收益?

全部加起来的工资。

那就是把我们外面的东西也加起来，加进去对吗？

外面的东西？可能我理解错了，我说的是指在这边工作的工资。（原来小马仔的父母给了小马仔很多店面的收入）

这个店一个月的工资就四五千块吧。

要比那些食堂其他员工的工资多一些，这是有什么不一样吗？

他们那个是员工的工资，我们不一样。

对未来职业有什么其他想法吗？

那肯定有呀。但是要是说这个职业，那就先这样呗。你是说什么想法？下一个职业想做什么？接下来还是做这个工作吧。

把现在的这个职业当作暂时的落脚点吗？

对呀，那肯定的呀。

未来五年内会有什么变化呢？有想象过五年之后生活会变成什么样子吗？

这个变化肯定会很大的。现在好多高校都有我的餐饮店，以后肯定要做其他的大一些的生意，现在还在规划中，不过也规划得差不多了。

如果算上外面的店，收入是多少呢？

一个月好几万块吧，这个情况不一定，要看具体的运营情况。

从江苏过来主要依靠什么让您立足的呢？

依靠我父母呀，每个人都是的，这不用想的呀。（小马仔很从容地说着）

看样子您的父母就是做餐饮起家的吧？

对的，他们做这个很多年了。

早年打拼肯定很辛苦，能有这样出色的业绩。

他们在别的地方也做这些，就是早年一步一步地扩大规模，我父母的确很辛苦，感觉很多时候都快撑不住了。

您平时会觉得有什么心理压力之类的吗？就是会想着买房子、娶老婆、生孩子之类的。

没有压力的，为什么会觉得有心理压力呢？

从老家到这边，和以前比起来最大的不同是什么呢？

没什么不一样的吧，换了新环境，但是没觉得有什么不一样的。我小的时候就过来了，只是户籍在江苏那边，对上海我还是很熟悉的。

高中也是在上海读的吗？

也不是，小时候上课都是在江苏省，不过好像就初中不是。

还是受上海政策影响吗？

对，外来人员不能在上海这边读到高中的，都得回老家去上，这个没办法。

为什么没有想着继续读大学呢？

高中的时候打架被开除了，被开除了就没能参加高考，所以就不上大学了。

如果没有这个事情还想继续读书吗？

不。因为我们高中读书都是走后门，这种情况你是知道的，所以读不读大学对我来说都是一样的。

从读完高中后到现在在这边工作，您的社交圈有什么变化吗？

变化肯定是有的。比如说以前就是游手好闲的嘛，现在这种游手好闲的机会就不多了，每天都要上班下班，没机会到处玩。

现在就变成了工作上的同事，对吧？

差不多，但是不能完全这么说吧。比如结拜认识了个干姐姐，这些生活上的事情都说不清楚，感觉都是各种东西交融在里面的。

和之前的朋友都有联系吗？联系频率如何呢？

都有联系的。联系频率挺高的，没事就在一起聚一聚。反正江苏老家离这里挺近的。

和您现在周围的同事关系如何呢？

很好呀，都挺熟的了，但是其他同事的也没啥可打交道的。

平时和那个来自我国台湾戴眼镜的哥哥关系挺好的吧？他们是台湾地区的吧？他们是什么时候来上海的呀？

你是说来学校还是来上海？他们来上海好多年了，他和我那个干姐姐谈恋爱，所以就到上海这边来发展了。

现在这个店就你们三个人吗？平时工作辛苦吗？

一般般吧，也没觉得有什么辛苦的。

上下班时间是？

周一到周五的早上是六点半上班，晚上六点下班。周六周日就随便弄一弄，就下班了，因为人比较少，都回家了。

您以后准备一直在上海生活了吗？感觉您在这里生活没什么压力。

对呀，我觉得没什么压力，能有什么压力呢？

父母有要求您什么时候结婚吗？

父母现在还不关心，就是爷爷奶奶比较在乎。爷爷奶奶平时都有催，一直在催，我自己想的是先立业后成家吧。

您认为现在离立业还有多久？多久才考虑结婚呢？

二十八岁左右吧，还有六七年的样子，有可能会更晚一点。

有看到身边的人遭遇一些不公平的事情吗？

有啊，平时能看到很多的。

能举例说一下吗？

比如说进食堂的那些关系户就比那些非关系户表现得张扬吧，他们关系户和面试竞争进来的是不一样的。

进食堂还要分两类是吗？

对，分关系户和通过面试竞争进来的。大部分人都是有点关系的，没关系是站不住的，毕竟这是学校的食堂嘛。看着这些东西，看着这些摊位的人，好多人都在盯着呢，对吧？

这边竞争还是很激烈的，对吧？

那是肯定的。

店与店之间平时交流还好吗？

还好。表面上都很好的，但是背地里钩心斗角的很多的。

在食堂里工作的有上海人吗？

这边没有，但是有的学校是有的。

您是如何得知这些信息的呢？

我在这边已经待了四五年了，很多信息多多少少是知道的。

您不是今年才过来的吗?

以前是在徐汇区那边做的。我父亲的生意就是从徐汇那边做起来的,懂吧?

这边人怎么一个月只有四五千块的工资呢?

其实也没有那边人多的,也就是高峰期的人很多,而且做出来那些饭菜也是要时间的,所以就没那么多的利润。

您现在有交往对象吗?

暂时没有吧。怎么说呢,朦朦胧胧的那种,不知道把爱情放在什么地方,想着就先谈着。

您正式谈恋爱了之后还会继续留在上海吗?

谈恋爱归谈恋爱,工作归工作嘛,两码事的。肯定不会因为谈恋爱而放弃我的工作。

每天下班后都是直接回家吗?不去别的地方玩吗?

不一定。有的时候下班后直接回家,有的时候下班后出去溜达溜达,去市里玩。

您现在住在哪里呢?

就住在港湾那边。

开车应该很近的吧?

很近的,开车大概七八分钟就到了。

生活还是挺好的。社保这方面有什么问题吗?

每个月社保都全部交的。我每个月保险费用有 7 000 多块呢。

为什么个人保险会有这么高?

因为那是私保,我父母给我交的,所以交得多一些。现在学校这边也交金的,公司里面也给你交五险一金的,其他的就看自己怎么操作了。

在未来事业发展过程中,您认为什么是最重要的?

肯定是人际关系!

第二个呢?

除了人际关系可能就要数能力吧。无论如何人际关系都是最重要的,不仅是这个行业,任何一个行业都是这样。

今后有考虑过不做餐饮吗?会根据自己的兴趣爱好来发展吗?

餐饮肯定是做的吧，就是副业这方面的考虑嘛，想开一个服装店。很早之前我非常想开一个潮牌店，以后看看行情怎么样再决定。

您以后发展还是较多元化的。您认为与政府沟通方面与老家比差距大吗？

差距很大，差距非常大。

平时参加一些社区活动吗？

我们都不参加，这些活动和我们都没什么太大关系，所以都不太想参加。

除了这种形式的组织，有参加其他组织吗？

没有的，我平时就打游戏。这方面的生活是很乏味的，可能很多时候是在电脑面前打游戏。

在工作几年中，心理舒适程度如何？

心挺累的，在事业成长过程中耗费精力，要思考如何把很多事情做得更好，这也是我主要思考的事情。

您的放松途径是什么呢？

睡觉、打游戏、去市区玩，就这样来回循环。

您和家人团聚的时间如何呢？父母工作忙吗？

一个星期24个小时不到吧，主要集中在周六周日，大家都有自己的事情做嘛。我父母为了事业奔波，几乎没有一个长的团聚时间。

家里就您一个孩子嘛？

对的，我是独生子。

您觉得上海市民的素质如何呢？

素质挺好的，但就是会在意一些小事。集中在老年人，比如在徐汇那个餐厅，老大娘因为一毛钱跟你讲来讲去的，就是这些事情。其他方面就没有了吧。

有上海的朋友吗？和他们的交流多吗？

挺好的，我们大家的年龄都是差不多大的，共同语言不少，玩得蛮好的。

语言之间没有什么障碍吧？

没有什么吧，上海话我不怎么会讲，但是他们讲上海话我能听得懂。

能听懂上海话？

因为小时候在这边待了一段时间，所以学语言较快。

您算半个上海人啦？

哈哈。

您小时候在这边读书上学，体验怎么样呢？

上海的节奏太快，以前年龄还小所以没觉得怎么样，现在长大成人了就觉得节奏太快，适应不了。

您在这读了初中后，再回去读高中有什么不适应的吗？

有的。在上海这边学的东西，不管是学的知识还是其他方面，江苏那边要比上海这边都难一点，速度也要快一点，并且学的东西都好多不一样，在江苏考试挺难的，上海这边考试就会比较简单一点。

和您原来在上海的初中同学还联系吗？

不联系了，初中同学不怎么联系了。但是高中同学还是经常联系，还有我那些发小也是经常打打电话吹吹牛。

现在他们有多少人在上海呢？

在上海挺多的，还有一部分在江苏。

都是在做什么工作呢？

有的还在读书，在工厂里上班的也有，帮父母打理的也有，从事金融行业的也有。好像做什么的都有，五花八门的。

您的朋友圈真的挺广的。整体生活满意吧？

还行吧，不会抱怨一些东西，不会抱怨人与人之间的关系，不会抱怨经济方面的，觉得自己挺幸福的。

您觉得上海公平吗？

不公平啊。本地户口、外地户口，就是不公平啊。不同的人因为家庭背景不一样，很多方面的能力就会不同，不过我感觉很不公平。

您认为这种不公平的程度还可以接受吗？

得看什么人。得看你和什么人接触，不同人看不同人的眼光都是不同的，对不对？

是因为上海生活节奏比较快而造成的吗？

可能是因为上海人生活条件都比较好，毕竟国际大都市，什么东西都挺新鲜的。

您认为都挺好的？

都挺好的，也没什么抱怨，也不抱怨什么。

谢谢您啦！

• 访谈员后记

他给我的感觉就是从小在父母的掩护下认真仔细地观察着社会，他说了对生活的很多见解。他的社交圈子很广，从他直率的言语中也能知道他是一个很仗义的人。他高中毕业就直接跟随父母来到了上海，父母从早年辛苦打拼餐饮行业当中分了一部分给了他管理。他每个月的收入加起来不仅有好几万块，父母还会给他交好几千块的私保。下班了有空就会去市中心玩，稳定的收入，不用为未来操心等都共同构成了让他感到很幸福的源泉。

尽管一周与家人相见时间加起来可能不足一天，但他仍然对爱情充满向往。他对我说："我很羡慕你们可以上大学的，每天那么多社团活动等着你们，那是很吸引我的。"可以知道说出这些话的他已经对现在的生活有些倦乏了，生活在每天上班下班机械运动中的他开始有了一些想法，可能这种生活对于他这样的年纪还是太早了吧。虽然他已经拥有了构成他幸福的东西，但他对生活的期待不止如此，他希望这个对于普通人来说已经几近完美的幸福能再添加一些有趣的事物。

人际关系是他觉得能成功的最重要的因素，可见这是他在成长的过程中认识到并且在身体力行的观点。准备再做几年父母的行业便开始做自己的事业，从谈话中得知他已经认识了很多朋友，为自己未来的事业做足了规划。距离上次谈话不知不觉也过去半年多了，每次走过餐厅，都会习惯性地看着他是否在店中忙碌。寒假过去了，"台湾便当"店已经搬到了别的地方。地方换了，我便再也没有见过他了。

绝对幸福与相对幸福

受访者基本情况

性　　别：女

年　　龄：34 岁

籍　　贯：江苏

婚姻状况：已婚

文化程度：初中

打工时间：2004 年

打工地点：上海市青浦区

打工类型：在某服饰有限公司分管外销、打样

- **前记**

经过一位哥哥的介绍，我在办公室里等待着被访人的到来。她是不是很健谈呢？她性格开朗吗？无数个猜测后，一位姐姐走了进来。“我是江苏的。”从一开始说话，我原以为这位夹杂着家乡口音的姐姐性格很外向，加上一头乌黑的短发，让她全身散发着女强人干练的气息。当得知她的年龄时，会发现这位姐姐好年轻。如果说从她脸上哪个部位能看出岁月的痕迹，那可能就是眼睛。

姐姐您别紧张，我们就聊一会儿天，您是哪里人？年龄多大了呀？

我是江苏祁东人。我今年34岁了。

一点都看不出来，看起来像20岁出头的。

没有没有，我孩子都好大了。

嗯，那您的丈夫在这边吗？

在附近，但不是一个厂子。

您为什么选择来上海？

当年比较年轻，感觉到这个行业比较兴旺，在老家就开始学了相关技术，之后来上海选择了这个公司。我来上海这么多年了，主要是上海的发展比较好，乡下发展机会不多，相比来说上海肯定经济情况好一点。总的来说它的收入保障都比老家好一点。

您的学历是高中还是初中？

初中，初中毕业之后我就去学了手艺。

您是和亲戚学的吗？

对，也相当于是跟亲戚学，因为这都是师傅带徒弟的性质。

您觉得现在上海的收入还是比老家好吗？

现在的收入只能说是稍微好一点，老家现在发展得也蛮好，虽说没有上海收入高，但是生活成本比较低呀。

您和您丈夫一个月大概收入多少？

一个月万把块钱，一万出头点。

消费呢？

消费还是比较少的，我们白天都会在厂子里工作，这里太偏僻了，周末也没有时间消遣。

您租房子一个月大概多少钱呢？

三四千块吧。

现在生活压力大吗？

大，肯定是大的。

为什么大呢，我觉得您的生活开支远远小于收入呀？

可是很多人都买房了呀，我们还没有。

有计划想在上海买房子吗？

对啊，不管怎么样，还是想继续留在这里生活的。

是近几年就打算买吗？

想是这样想，问题是房价这么高，只能看看了。

您的女儿是在上海上学吗？

她不在上海，因为我们两个人都要上班，没有时间照顾她，她在老家上学。

那是她外公外婆、爷爷奶奶带着？

她是在寄宿制学校，平时放假就是爷爷奶奶带她。

您女儿从小就在老家上学的？

对的。

您在工厂主要负责哪一部分的工作呢？

我这边负责打样。我们分为内销和外销的，我以外销为主，就是外销打样这一块。

您是怎么来到这个公司的，有人介绍吗？

对，通过同事介绍的。

您一来上海就在这里工作了吗？

我 2005 年过来的。

嗯，那之前是在做什么？

之前也是这个行业。

您来上海有没有受到不公平的待遇呢？

暂时还没有，我们还没有碰到。

您来上海这么多年，对上海的生活还满意吗？

满意肯定算不上的，毕竟我们层次低，自己要求高也没用，自己没那个能力跨过这一步。

您在上海过得还快乐吗？

那还可以，这个贸易行业压力还是很大的。只能说目前的这个状况还可以，如果说过得满意，肯定是感觉不到满足的，尤其是在现在这个房价方面，看着人家买房，自己无可奈何。

您的意思是在您工厂的外地人，有人已经在上海买房了吗？是这个意思吗？

这个圈子里面也是有的。

嗯，跟家乡的人比呢，您觉得您现在生活还好吗？

这个应该算还可以吧。假如说同样作为这个打工行业，这一行业的收入还可以，但你要说跟人家老板做生意的比，就没办法比了。

在上海，比如工资待遇之类的，您觉得这些方面是靠能力、靠汗水得来的吗？您觉得公平吗？

这个还算公平。我举个例子，我们都是靠实际行动做出来的，我也不是说一开始就做了这个外销主管，打样主管，这些都是我们靠实力做出来的，不是说托关系。

您的意思是您自己在这边是一步一步靠自己实力爬上来，所以总体就是您觉得上海还是很公平的？

对。无论是外地人还是本地人，都是靠自己的手艺拼出来的。

为什么没有想过回老家，觉得上海和老家的差别在哪里？

外地跟上海肯定有一定的差距，不管从经济基础上面，还是消费层次上面，都有一定的差别的。

能融入这个城市吗？

这个怎么说呢，经济生活我还融入不了，因为收入限制吧，其他的话我想应该没问题。

平时交往对象都是老乡吗？

对啊，交往对象基本上是老乡，然后就是这边的同事。平时出去玩。因为我们是外地人，一有空就要回老家看看父母和小孩。

其实还挺想念家的？

那没办法的，自己的父母还有公公、婆婆、小孩都在老家，总归要回去，因为我们靠得近，一有空就会回家看望一下。

希望将来您的孩子到上海吗？

想的，这个倒是想的。

让她高考往上海这来考？

对,对外地人是一个门槛了。对不对?

为什么是一个门槛呢?

上海的学校,外地人必须要高分才能进的,上海人考上海学校就是正常的分数线。

外地学校分数就很高吗?

肯定高。我们省和上海这边总分差不多的,不过反正总体听起来,就是同样都是这么多分的,要进上海学校进不来的。假如高考考 340 分,上海学生考 340 分可以去,但外地学生考 340 分是进不来的。

您觉得这一点公平吗?

这个肯定不公平,这方面是没办法谈的。再说江苏卷是最难考的,上海卷相对来说好一点,就算好一点,那就不比卷面分数对吧,这个分数也是,同样 340 分是进不了上海学校的。

上海对外地人有一些门槛的设置吗?

外地人没有积分是无法落户的,小孩也没有办法在这里参加高考,小学也不能去一些师资力量比较好的公立小学。

总体而言,您觉得在上海生活得幸福吗?

幸福啊。比上不足,比下有余。

• 访谈员后记

受访者的外表和自身性格不太一样。起初我觉得她很健谈,可是随着访谈渐渐深入,她的性格变得内敛起来,也许是因为她有自己不想表达或无法表达的东西吧。当谈及在上海公平与否时,受工厂环境的影响,她认为是公平的。而被问及在上海过得幸福与否时,她的回答却不是完全的肯定,而是“还算”。她解释是因为在上海无法买房子,公司内部的其他朋友已经买房子了。可是当又问及如果和家乡人比,过得幸福吗?她给予了肯定回答。这就是绝对幸福和相对幸福的不同吧。